Rolf Eickelpasch (Hrsg.)

Unübersichtliche Moderne?

Studien zur Sozialwissenschaft

Band 107

Springer Fachmedien Wiesbaden GmbH

Rolf Eickelpasch (Hrsg.)

Unübersichtliche Moderne?

Zur Diagnose und Kritik der Gegenwartsgesellschaft

Springer Fachmedien Wiesbaden GmbH

© 1991 Springer Fachmedien Wiesbaden
Ursprünglich erschienen bei Westdeutscher Verlag GmbH, Opladen 1991

Umschlaggestaltung: studio für visuelle kommunikation, Düsseldorf

ISBN 978-3-531-12308-0   ISBN 978-3-663-12425-2 (eBook)
DOI 10.1007/978-3-663-12425-2

Inhalt

Vorwort

Selbstvergewisserung und Selbstbeschreibung moderner Gesellschaften - seit Säkularisierung und Aufklärung Gegenstand eigenständiger wissenschaftlicher Reflexion und universitärer Schulenbildung - werden zunehmend prekärer. Irritierend wirkt v.a. die Pluralität und "Unübersichtlichkeit" der Selbsteinschätzungen der Moderne, die sich in unterschiedlichen analytischen Bezugspunkten, in divergierenden Wahrnehmungs- und Beschreibungsinstrumentarien spiegelt.

In aufklärerischer Tradition - ob gewollt oder nicht - fällt die Diagnose der Moderne mit ihrer Kritik zusammen. Die Dinge einfach nur beim Namen zu nennen, um dadurch der Moderne ansichtig zu werden - diese Naivität des Denkens ist nicht mehr möglich. Die Selbstbeschreibungen der Moderne müssen sich kritisch über ihre eigenen Voraussetzungen aufklären und zugleich ihre kritischen Maßstäbe ausweisen. Die Erkenntnis, daß Wahrnehmung den Gegenstand, den sie wahrnimmt, in der Wahrnehmung selbst mitgeneriert, ist ein Erbe der philosophischen Vernunftkritik der letzten 200 Jahre. Sie verlangt Rechenschaft über theoretische Standards, über Erkenntnisinteressen, über bessere Denkmöglichkeiten und nicht zuletzt über ihr kritisches Potential.

Das Bedürfnis nach Selbstvergewisserung hat inzwischen den gesellschaftstheoretischen Diskurs selbst erfaßt: Er wird zunehmend reflexiv, diskutiert bereits seine Klassiker, systematisiert seine Tradition, sucht nach neuer Traditionsaneignung und neuen Wegen des Denkens. Zunehmend sucht sich der gesellschaftstheoretische Diskurs der Suggestivkraft ausgetretener Pfade zu entziehen, sucht nach Verbindungslinien, verschütteten Wegen und neuen Zielen. Diese Suchbewegung führt zu einer produktiven "inneren Interdisziplinarität" des gesellschaftstheoretischen Diskurses.

Die seit einigen Jahren geführte Diskussion um die *Postmoderne*, hauptsächlich angeregt durch französische Autoren, kann als Indiz dafür gewertet werden. Bislang unverrückbar scheinende Standpunkte und Konfliktlinien werden aufgebrochen, etablierte Paradigmata sehen sich dem Anspruch ausgesetzt, Rechenschaft über ihre theoretischen Präsuppositionen abzulegen. Wenn die hier versammelten Beiträge auch nicht alle explizit auf das Thema *Postmoderne* eingehen, so sind sie doch alle durch die *postmoderne Herausforderung* motiviert, die theoretischen Sicherheiten der jeweils diskutierten Ansätze zu problematisieren und gegebenenfalls zu korrigieren.

Die Beiträge sind in fast 1 1/2-jähriger Arbeit in einem Forschungskolloquium am Institut für Soziologie/Sozialpädagogik i.G. der Universität Münster entstanden. In den sehr unterschiedlichen Arbeiten spiegeln sich divergierende theoretische Positionen, Perspektiven und Interessen wider, auf deren Harmonisierung bewußt verzichtet wurde. Im einzelnen werden folgende Themen abgehandelt:

Richard Gebauer setzt sich in seiner Studie mit dem widersprüchlichen Verhältnis auseinander, das Jürgen Habermas zu dem vernunftkritischen Erbe der älteren kritischen Theorie unterhält. Einerseits beklagt der Autor der "Theorie des kommunikativen Handelns", daß die "schwarzen Schriften" von Horkheimer und Adorno von der unheilbaren Krankheit einer rückbezüglichen Vernunftkritik befallen sind, andererseits scheut er nicht vor der Behauptung zurück, daß die formalpragmatische Schlüsselkategorie der intersubjektiven Verständigung aus dem utopischen Ideenhorizont der "Altväter" abgeleitet werden kann. Dagegen muß herausgestellt werden, daß das Konzept einer kommunikativen Rationalität mit den Konstruktionsplänen eines "Grand Hotel Abgrund" (Lukács) nicht kompatibel ist. Jeder Versuch, ein Band der Kontinuität zwischen den beiden rivalisierenden sozialphilosophischen Entwürfen stiften zu wollen, ist zum Scheitern verurteilt.

Rolf Eickelpasch geht vor dem Hintergrund der aktuellen philosophischen Bemühungen um eine Rehabilitierung mythischer Denkformen der Frage nach, ob die Kritische Theorie dem Mythisch-Imaginären mögliche Sinn- und Welterschließungspotentiale zuerkennt, die sich als Kontrast- und Komplementärphänomen zu begrifflich-diskursiver Rationalität fruchtbar machen ließen. Gerade die schärfsten Kritiker einer instrumentell vereinseitigten Rationalität - so das Ergebnis einer Analyse der Mythoskonzeption bei Horkheimer/Adorno und Habermas - bleiben in ihren Weltbild-Deutungen den ethnozentrischen Denkmustern der Aufklärung sowie gegenwartsbezogenen Schematisierungen verhaftet, die eine belehrende und erfahrungserweiternde Kraft alternativer Denkformen schon vorgängig ausschließen.

Harald Krusekamp nimmt die immer lauter gewordene Kritik an dem konzeptuellen und kategorialen Gerüst der "Dialektik der Aufklärung" zum Anlaß, über die gesellschaftstheoretische Reichweite und Aktualität der "Dialektik der Aufklärung" nachzudenken. Im Gegensatz zur Meinung vieler Autoren zeigt seine Analyse der Herrschaftstheorie Horkheimers und Adornos, daß der kritische Stachel der alten Frankfurter Schule noch nicht gebrochen ist.

Jessé de Souza geht in seinem Beitrag einer bislang weitgehend übersehenen Seite der Persönlichkeitsethik Webers nach. Er sucht den Nachweis zu führen, daß Weber jenseits einer - bei ihm sicher auch angelegten - aristokratischen Elitenethik durchaus auch kulturelle und psychische Ressourcen benennt, die dem einzelnen in der "normalen" Alltagspraxis ein Gegenhalten gegen die freiheits- und identitätszerstörenden Zumutungen der Moderne ermöglichen. Vor allem der Berufsidee und den Wertsphären der Kunst und der Erotik traut Weber demnach zu, dem einzelnen zu einer authentischen Lebensführung in der rationalisierten Welt zu verhelfen.

Georg Kneer interessiert sich in seiner Studie für die Frage, inwieweit Jürgen Habermas mit seiner in der "Theorie des kommunikativen Handelns" systematisch entfalteten These der Kolonialisierung der Lebenswelt gelingt, einen plausiblen und stichhaltigen Erklärungsansatz moderner Sozialpathologien zu formulieren. Dabei konzentriert sich die immanent ansetzende Kritik auf zwei zentrale Punkte in der Argumentation von Habermas: Neben der Begründung der normativen Grundlagen der Kolonialisierungsthese, die als verkürzt und unzureichend zurückgewiesen wird, weist insbesondere die These des nichtpathologischen Entkoppelungsprozesses von System und Lebenswelt zentrale Widersprüche und Inkonsistenzen auf.

Armin Nassehi schließlich geht explizit auf den Streit zwischen Moderne und Postmoderne ein. Auf der Basis einer kontrastierenden Darstellung der Ansätze von Jürgen Habermas und Jean-Francois Lyotard wird der Nachweis erbracht, daß sich bisherige Vergleiche der beiden Autoren auf eine Entscheidung zwischen den Extrempositionen Universalismus oder Partikularismus beschränken oder aber eine der beiden Positionen unangemessen auf die andere reduzieren. Deshalb wird versucht, anhand der Lyotard-Interpretation Niklas Luhmanns eine neue theoretische Perspektive zu gewinnen, die das "ausgeschlossene Dritte" der bisherigen dualistischen Vergleiche in die Diskussion einzubinden vermag.

Zum Schluß ist noch denen zu danken, die durch Teilnahme an unserem Diskussionszusammenhang zum Gelingen der Texte beigetragen haben. Dies gilt insbesondere für Claudia Rademacher. Nicht zuletzt ist dem Westdeutschen Verlag für das Risiko der Publikation zu danken.

Rolf Eickelpasch, im November 1990

Richard Gebauer

FRAGWÜRDIGE UMGANGSFORMEN:
JÜRGEN HABERMAS UND DAS VERNUNFTKRITISCHE
ERBE DER ÄLTEREN KRITISCHEN THEORIE

> "Der versöhnte Zustand annektierte nicht mit philosophischem
> Imperialismus das Fremde, sondern hätte sein Glück daran,
> daß es in der gewährten Nähe das Ferne und Verschiedene
> bleibt, jenseits des Heterogenen wie des Eigenen." (Adorno
> 1970: 192)

> "Adorno beschreibt Versöhnung in Begriffen einer *unversehr-*
> *ten Intersubjektivität*, die sich allein herstellt und erhält in der
> Reziprozität der auf freier Anerkennung beruhenden *Verständi-*
> *gung*." (Habermas 1981,I: 523)

Im Zentrum der folgenden Überlegungen steht ein kurzer Vergleich der "Dialektik der Aufklärung" (1971) mit der "Theorie des kommunikativen Handelns"
(1981,I/II). Die *untersuchungsleitende These* lautet, daß die kritischen Gesell-
schaftsentwürfe von Max Horkheimer/Theodor W. Adorno und Jürgen Habermas auf methodologischen Prämissen aufruhen, die sich wechselseitig ausschließen: Die "Theorie des kommunikativen Handelns" folgt den Grundsätzen
einer immanenten Vernunftkritik, wohingegen die "Dialektik der Aufklärung"
dem Negativismus einer totalen und sich selbst überbietenden Vernunftkritik
verpflichtet ist. Jeder Versuch, ein Band der Kontinuität zwischen den beiden
konkurrierenden Theorieentwürfen stiften zu wollen, ist verfehlt.

Erstaunlicherweise konterkariert Habermas seine eigenen radikalen Einwände gegen die "schwarzen" Schriften der älteren Kritischen Theorie mit der
Behauptung, daß die formalpragmatische Schlüsselkategorie der intersubjektiven Verständigung aus dem Gedankengut der "Altväter" Horkheimer und
Adorno erhoben werden kann. Diese Auffassung ist falsch, und es soll versucht werden, die zentralen Differenzen zwischen den beiden konkurrierenden

sozialphilosophischen Entwürfen noch einmal Punkt für Punkt herauszustreichen.

Ich werde zunächst im ersten Teil (1) die brüchigen geschichtsphilosophischen Fundamente des "Grand Hotel Abgrund" (Lukács) freilegen und anschließend im zweiten Teil (2) das formalpragmatische Universum kommunikativen Handelns als Vergleichs- und Kontrastfolie in die Diskussion einführen.

(1) Die "Theorie des kommunikativen Handelns" formuliert eine klare Absage an die schwarzen, vernunftkritischen Schriften der älteren Kritischen Theorie[1] und plädiert im Gegenzug für die Wiederaufnahme und Fortführung einer materialistischen Gesellschaftstheorie mit den Mitteln einer *interdisziplinären* Sozialwissenschaft; dieses forschungslogische Programm prägt das Selbstverständnis des Institutes für Sozialforschung und ihrer Mitglieder (Horkheimer, Adorno, Grossmann, Kirchheimer, Löwenthal, Naumann, Pollock) in den dreißiger Jahren. Die frühe Kritische Theorie wird bestimmt von der Hoffnung auf eine wissenschaftliche Erneuerung des Marxismus und dem Glauben an die gesellschaftsverändernden und -sprengenden Kräfte der Produktivkraftentwicklung; die materialen Arbeiten aus der ersten Theoriephase, die in der "Zeitschrift für Sozialforschung" (1932-1941) eine großartige Dokumentation gefunden hat, verschreiben sich dem Ziel, das Proletariat über seine objektive Lage aufzuklären und den revolutionären Fortschritt der Geschichte voranzutreiben. Anfang der vierziger Jahre brechen Horkheimer/Adorno mit dem Marxschen Erbe; das Produktionsparadigma erfährt eine radikale Umbewertung und reiht sich anschließend in den Funktionskreis einer instrumentellen Vernunft ein, die nicht mehr den humanen Forschritt der Geschichte verbürgt, sondern im Gegenteil deren fortschreitende Barbarei.[2]

In der 1944 im amerikanischen Exil fertiggestellten "Dialektik der Aufklärung" verdichten sich das Grauen gegenüber der Barbarei von Faschismus und Stalinismus, die Enttäuschung über das Ausbleiben einer sozialistischen Revo-

---

1   Vgl. neben der "Dialektik der Aufklärung" auch die "Kritik der instrumentellen Vernunft" von Horkheimer (1974).

2   An dieser Stelle möchte ich den Leser auf einige vorzügliche Gesamtdarstellungen der Frankfurter Schule hinweisen: vgl. Dubiel 1978; Jay 1976; Wiggershaus 1988.

lution in Westeuropa und Erfahrungen mit der Massenkultur und dem positivistischen Wissenschaftsbetrieb in den USA zu dem beeindruckenden Zeugnis einer radikalen und totalen Vernunftkritik. Diese Kritik wird mit den Mitteln einer geschichtsphilosophischen Totalkonstruktion geführt und erhebt den Anspruch, die Pathologie des *gesamten* Zivilisationsprozesses auf den Begriff zu bringen.

"Eine philosophische Konstruktion der Weltgeschichte hätte zu zeigen, wie sich trotz aller Umwege und Widerstände die konsequente Naturherrschaft immer entschiedener durchsetzt und alles Innermenschliche integriert. Aus diesem Gesichtspunkt wären auch Formen der Wirtschaft, der Herrschaft, der Kultur abzuleiten." (Horkheimer/Adorno 1971: 200)

Die provokative Zentralthese der Abhandlung beansprucht nicht weniger, als das Geheimnis des gesamten Zivilisationsprozesses beim Namen zu nennen; sie lautet: "schon der Mythos ist Aufklärung, und: Aufklärung schlägt in Mythologie zurück." (Horkheimer/Adorno 1971: 5) Diese sperrige Formel steht in krassem Gegensatz zu dem Selbstverständnis der Epoche der Aufklärung, der der Mythos als ein prominenter Vertreter des Vorurteils und als das schlechthin Andere der Vernunft erscheinen mußte. Die Ausgangsthese der Autoren verlangt also nach einer Erläuterung, warum die beiden bislang separierten Größen in einem Verhältnis der "geheimen Komplizenschaft" zueinander stehen sollen.

Nach Ansicht von Horkheimer/Adorno teilt bereits der Mythos mit der Aufklärung den unbedingten Willen zur Naturbeherrschung; ein Wille, der freilich erst in der Moderne in Gestalt einer sich zur Totalität aufspreizenden instrumentellen Vernunft zu sich selbst gekommen ist.

"Das Wesen der Aufklärung ist die Alternative, deren Unausweichlichkeit die der Herrschaft ist. Die Menschen hatten immer zu wählen zwischen ihrer Unterwerfung unter Natur oder der Natur unter das Selbst. Mit der Ausbreitung der bürgerlichen Warenwirtschaft wird der dunkle Horizont des Mythos von der Sonne der kalkulierenden Vernunft aufgehellt, unter deren eisigen Strahlen die Saat der neuen Barbarei heranreift." (Horkheimer/Adorno 1971: 32)

Die Reproduktion der menschlichen Gattung vollzieht sich in einem permanenten Kampf gegen eine übermächtige Natur, deren Beherrschung eine kulturanthropologische Grundkonstante darstellt und die gesamte Zivilisationsgeschichte von ihren frühesten Anfängen an bestimmt.

Die Aufklärung wiederum teilt mit der Mythologie die ewige Wiederkehr des Immergleichen. Die instrumentelle Vernunft der Moderne entsagt der Reflexion auf die Rationalität der Handlungszwecke und dient sich, in ihrer Beschränkung auf die Kontrolle der "Angemessenheit von Verfahrensweisen an Ziele" (Horkheimer 1974: 15), als willfähriges Werkzeug einer "wildwuchernden" Selbstbehauptung an.

"Das Tatsächliche behält recht, die Erkenntnis beschränkt sich auf seine Wiederholung, der Gedanke macht sich zur bloßen Tautologie. Je mehr die Denkmaschinerie das Seiende sich unterwirft, um so blinder bescheidet sie sich bei dessen Reproduktion. Damit schlägt Aufklärung in die Mythologie zurück, der sie nie zu entrinnen wußte. Denn Mythologie hatte in ihren Gestalten die Essenz des Bestehenden: Kreislauf, Schicksal, Herrschaft der Welt als die Wahrheit zurückgespiegelt und der Hoffnung entsagt. In der Prägnanz des mythischen Bildes wie in der Klarheit der wissenschaftlichen Formel wird die Ewigkeit des Tatsächlichen bestätigt und das bloße Dasein als der Sinn ausgesprochen, den es versperrt. (Horkheimer/Adorno 1971: 27f.)

Horkheimer/Adorno rechnen der Aufklärung ein reduziertes Erkenntnisinteresse vor, das sich in der Reproduktion der bestehenden Verhältnisse erschöpft. Die Liebe zur Klarheit der wissenschaftlichen Formel und der instrumentelle Tatsachensinn der Aufklärung sind eins. Diese Auskunft mag den unbedarften Leser zunächst verwirren: War es nicht der erklärte Ehrgeiz der Kantischen Moraltheorie, die praktische Vernunft auf die apriorischen Fundamente der Transzendentalphilosophie zu stellen, in der jedes Vernunftwesen rigoros auf das intelligible Reich der Zwecke verpflichtet wird?[3] Die Irritation weicht, sofern wir uns klarmachen, daß die Polemik der Autoren sich gegen das Selbstverständnis eines positivistisch strukturierten Wissenschaftsbetriebes richtet, der - auf die Bereitstellung technisch verwertbaren Wissens beschränkt - sich der Reflexion auf die Handlungszwecke (in ihrer normativ-praktischen Relevanz für den gesamtgesellschaftlichen Lebenszusammenhang) entschlägt.

---

3   Selbstverständlich verfällt auch die Kantische Moralphilosophie der Kritik der Autoren, da das Allgemein-Vernünftige sich auf Kosten der Unterdrückung des Leiblich-Besonderen verwirklichen soll. Kant ist ein idealer Gegenstand jeder Vernunftkritik, die auf das Andere der Vernunft (Leiblichkeit, Sinnlichkeit, Begehren, Natur) setzt: vgl. Horkheimer/Adorno 1971: 74ff.; vgl. auch Böhme/Böhme 1983: 323ff..

Horkheimer/Adorno sprechen allgemein von Szientismus oder Positivismus, und ihre Kritik zielt gegen die wissenschafts- und erkenntnistheoretischen Grundsatzpositionen des Logischen Empirismus, mit dem sich der Name des Wiener Kreises (Carnap, Neurath, Schlick u. a.) verbindet. Eine prägnante Ausformulierung zentraler Thesen bietet der "Tractatus logico-philosophicus" des frühen Wittgenstein, ohne daß dieser im strengen Sinne dem Wiener Kreis zuzuordnen ist. Der "Tractat" schränkt die Verwendung des Begriffes der Wahrheit auf Tatsachenbehauptungen ein. Probleme der Ethik und Fragen der Ästhetik scheiden, da nach Maßgabe des empirisch-analytischen Sinnkriteriums schlicht sinnlos, aus dem Kreis der wahrheitsfähigen "Gegenstände" aus (vgl. Wittgenstein 1978: 111ff.).[4] Horkheimer/Adorno haben also nicht ganz unrecht, wenn sie den Positivismus als den Mythos dessen bezeichnen, was der Fall ist (vgl. Horkheimer/Adorno 1971: IX).[5] Dieser wissenschaftstheoretische Ansatz erscheint den Autoren als der konsequente "Schlußakkord" einer ideengeschichtlichen Verfallslogik, in deren Verlauf die ehemals umgreifenden Ansprüche der Aufklärung in der zeitlichen Folge der Aufklärung selbst zum Opfer fallen.

"Was dem Maß von Berechenbarkeit und Nützlichkeit sich nicht fügen will, gilt der Aufklärung für verdächtig. Darf sie sich einmal ungestört von auswendiger Unterdrückung entfalten, so ist kein Halten mehr. Ihren eigenen Ideen vom Menschenrecht ergeht es dabei nicht anders als den älteren Universalien." (Horkheimer/Adorno 1971: 9)

Aber verwechseln Horkheimer/Adorno an dieser Stelle nicht die wissenschaftsinternen Konsequenzen einer erkenntnistheoretischen Gundsatzposition mit der Verfaßtheit eines gesellschaftlichen Lebenszusammenhanges, in dem die Subjekte sehr wohl eine Reflexion auf die Rationalität ihrer eigenen Handlungszwecke leisten, die ungeachtet der Einsprüche der Philosophen und *gestützt auf gute Gründe* durchaus als vernünftig (im emphatischen Sinne der

---

4   "Man kann die Menschen nicht zum Guten führen; man kann sie nur irgendwohin führen. Das Gute liegt außerhalb des Tatsachenraums." (Wittgenstein 1977: 15)

5   Freilich kann aus der philosophischen Konzeption des Logischen Empirismus mit nicht logischer Unausweichlichkeit auf ein affirmatives Verhältnis zu den real existierenden Verhältnissen geschlossen werden: vgl. die harschen und politisch motivierten Anwürfe in Horkheimer 1968,II: 82ff.; vgl. dagegen Neurath 1979.

Aufklärung) ausgewiesen werden können? - Das ist die zentrale Pointe der formalen Pragmatik kommunikativen Handelns von Habermas (vgl. Habermas 1984). - Doch Horkheimer/Adorno, konsterniert durch die zeitgeschichtlichen Ereignisse von Faschismus und Stalinismus, ficht dieses Gegenvotum nicht an, und sie belehren uns darüber, daß sich jede soziale Handlung, ungeachtet der subjektiven Zweckintentionen, in den *funktionalen* Zwangszusammenhang einer instrumentellen Vernunft fortschreitender Naturbeherrschung einfügen muß. Bereits hier kündigt sich an, daß es sich bei den geschichtsphilosophischen Prämissen der "Dialektik der Aufklärung" um "omnipotente Erklärungssätze" handelt, die gegen die Einwände von dritter Seite weitgehend immun sind (vgl. Schnädelbach 1989)[6]. Horkheimer/Adorno sprechen die Wahrheit der Geschichte aus und nehmen für sich das Privileg einer Erkenntnis in Anspruch, das die Masse nicht zu teilen vermag, da die Gesellschaft unter dem Bann eines totalen Verblendungszusammenhanges steht. Die Rollenverteilung in diesem philosophischen Hase-und-Igel-Spiel liegt auf der Hand.

Die Kritik an der "Dialektik der Aufklärung" beschränkt sich zunächst auf zwei für den vorliegenden Zusammenhang relevante Einwände.[7]

Die aporetischen Konsequenzen einer selbstbezüglichen Vernunftkritik: Horkheimer/Adorno betreiben in der "Dialektik der Aufklärung" die Variante einer rücksichtslosen und in ihrer Selbstbezüglichkeit aporetischen Form der Vernunftkritik. Obwohl die Autoren in der Vorrede einen positiven und unverkürzten Begriff der Aufklärung in Aussicht stellen, der die Gesellschaft aus dem Zangengriff der instrumentellen Vernunft zu lösen imstande wäre und an anderer Stelle das "Eingedenken der Natur im Subjekt" beschwören (vgl. Horkheimer/Adorno 1971: 39) - ein Reflexionsprozeß, der den katastrophischen Fortschritt der Geschichte zu wenden vermöchte -, so läßt sich der Tenor der gesamten Abhandlung doch eher durch einen Aphorismus von

---

6   Schnädelbach begreift die "Dialektik der Aufklärung" in ihren geschichtsphilosophischen Anteilen als einen "Sozialmythos" in aufklärerischer Absicht, der "aufs Ganze" geht und durch einen privilegierten Zugang zu der Tiefenstruktur der Geschichte ausgezeichnet ist (vgl. Schnädelbach 1989: 18ff.).

7   Vgl. folgende Arbeiten, die eine umfassende Kritik bieten: Habermas 1981a, ders. 1985a; Hesse 1984; Honneth 1985a.

Adorno charakterisieren: "Das Ganze ist das Unwahre." (Adorno 1971: 57)

Die Autoren nehmen in ihrer Kritik des Zivilisationsprozesses eine (das Wahre, das Gute und das Schöne umgreifende) substantielle Vernunft in Anspruch, die aber in einer als hermetischen Verblendungszusammenhang begriffenen Geschichte keinen Ort mehr haben kann.[8]

"Durch die Vermittlung der totalen, alle Beziehungen und Regungen erfassenden Gesellschaft werden die Menschen zu eben dem wieder gemacht, wogegen sich das Entwicklungsgesetz der Gesellschaft, das Prinzip des Selbst gekehrt hatte: zu bloßen Gattungswesen, einander gleich durch Isolierung in der zwangshaft gelenkten Kollektivität." (Horkheimer/Adorno 1971: 36)[9]

An dieser Stelle geraten Horkheimer/Adorno in eine Sackgasse: entweder die Masse ist "dumm" und die eigene Theorie ist es nicht, oder aber die "Dialektik der Aufklärung" teilt das allgemeine Schicksal und verfällt der Kritik der eigenen Theorie. Auf diesen Einwand müssen die Autoren antworten: "sowohl, als auch!"

Die Selbstbezüglichkeit einer radikalen Vernunftkritik mit universalistischen Geltungsansprüchen läßt sich exemplarisch an dem Aphorismus von Adorno darstellen: "Das Ganze ist das Unwahre." Diese Behauptung erhebt einen Geltungsanspruch auf Wahrheit und dementiert diesen zugleich, da sie sich in den Objektbereich der eigenen Aussage einreihen muß. Wenn die Behauptung, daß das Ganze das Unwahre ist, wahr ist, dann ist es auch wahr, daß die Behauptung, daß das Ganze das Unwahre ist, unwahr ist. Die Vernunftkritik wird total und der Negativismus der Theorie zersetzt die normativen Grundlagen der Kritik (vgl. Habermas 1983: 418f.; vgl. auch Benhabib 1986: 169).

Während die Autoren in der "Dialektik der Aufklärung" in der Manier der Hoffnung der Hoffnungslosen in dieser Aporie ausharren, trennen sich anschließend ihre Wege: Adorno versucht die disparaten Spuren der Vernunft im Medium einer esoterischen Kunsterfahrung zu dechiffrieren (vgl. Adorno 1970, ders.

---

8   "Schuld ist ein gesellschaftlicher Verblendungszusammenhang." (Horkheimer/Adorno 1971: 40)

9   Die Autoren sprechen diesen Gattungswesen süffisanterweise ein Lurchbewußtsein zu (vgl. Horkheimer/Adorno 1971: 36).

1974; vgl. auch Wellmer 1985), Horkheimer hingegen resigniert in einer pessi-
mistischen Sehnsucht nach dem "Ganz Anderen" (vgl. Horkheimer 1970, ders./
Staudinger 1974; vgl. auch Hesse 1984a).

Der Dogmatismus einer radikalen Vernunftkritik: "Die Dialektik der Aufklärung"
zieht ihren Gestus der Entlarvung aus einer extramundanen Stellung der Autoren gegenüber der Gesellschaft. Nur eine Theorie, die in einer radikalen
Distanz zu ihrem Gegenstand verbleibt, vermag es, das stählerne Gehäuse der
Gesellschaft begrifflich aufzubrechen.

"Die rastlose Selbstzerstörung der Aufklärung zwingt das Denken dazu, sich auch die letzte
Arglosigkeit gegenüber den Gewohnheiten und Richtungen des Zeitgeistes zu verbieten. Wenn
die Öffentlichkeit einen Zustand erreicht hat, in dem unentrinnbar der Gedanke zur Ware und die
Sprache zu deren Anpreisung wird, so muß der Versuch, solcher Depravation auf die Spur zu
kommen, den geltenden sprachlichen   und gedanklichen Anforderungen Gefolgschaft versagen
(...)." (Horkheimer/Adorno 1971: 1)

Die objektivierende Außenperspektive gewährt Horkheimer/Adorno das Privileg,
den erklärungsbedürftigen gesellschaftlichen Phänomenen die geschichtsphilosophischen Prämissen ihrer Abandlung zu unterlegen. Die Theorie unterläuft in
bewährter ideologiekritischer Manier souverän das Selbstverständnis der lebensweltlichen Subjekte; ein Verfahren, das bereits von Nietzsche mit Brillanz
ausgeübt wurde. Jede Kritik von dritter Seite verfällt der Kritik der Autoren
und kann nach einer radikalen Umbewertung als Ausdruck einer falschen
Affirmation des Bestehenden gelesen werden. Auf die theorieimmanente Ironie,
daß die Außenperspektive der Autoren der Selbstbezüglichkeit der eigenen
Vernunftkritik zum Opfer fällt, ist bereits hingewiesen worden.

   Die geschichtsphilosophischen Prämissen der "Dialektik der Aufklärung"
verdanken ihre Stärke (im Sinne ihrer Nicht-Angreifbarkeit), aber auch ihre
empfindliche Schwäche (im Sinne ihrer Nicht-Entscheidbarkeit) dem Umstand,
daß sie nicht fallibel sind und sich der Überprüfung im Rahmen einer kritischen Sozialforschung entziehen. Als Musterbeispiel mag der Begriff der
Herrschaft in der triadischen Verknüpfung von blindem Naturzwang, sozialer
Herrschaft und Selbst-Behauptung dienen. Nach Auffassung von Horkheimer/
Adorno kann die Repression der inneren Triebnatur, aber auch die soziale

Herrschaft des Menschen über den Menschen auf eine als "malum metaphysicum der Geschichte" begriffene "ursprüngliche Gewalttat zwischen Mensch und Natur" (Söllner 1979: 196) zurückgeführt werden: "Die Herrschaft über die Natur reproduziert sich innerhalb der Menschheit." (Horkheimer/Adorno 1971: 99) "Naturbeherrschung schließt Menschenbeherrschung ein." (Horkheimer 1974: 94) Diese geschichtsphilosophische Spekulation, - der Vorwurf eines gesellschaftstheoretischen Reduktionismus liegt auf der Hand (vgl. Honneth 1985: 63ff. u. Benhabib 1986: 218) - empfängt ihren Stoff (in ignoranter Distanz zu den als "positivistisch" diskreditierten Wissenschaften der Kulturanthropologie und der empirischen Sozialforschung) von den schwarzen, gegenaufklärerischen Schriften eines Nietzsche (vgl. Rath 1987) oder eines Marquis de Sade; auch Berührungspunkte mit der Zivilisationskritik eines Ludwig Klages sind nachweisbar (vgl. Honneth 1983).

Mit meinen methodologisch motivierten Einwänden bestreite ich keineswegs, daß wir Horkheimer/Adorno Einsichten in die Gefährdungslagen des Zivilisationsprozesses verdanken. Wer möchte die reale Möglichkeit einer Liquidation des Projektes der Aufklärung durch eine ökologische und atomare Totalkatastrophe leugnen? Auch ist mir bewußt, daß eine Untersuchung, die auf methodologische Einwände abzielt, die Abhandlung der Autoren um ihre philosophische Brillanz und ihren Ideenreichtum bringt. Die Vorbehalte richten sich gegen eine nivellierende Vernunftkritik, deren vollendeter Negativismus sich grundsätzlich dem "normativen Gehalt" (vgl. Habermas 1985d) einer ambivalenten Moderne verschließen muß.

(2) Die "Theorie des kommunikativen Handelns" erhebt explizit den Anspruch, *die* Alternative für die "unhaltbar gewordene Geschichtsphilosophie" (Habermas 1981,II: 583) der älteren Kritischen Theorie darzustellen. Der Formalpragmatiker Habermas bricht zunächst mit der privilegierten Vernunft- und Beobachterperspektive des unbarmherzigen Ideologiekritikers und bindet den Begriff der Rationalität zurück an das gemeinsam geteilte Alltagswissen der lebensweltlichen Subjekte. Damit hält eine unverkürzte Aufklärungsvernunft wieder Einzug in die Geschichte.

"Unsere Überlegungen können wir dahingehend zusammenfassen, daß wir Rationalität als eine

Disposition sprach- und handlungsfähiger Subjekte verstehen. Sie äußert sich in Verhaltensweisen für die jeweils gute Gründe bestehen." (Habermas 1981,I: 44)

Allerdings stellt die "Theorie des kommunikativen Handelns" keine Neuauflage einer hermeneutisch orientierten Sozialanthropologie mit all ihren relativistischen Konsequenzen dar; der kognitivistische Anspruch der Theorie wird im Nachsatz deutlich herausgestrichen: "Das bedeutet, daß rationale Äußerungen einer objektiven Beurteilung zugänglich sind." (Habermas 1981,I: 44) Das Werk von Habermas steht in der Traditionslinie großer Aufklärungstheorie und wird von dem zentralen Anliegen geleitet, den humanitären Ideengehalt einer nicht auf Selbstbehauptung versteiften Moderne in der sozialen Wirklichkeit entfalten zu wollen.

Forschungs- und begründungslogisch stellt der theoretische Einstellungswechsel von der objektivierenden Außenperspektive des radikalen Vernunftkritikers zu der performativen Binnenperspektive sprach- und handlungsfähiger Subjekte eine Kopernikanische Wende dar, die zu vollziehen Horkheimer/Adorno sich hartnäckig geweigert hätten. Das "Lurchbewußtsein" der lebensweltlichen Subjekte scheidet für sie als Explikationsgrundlage für einen positiven Begriff der Aufklärung grundsätzlich aus.

Die untersuchungsleitende These lautet - sie sei an dieser Stelle noch einmal wiederholt -, daß die Theoriearchitektur des kommunikativen Vernunftprojektes von Habermas mit den Konstruktionsplänen eines "Grand Hotel Abgrund" (Lukács) nicht kompatibel ist. Jeder Versuch, ein Band der Kontinuität zwischen den beiden konkurrierenden Theorieentwürfen stiften zu wollen, muß daher als verfehlt zurückgewiesen werden.

Die "Theorie des kommunikativen Handelns" begreift die Zivilisationsgeschichte nicht nach dem invarianten Muster einer Logik des Zerfalls, sondern als den fragilen (und in terms formaler Strukturen rekonstruierbaren) Entwicklungsprozeß einer *dreistrahligen* Aufklärungsvernunft, die in den *verständigungsorientiert* strukturierten Verständigungsverhältnissen der Gegenwart - "gewiß nur fragmentarisch und verzerrt" (Habermas 1981,I: 9) - die Grundlage ihrer historischen Existenz gefunden hat.

"Ich hätte die formalpragmatische Nachkonstruktion des vernünftigen Potentials der Rede gar nicht in Angriff genommen, wenn ich nicht die Erwartung hegte, auf diesem Wege einen Begriff der kommunikativen Vernunft aus dem normativen Gehalt allgemeiner und unvermeidlicher Präsuppositionen der *nicht hintergehbaren* Praxis alltäglicher Verständigung zu gewinnen. Es geht (...) um die Rekonstruktion einer Stimme der Vernunft, die sprechen zu lassen wir in der kommunikativen Alltagspraxis nicht umhinkönnen, ob wir es wollen oder nicht." (Habermas 1986: 368)[10]

Die formale Pragmatik rekonstruiert aus den faktischen *und kontrafaktischen* Voraussetzungen verständigungsorientierten Handelns die gesellschaftskritische Perspektive einer vitalen kommunikativen Alltagspraxis, die durch das wohltemperierte Zusammenspiel *kognitiv-instrumenteller, moralisch-praktischer* und *ästhetisch-expressiver Rationalitätspotentiale* ausgezeichnet ist.

Die Gesellschaftstheorie von Habermas arbeitet in der Traditionslinie einer "immanenten" Vernunftkritik: dieses Unternehmen klagt die formalpragmatisch rekonstruierte Idee einer unversehrten Intersubjektivität gegen die "Halbierungen" und "Paradoxien" der Moderne ein. Die "Dialektik der Rationalisierung" (vgl. Habermas 1985) wird vollkommen undialektisch auf die selektive Ausschöpfung kulturell bereits verfügbarer, aber in Expertenkulturen abgekapselter Vernunftpotentiale und eine unkontrolliert auf die Lebenswelt auswuchernde Systemkomplexität zurückgeführt. Ideologiekritisch verhält sich die Theorie allenfalls gegenüber sprach- und handlungsfähigen Subjekten, die sich über die kritischen Impulse ihrer eigenen kommunikativen Alltagsintuitionen hinwegtäuschen. In diesem Falle behält es sich die formale Pragmatik vor, ein vorbewußtes Wissen mäeutisch in das Bewußtsein der sozialen Akteure zu heben; und Habermas läßt keinen Zweifel an seiner Überzeugung, daß der "moral and communicative point of view", der nach seiner Auffassung grundsätzlich von jedem sprach- und handlungsfähigen Subjekt geteilt wird, nur um den Preis einer "objectivistic fallacy" bzw. eines performativen Widerspruches durchbrochen werden kann (vgl. Habermas 1983b: 86ff.)[11].

Im Gegensatz dazu stellt die "Dialektik der Aufklärung" eine *radikale*

---

10 Einen prägnanten und sehr kurzen Überblick über das Theorieuniversum kommunikativen Handelns bietet Habermas 1983c: 144ff.

11 In der moraltheoretischen Grundlegungsschrift "Diskursethik - Notizen zu einem Begründungsprogramm" wird in offenem Widerspruch zu den Forschungsgrundsätzen einer empirisch-rekonstruktiven Wissenschaft transzendentalpragmatisch expliziert (vgl. Gebauer 1989), was an anderer Stelle in Frontstellung zu konkurrierender Theorie exekutiert wird: das Gebot der performativen Konsistenz, bzw. das Verbot des performativen Widerspruchs.

Kritik der Grundlagen einer *immanenten* Vernunftkritik dar. Die verfremdende Außenperspektive gewährt der *totalen* Vernunftkritik das Privileg einer Erkenntnis, deren Wahrheit ihrem Gegenstand, der Gesellschaft, verborgen bleiben muß.

In einem zweiten Schritt demontiert Habermas die Geschichtsphilosophie der älteren Kritischen Theorie, da deren Prämissen sich der Überpüfung im Rahmen eines "fallibilistisch strukturierten"[12] Wissenschaftsbetriebes entziehen. Anspruchsvolle Theorien müssen zwei Mindestanforderungen genügen: sie müssen vergleichbar sein und sie müssen scheitern können. Diesen Ansprüchen genügt das Theorieprogramm der "Dialektik der Aufklärung" nicht. "Im Unterschied zum Werk Horkheimers und Adornos ist dasjenige von Habermas Theorie, Theorie auch und gerade in modernem Sinne." (Theunissen 1981: 55) Habermas überantwortet sowohl die nicht-kontingente Begründung der normativen Grundlagen der Kritik (gesellschaftstheoretischer Aspekt) als auch die Rehabilitierung einer Vernunft der Zwecke (diskursethischer Aspekt) einer formalpragmatischen Theorie kommunikativen Handelns, die sich (nach Maßgabe der Forschungsvorbilder von Chomsky, Piaget und Kohlberg) auf dem gesicherten Fundament einer empirisch-rekonstruktiv verfahrenden Sozialwissenschaft erheben soll (vgl. Habermas 1989: 45f.).

Die weitgespannten Erwartungen, die Habermas an sein eigenes Programm bindet, hat er im Vorwort zum zweiten Band der "Theorie des kommunikativen Handelns" prägnant herausgestellt:

"Die Ideen von Versöhnung und Freiheit (...) bedürfen der Explikation; und sie können auch mit Hilfe des Begriffs kommunikativer Rationalität, auf den sie schon bei Adorno verweisen, entfaltet werden. Dafür bietet sich eine Handlungstheorie an, die (...) auf den Entwurf einer idealen Kommunikationsgemeinschaft angelegt ist. Diese Utopie dient nämlich der Rekonstruktion einer unversehrten Intersubjektivität, die zwanglose Verständigung der Individuen miteinander ebenso ermöglicht wie die Identität eines sich zwanglos mit sich selbst verständigenden Individuums". (Habermas 1981,II: 9f.; vgl. auch Habermas 1985: 173 u. 202f.)

---

12   "Etwas für wahr halten heißt: etwas definitiv für wahr halten. Und etwas wissen heißt: daß es kritisiert werden kann. *Beides* gehört zusammen. (...) Der Fallibilismusvorbehalt bezieht sich lediglich darauf, daß wir die Möglichkeit einer Falsifikation auch bei überzeugend begündeten, als gültig akzeptierten Theorien nicht ausschließen können." (Habermas 1986: 351f.)

Dieses Zitat vermittelt den Eindruck, als wolle Habermas ein Band der Kontinuität flechten von der älteren Kritischen zu der eigenen Theorie, die das ausführt, was bei den "Urvätern" bereits im Keim angelegt ist. Gegen diese Vereinnahmung von Horkheimer/Adorno für sprachpragmatische "Belange" lassen sich *zwei* triftige Argumente ins Feld führen; die Beweisführung erfolgt wiederum unter Rekurs auf zentrale Thesen in der "Dialektik der Aufklärung".

Das Telos der Sprache: Verständigung versus Herrschaft: Der von Habermas mit Nachdruck angestrengte Paradigmenwechsel von der "subjektzentrierten" zu der "kommunikativen Vernunfttheorie" (vgl. Habermas 1985c) verdankt seine Plausibilität einem emphatischen Verständnis von Sprache: "Verständigung wohnt als Telos der menschlichen Sprache inne." (Habermas 1981,I: 387)[13] Der Sprachphilosoph Habermas begreift kommunikatives Handeln als den "Originalmodus der Sprachverwendung", wohingegen strategisches Handeln (Macht, Gewalt, Wettbewerb u. a.) das Telos der Sprache verfehlt und aus diesem Grunde einen abgeleiteten oder parasitären Status genießt. "Seit ein Gespräch wir sind..." Dieses Wort Hölderlins veranschaulicht in vorbildlicher Art und Weise die grundlegende Intuition, der die "Theorie des kommunikativen Handelns" verpflichtet ist. Konsequent beurteilt der Gesellschaftstheoretiker Habermas die soziale Wirklichkeit danach, ob sie über die Spielräume für eine kommunikative Vergesellschaftung ihrer Mitglieder verfügt oder nicht.

Dagegen begreifen Horkheimer/Adorno Denken und Sprache, in Abhängigkeit von den Prämissen einer Geschichtsphilosophie der Herrschaft, als Erkenntnis- und Verfügungsmittel gegenüber einer verobjektivierten Natur.

"Die Menschen distanzieren denkend sich von Natur, um sie so vor sich hinzustellen, wie sie zu beherrschen ist. Gleich dem Ding, dem materiellen Werkzeug, das in verschiedenen Situationen

---

13   Habermas verwendet den Begriff der Verständigung *stets* in dem anspruchsvollen Sinne eines kommunikativ erzielten, bzw. lebensweltlich verbürgten Einverständnisses, das in der rational-motivierten Anerkennung reziprok (von Alter und Ego) erhobener Geltungsansprüche terminiert, und die Kompatibilität einer Sprech-Handlung mit der objektiven Welt existierender Sachverhalte, der sozialen Welt legitim geregelter interpersonaler Beziehungen und der subjektiven Welt wahrhaftig geäußerter Intentionen, umgreift.

als dasselbe festgehalten wird und so die Welt als das Chaotische, Vielseitige, Disparate vom Bekannten, Einen, Identischen scheidet, ist der Begriff das ideelle Werkzeug, das in die Stelle an allen Dingen paßt, wo man sie packen kann." (Horkheimer/Adorno 1971: 38)

Der identifizierende Erkenntnismodus des begrifflichen Denkens, das von den Natur-Dingen das Manigfaltige, das Besondere, will heißen: das "Nicht-Identische", wegschneidet, legt sich wie ein Sperriegel zwischen das erkennende Subjekt und das manipulierte Objekt. Diese Form der Erkenntnis muß in ihrer Reduktion auf die Imperative der Selbsterhaltung den Dingen äußerlich bleiben. Das wahrheits- und erkenntnistheoretische Gegenprogramm belegen Horkheimer/Adorno mit dem Begriff der Mimesis.

Der Begriff der Mimesis bezeichnet in der "Dialektik der Aufklärung" keinen eineindeutigen Sachverhalt (vgl. Früchtl 1987: 277). Im vorliegenden Zusammenhang gewinnt jene Bedeutungsvariante einen zentralen Stellenwert, deren explikativer Gehalt in einem klaren Gegensatz zu dem Begriff der identitätslogischen Vernunft steht. In dieser Lesart erweist sich Mimesis als der Statthalter einer substantiellen Vernunft, bzw. als das vernünftige Andere der instrumentellen Vernunft. Die "Dialektik der Aufklärung" zieht ihre theoriebildende Kraft aus dem utopischen Horizont eines gewaltfreien Austausches zwischen Mensch und Natur. Diese Vorstellung weckt Assoziationen an das in der jüdischen Mystik geläufige Motiv einer messianischen Erlösung und Resurrektion der gefallenen Natur (vgl. Eder 1988: 247). Ein derartiges Gedankenmotiv ist der "Theorie des kommunikativen Handelns" vollkommen fremd: der Gedanke der Versöhnung wird exklusiv auf den Entwurf einer unversehrten Intersubjektivität bezogen; die Natur scheidet als mögliches Ko-Subjekt und Mitglied der idealen Kommunikationsgemeinschaft aus. Vor diesem Hintergrund kann es nicht verwundern, daß Habermas nur die objektivierende Einstellung des naturwissenschaftlich-experimentierenden Beobachters für theoriefähig hält, so daß sich die Rationalität des Menschen im Umgang mit der Natur an der Stabilisierung und Erweiterung kognitiv-instrumenteller Manipulationsspielräume bemessen lassen muß (vgl. Habermas 1984a: 508ff.; vgl. dagegen McCarthy 1982 u. Skirbekk 1986).

Die Interpretation von Mimesis als Statthalterin einer substantiellen Vernunft legt die Frage nahe, ob Horkheimer/Adorno mit dieser Theoriefigur nicht eine Begründungsgrundlage gewinnen, die den Negativismus der "Dialektik der

Aufklärung" durchbrechen könnte. Die Beantwortung dieser Frage ist auf der Theorieebene nicht möglich, da das Verhältnis von Mimesis und begrifflichem Denken durch einen unüberbrückbaren Gegensatz bestimmt wird: während sich die mimetische Wahrheit grundsätzlich dem Zugriff des Begriffes entzieht, muß die Theorie, die unausweichlich auf die Anstrengungen der Begriffsarbeit angewiesen ist, in den Funktionskreis einer auf Naturbeherrschung bezogenen instrumentellen Vernunft eingeordnet werden.

Die naheliegende Konsequenz, den eigenen Theorieentwurf zu revidieren oder gar zu schweigen, ziehen Horkheimer/Adorno nicht.

"Denken wird denn auch illusionär, wann immer es die trennende Funktion, Distanzierung und Vergegenständlichung, verleugnen will. Alle mystische Vereinigung bleibt Trug, die ohnmächtig inwendige Spur der abgedungenen Revolution. Indem aber Aufklärung gegen jede Hypostasierung der Utopie recht behält und die Herrschaft als Entzweiung ungerührt verkündet, wird der Bruch von Subjekt und Objekt, den sie zu überdecken verwehrt, zum Index der Unwahrheit seiner selbst und der Wahrheit." (Horkheimer/Adorno 1971: 38f.)

Das "Eingedenken der Natur im Subjekt" (Horkheimer/Adorno 1971: 39) stellt die Metapher für einen paradoxen Erkenntnisprozeß dar, der darauf abzielt, mit dem Begriff über den Begriff hinaus der mimetischen Wahrheit einen authentischen Ausdruck zu verleihen (vgl. Adorno 1970: 27). Diese Erkenntnisleistung reicht in der "Dialektik der Aufklärung" gerade soweit, die Gesellschaft einer unnachsichtigen Kritik zu unterziehen, wohingegen jede positive Utopie dem Bilderverbot unterliegt. Die Wahrheit der Theorie als deren eigene Unwahrheit, und die Unwahrheit der Theorie als deren eigene Wahrheit auszusprechen, das bleibt das Privileg einer "negativ-dialektischen" Erkenntnistheorie, die sich souverän über die Konsistenzforderungen eines fallibilistisch strukturierten Wissenschaftsbetriebes hinwegsetzt.

Im Gegensatz dazu genießt die "Theorie des kommunikativen Handelns" alle Vorteile einer "exoterischen" Erfahrungswissenschaft, deren methodologische Prämissen dem dialektischen Negativismus einer Geschichtsphilosophie der Herrschaft radikal widersprechen. Habermas reiht seine eigene Theorie als interdisziplinären Forschungsbeitrag in den Kreis jener empirisch-rekonstruktiv verfahrenden Humanwissenschaften ein, die sich das gemeinsame Ziel teilen, das intuitive Vorverständnis, bzw. das vortheoretische Regelbewußtsein sprach-

und handlungsfähiger Subjekte zu explizieren, um auf diesem Wege "die allgemeinen Grundlagen der Rationalität von Erfahrung und Urteil, Handlung und sprachlicher Verständigung zu klären" (Habermas 1983: 23). Die "Theorie des kommunikativen Handelns" erhebt für ihre rationalitätstheoretischen Aussagen starke universalistische Geltungsansprüche, ohne sich der Einsicht in die grundsätzliche Revidierbarkeit ihrer Hypothesen zu verweigern; die Theorie besticht durch ein ausgeprägt antifundamentalistisches und undogmatisches Selbstverständnis.

Systemtheoretische Implikationen einer radikalen Vernunftkritik: Die Theoriearchitektur der älteren kritischen Theorie verbleibt nach Auffassung von Habermas in dem kategorialen Rahmen einer Bewußtseinsphilosophie, die die konstitutiven Leistungen des Subjektes auf die Erkenntnis und die Manipulation von Objekten festlegt (vgl. Habermas 1981,I: 518ff.). In dieser Lesart stellt die "Dialektik der Aufklärung" eine kognitiv-instrumentelle Erkenntnis- und Handlungstheorie mit negativem Vorzeichen dar. Zuweilen - an anderer Stelle wiederum ist die Kritik harsch, schneidend und auf Diskontinuität geeicht (vgl. Habermas 1986a)[14] - erweckt Habermas den Eindruck, als erschöpfe sich die Aufgabenstellung einer sprachpragmatischen Transformation der Kritischen Theorie darin, das eingeschränkte handlungstheoretische Konzept der Autoren Horkheimer/Adorno durch das umfassendere des kommunikativen Handelns zu erweitern.

"Aber an den mimetischen Leistungen läßt sich der vernünftige Kern erst freilegen, wenn man das Paradigma der Bewußtseinsphilosophie (...) zugunsten des Paradigmas der Sprachphilosophie, der intersubjektiven Verständigung oder Kommunikation aufgibt und den kognitiv-instrumentellen Teilaspekt einer umfassenden *kommunikativen Rationalität* einordnet. (...) Adorno beschreibt Versöhnung in Begriffen einer *unversehrten Intersubjektivität*, die sich allein herstellt und erhält in der Reziprozität der auf freier Anerkennung beruhenden *Verständigung*." (Habermas 1981,I: 523)

Die naheliegende Frage, auf welche Motive der fragwürdige und wider-

---

14   Eine generalisierende Abrechnung mit universalistischen Theorien der Macht bietet
      Habermas 1985b.

sprüchliche Umgang mit dem vernunftkritischen Erbe der älteren Kritischen Theorie zurückgeht, ist schwierig zu beantworten beantworten, so daß ich mich auf den Nachweis beschränken werde, daß sich das Objekt der "Begierde" der kommunikationstheoretischen Umarmung entziehen muß.

Die vernunftskeptischen Schriften der älteren Kritischen Theorie im allgemeinen und die "Dialektik der Aufklärung" im besonderen auf eine handlungstheoretische Begrifflichkeit abziehen zu wollen, bedeutet, sie um ihre eigentliche Pointe zu bringen. Das entscheidende methodologische Stichwort muß an dieser Stelle nicht Handlungstheorie, sondern *System*theorie lauten; oder mit anderen Worten: die strukturgesetzliche Botschaft der "Metaphysik des Scheiterns" (Bloch) entzieht sich der Entschlüsselung mit handlungstheoretischen Mitteln.[15] Horkheimer/Adorno begreifen die soziale Wirklichkeit als einen Gewaltzusammenhang "strategischen Handelns", das aber den Subjekten nicht intentional zugerechnet werden kann, da ein gesamtgesellschaftlicher Verblendungszusammemhang der Aufklärung über den wahren Mechanismus der Handlungskoordinierung vorbeugt; in der Konsequenz liegt es nahe, den Handlungsbegriff aus der Analyse zu streichen. Mit dem Paradigmenwechsel von der Handlungs- zur Systemtheorie gewinnt die Begrifflichkeit der älteren Kritischen Theorie an hinreichender Geschmeidigkeit, um sich der Umarmung durch die formale Pragmatik kommunikativen Handelns entziehen zu können.

Objektivierendes Denken und instrumentelle Vernunft erfahren in der Moderne ihre welthistorische Ausfaltung in einem kapitalistischen Tauschprinzip, das nach Auffassung von Horkheimer/Adorno die Gesellschaft in ihrer Totalität beherrscht. Das "alte Wertgesetz" (Horkheimer/Adorno 1971: 37) greift, gleichsam hinterrücks, durch die bewußten Handlungsorientierungen der lebensweltlichen Subjekte hindurch und vergegenständlicht diese zu Marionetten eines geschlossenen Gewaltzusammenhanges fortschreitender Natur- und Menschenbeherrschung. Die Unentrinnbarkeit aus diesem hermetischen Verblendungszusammenhang wird durch einen Aphorismus von Grenz veranschaulicht.

---

15   Insofern halte ich es für verfehlt der "Dialektik der Aufklärung" handlungstheoretische Defizite vorrechnen zu wollen: vgl. dagegen Geyer 1982: 126ff. und die konträre Position von Harald Krusekamp in diesem Band - ihm sei an dieser Stelle für seinen Rat bei der Abfassung meines Aufsatzes gedankt.

lesend in einer kneipe sitzen; ein bier getrunken haben; von der freundlichen frage des wirts, ob man noch ein viertel möchte, zum bewußtsein weiteren dursts gebracht werden; der fürsorge des wirts freundliche dankbarkeit entgegenbringen; dann erkennen, daß der mann die akkumulationstendenz seines eigenen kapitals formulierte; daß er seine frage selber für anteilnahme hielt; daß man diese für menschliche wärme gehalten hat; daß man dem fetischcharakter wieder einmal aufgesessen ist; wahrnehmen, daß die erkenntnis der objektiven gründe seiner freundlichkeit die eigene einstellung gegen den wirt nicht verändert; nicht verändern darf; erkennen, daß auch dies noch dazugehört; die philosophie adornos vergessen dürfen." (Grenz 1974: 8)

Die Konzeption der Gesamtgesellschaft als geschlossenes System durch die ältere Kritische Theorie kann nicht überzeugen, da die Konstruktion der Autoren Horkheimer/Adorno der Selbstbezüglichkeit der eigenen geschichtsphilosophischen Prämissen zum Opfer fällt (vgl dagegen Breuer 1987)[16]. Dagegen erwächst der "Theorie des kommunikativen Handelns" mit dem Grundriß einer allgemeinen Theorie sozialer Systeme von Luhmann (1984) ein ernstzunehmender Konkurrent, der alle Vorteile einer anspruchsvollen wissenschaftlichen Theoriebildung für sich beanspruchen kann; und der Urheber der Paradigmensynthese von allgemeiner Systemtheorie und radikalem Konstruktivismus läßt keinen Zweifel an seiner Einschätzung, daß die handlungstheoretischen Grundlagen der Gesellschaftstheorie von Habermas und der korrespondierende Entwurf einer idealen Kommunikationsgemeinschaft in das Reich der entwerteten "alteuropäischen" Aufklärungsillusionen eingeordnet werden müssen (vgl. Luhmann 1982). Die Sprengkraft des Luhmannschen Ansatzes, der "heute im Hinblick auf Konzeptualisierungskraft, theoretische Phantasie und Verarbeitungskapazität unvergleichlich ist" (Habermas 1985d: 411), kann nicht überschätzt werden, weil Habermas die überlegenen Erklärungspotentiale einer systemtheoretischen Begrifflichkeit für die Analyse der Komplexe Staat und Wirtschaft ausdrücklich anerkennt. Auf die naheliegende Frage, welche schlagenden Argumente den methodologischen Dualismus der Theorie rechtfertigen, die Lebenswelt in einer genuin handlungstheoretischen und das "System" in einer genuin systemtheoretischen Begrifflichkeit aufzuschlüsseln, ist Habermas bislang eine - den archimedischen Grundlegungsansprüchen seiner eigenen

---

16   Breuer unternimmt den pointenreichen Versuch, die Gesellschaftstheorie von Marx durch einen Vergleich der Ansätze von Adorno und Luhmann als die beste Systemtheorie aller Zeiten profilieren zu wollen.

Theorie angemessene - Antwort schuldig geblieben.

Als Fazit des Vergleichs der "Theorie des kommunikativen Handelns" von Habermas mit der "Dialektik der Aufklärung" von Horkheimer/Adorno muß herausgestellt werden, daß die beiden konkurrierenden Theorie-Paradigmen in einem Verhältnis der Unvereinbarkeit zueinander stehen.

Zu guter Letzt möchte ich darauf hinweisen, daß die beiden in hohem Maße divergierenden Theorieansätze sich *ein gemeinsames* Merkmal teilen: die Unfähigkeit die normativen Grundlagen ihrer Gesellschaftskritik begründen zu können. Während die Autoren Horkheimer/Adorno trotzig und selbstbewußt in den Aporien einer negativ-dialektischen Geschichtsphilosophie verfangen bleiben, sieht sich die kommunikative Vernunfttheorie von Habermas dem entscheidenden methodologischen Einwand ausgesetzt, daß eine *empirisch*-rekonstruktiv verfahrende Sozialwissenschaft den Leitbegriff ihrer *Kritik* - verständigungsorientiertes Handeln - nicht begründen kann (vgl. Schnädelbach 1986: 33f. u. Apel 1989: 15ff.); "there is no way from is to ought!" Doch es bleibt dabei: "Ohne Dialektik denken wir auf Anhieb dümmer; aber es muß sein: ohne sie!" (Strauss 1981: 115)[17]

---

17   Diesen herrlichen Aphorismus verdanke ich Wellmer (1986).

Literatur

Adorno, Theodor W., 1970: Negative Dialektik, Frankfurt/M.

Adorno, Theodor W., 1971: Minima Moralia, Frankfurt/M.

Adorno, Theodor W., 1974: Ästhetische Theorie, Frankfurt/M.

Apel, Karl-Otto, 1989: Normative Begründung der "Kritischen Theorie" durch Rekurs auf lebensweltliche Sittlichkeit?, in: Axel Honneth/Klaus Offe/ Thomas McCarthy/Albrecht Wellmer (Hg.): Zwischenbetrachtungen, Frankfurt/M.

Benhabib, Seyla, 1986: Critique, Norm and Utopia, New York.

Böhme, Gernot/Böhme, Hartmut, 1983: Moral als Herrschaftszusammenhang, in: dies.: Das Andere der Vernunft, Frankfurt/M.

Breuer, Stefan, 1987: Adorno. Luhmann. Konvergenzen und Divergenzen von kritischer Theorie und Systemtheorie, in: Leviathan, März 1987.

Dubiel, Hans, 1978: Wissenschaftsorganisation und politische Erfahrung, Frankfurt/M.

Eder, Klaus, 1988: Die Vergesellschaftung der Natur, Frankfurt/M.

Früchtl, Josef, 1986: Mimesis. Konstellation eines Zentralbegriffs bei Adorno, Würzburg.

Gebauer, Richard, 1989: Widerspruch fatal: Die transzendentalpragmatische Begründung einer empirisch-rekonstruktiven Moraltheorie im Werk von Jürgen Habermas, MS.

Geyer, Carl-Friedrich, 1982: Kritische Theorie. Max Horkheimer und Theodor W. Adorno, Freiburg - München.

Grenz, Friedemann, 1974: Adornos Philosophie in Grundbegriffen, Frankfurt/M.

Habermas, Jürgen, 1981: Theorie des kommunikativen Handelns, Bd. I/II, Frankfurt/M.

Habermas, Jürgen, 1981a: Die Kritik der instrumentellen Vernunft, in: ders.: Theorie des kommunikativen Handelns, Bd. I, Frankfurt/M.

Habermas, Jürgen, 1983: Die Verschlingung von Mythos und Aufklärung. Bemerkungen zur *Dialektik der Aufklärung* - nach einer erneuten Lektüre, in: Karl Heinz Bohrer (Hg.): Mythos und Moderne, Frankfurt/M.

Habermas, Jürgen, 1983a: Der Philosoph als Platzhalter und Interpret, in: ders.: Moralbewußtsein und kommunikatives Handeln, Frankfurt/M.

Habermas, Jürgen, 1983b: Diskursethik - Notizen zu einem Begründungsprogramm, in: ders.: Moralbewußtsein und kommunikatives Handeln, Frankfurt/M.

Habermas, Jürgen, 1983c: Moralbewußtsein und kommunikatives Handeln, in: ders.: Moralbewußtsein und kommunikatives Handeln, Frankfurt/M.

Habermas, Jürgen, 1984: Was heißt Universalpragmatik? (1976), in: ders.: Vorstudien und Ergänzungen zur Theorie des kommunikativen Handelns, Frankfurt/M.

Habermas, Jürgen, 1984a: Vernunft und Natur - eine Versöhnung um den Preis einer Wiederverzauberung?, in: ders.: Vorstudien und Ergänzungen zur Theorie des kommunikativen Handelns, Frankfurt/M.

Habermas, Jürgen 1985: Dialektik der Rationalisierung, in: ders.: Die neue Unübersichtlichkeit, Frankfurt/M.

Habermas, Jürgen, 1985a: Die Verschlingung von Mythos und Aufklärung: Horkheimer und Adorno, in: ders.: Der philosophische Diskurs der Moderne, Frankfurt/M.

Habermas, Jürgen, 1985b: Aporien einer Machttheorie, in: ders.: Der philosophische Diskurs der Moderne, Frankfurt/M.

Habermas, Jürgen, 1985c: Ein anderer Ausweg aus der Subjektphilosophie: Kommunikative vs. subjektzentrierte Vernunft, in: ders.: Der philosophische Diskurs der Moderne, Frankfurt/M.

Habermas, Jürgen, 1985d: Der normative Gehalt der Moderne, in: ders.: Der philosophische Diskurs der Moderne, Frankfurt/M.

Habermas, Jürgen, 1986: Entgegnung, in: Axel Honneth/Hans Joas (Hg.): Kommunikatives Handeln, Frankfurt/M.

Habermas, Jürgen, 1986a: Nachwort von Jürgen Habermas, in: Max Horkheimer/Theodor W. Adorno: Dialektik der Aufklärung, Frankfurt/M.

Habermas, Jürgen, 1988: Motive nachmetaphysischen Denkens, in: ders.: Nachmetaphysisches Denken, Frankfurt/M.

Hesse, Heidrun, 1984: Vernunft - Geschichte im Bannkreis der Wiederholung, in: dies.: Vernunft und Selbstbehauptung, Frankfurt/M.

Hesse, Heidrun, 1984a: Resignation: Horkheimers Sehnsucht nach dem "Ganz Anderen", in: dies.: Vernunft und Selbstbehauptung, Frankfurt/M.

Honneth, Axel, 1983: "Der Geist und sein Gegenstand". Anthropologische

Berührungspunkte zwischen der "Dialektik der Aufärung" und der lebens-
philosophischen Kulturkritik, MS

Honneth, Axel, 1985: Kritik der Macht, Frankfurt/M.

Honneth, Axel, 1985a: Die geschichtsphilosophische Wende der "Dialektik der
Aufklärung": Eine Kritik der Naturbeherrschung, in: ders. Kritik der Macht,
Frankfurt/M.

Honneth, Axel/Joas, Hans (Hg.), 1986: Kommunikatives Handeln, Frankfurt/M.

Horkheimer, Max, 1968: Der neueste Angriff auf die Metaphysik, in: ders.:
Kritische Theorie, Bd. 2, Frankfurt/M.

Horkheimer, Max, 1970: Verwaltete Welt?, Zürich.

Horkheimer, Max, 1974: Zur Kritik der instrumentellen Vernunft, Frankfurt/M.

Horkheimer, Max/Adorno, Theodor W., 1971: Dialektik der Aufklärung, Frank-
furt/M.

Horkheimer, Max/Staudinger, Hans, 1974: Humanität und Religion, ein Brief-
wechsel, Würzburg.

Jay, Martin, 1976: Dialektische Phantasie, Frankfurt/M.

Luhmann, Niklas, 1982: Autopoiesis, Handlung und kommunikative Verständigung, in: Zeitschrift für Soziologie, Heft 4 1982.

McCarthy, Thomas, 1982: Rationality and Relativism: Habermas's Overcoming
of Hermeneutics, in: John Thompson/David Held (Hg.): Habermas -
Critical Debates, London.

Luhmann, Niklas, 1984: Soziale Systeme, Frankfurt/M.

Neurath, Otto, 1979: Wissenschaftliche Weltauffassung, Sozialismus und logischer Empirismus, hg. von Rainer Hegselmann, Frankfurt/M.

Rath, Norbert, 1987: Zur Nietzsche-Rezeption Horkheimers und Adornos, in:
Willem van Reijen, Gunzelin Schmid Noerr (Hg.): 40 Jahre Flaschenpost:
"Dialektik der Aufklärung" 1947-1987, Frankfurt/M.

Schnädelbach, Herbert, 1986: Transformation der Kritischen Theorie, in: Axel
Honneth/Hans Joas (Hg.): Kommunikatives Handeln, Frankfurt/M.

Schnädelbach, Herbert, 1989: Die Aktualität der Dialektik der Aufklärung, in:
Harry Kunneman, Hent de Vries (Hg.): Die Aktualität der "Dialektik der
Aufklärung", Frankfurt/M. - New York.

Skirbekk, Gunnar, 1986: Pragmatischer Naturbegriff? Anmerkungen zu Habermas, in: ders.: Dietrich Böhler/Tore Nordenstam (Hg.): Die pragmatische

Wende, Frankfurt/M.

Söllner, Alfons, 1979: "Dialektik der Aufklärung" - Urgeschichte der Herrschaft, in: ders.: Geschichte und Herrschaft, Frankfurt/M.

Strauss, Botho, 1981: Paare, Passanten, München.

Theunissen, Michael, 1981: Zwangszusammenhang und Kommunikation. Laudatio für Jürgen Habermas, in: ders.: Kritische Theorie der Gesellschaft, Berlin - New York.

Wellmer, Albrecht, 1985: Wahrheit, Schein, Versöhnung. Adornos ästhetische Rettung der Modernität, in: ders.: Zur Dialektik von Moderne und Postmoderne, Frankfurt/M.

Wellmer, Albrecht, 1986: Die Bedeutung der Frankfurter Schule heute, in: ders./Axel Honneth (Hg.): Die Frankfurter Schule und die Folgen. Berlin - New. York.

Wiggershaus, Rolf, 1988: Die Frankfurter Schule, München - Wien.

Wittgenstein, Ludwig, 1977: Vermischte Bemerkungen, Frankfurt/M.

Wittgenstein, Ludwig, 1978: Tractatus logico-philosophicus. 13. Aufl., Frankfurt/M.

Rolf Eickelpasch

MIT DER AXT DER VERNUNFT
Mythos und Vernunftkritik in der Kritischen Theorie

I.

Wohl kaum ein Begriff hat in den letzten Jahren in unterschiedlichen politischen, kulturellen und wissenschaftlichen Kontexten eine solche Suggestivkraft entfaltet wie das Wort "Mythos". Bei aller Unterschiedlichkeit der Denk- und Verwendungszusammenhänge scheint doch die Konjunktur des Mythosbegriffs einem einheitlichen Motivhintergrund zu entspringen: Sie ist Indiz für eine gewachsene Skepsis gegen blanke Rationalität, für eine Krise des Vertrauens in das aufklärerische Vernunft- und Fortschrittsparadigma.

Das Defizit, das sich aus dem Versagen des neuzeitlichen Vernunftbegriffs gegenüber dem Anspruch abzeichnet, mit dem er einmal angetreten war, hat Wittgenstein (1969: 114) schon vor 70 Jahren auf die einprägsame Formel gebracht, daß nach der Beantwortung aller "möglichen wissenschaftlichen Fragen ... unsere Lebensprobleme noch gar nicht berührt sind". Vor diesem Hintergrund wird der Begriff "Mythos" gerade aufgrund seiner Polyvalenz und semantischen Diffusität zum Zauberwort für das "Andere der Vernunft" (Böhme/Böhme 1983), d.h. für all die Dimensionen der Erfahrung und des Erkennens, die die neuzeitliche Ratio auf dem Wege ihrer instrumentellen Vereinseitigung von sich abgespalten hat: Ursprünglichkeit, Echtheit, Unmittelbarkeit, Leiblichkeit, Sinnlichkeit, Gefühl, Phantasie, Sinnfülle. So hat in der gegenkulturellen Szene der Versuch, sich das im "Prozeß der Zivilisation" (Elias) Verdrängte und Verschüttete wieder anzueignen, zu einem sprunghaft gestiegenen Interesse an Mythen, Märchen, Träumen, Phantasien, an den wissenschaftlicher Rationalität nicht zugänglichen "Nacht- und Schattenseiten des Lebens und des Gefühlslebens" (Ziehe/Stubenrauch 1982: 271) geführt. Dieses Interesse spiegelt sich auch in der rapiden Ausbreitung der Neureligionen sowie in der Hochkonjunktur indianischer Spiritualität und fernöstlicher Mystik.

Die Erfahrungen der sozialen, kulturellen und ökologischen Kosten des industriellen Modernisierungsprozesses und das daraus erwachsene radikale Mißtrauen gegen das okzidentale Rationalitäts- und Fortschrittsparadigma, aus dem sich die gegenkulturelle Konjunktur des Mythos speist, bilden offenkundig auch den Motivhintergrund für die auffallende explizit philosophische Wiederentdeckung des Mythos, die sich in Buchtiteln wie "Die Gegenwärtigkeit des Mythos" (Kolakowski), "Arbeit am Mythos" (Blumenberg), "Mythos und Moderne" (Bohrer), "Philosophie und Mythos" (Poser), "Die Rückkehr zum Mythos" (Panikkar) oder "Die Wahrheit des Mythos" (Hübner) spiegelt. Während jedoch die bedenklich regressiven Versuche einer "Wiederverzauberung" der Welt in den modischen Formen des Irrationalismus und Mystizismus neuzeitliche Rationalität und begriffliches Denken in toto verabschieden, stellen die aktuellen philosophischen Annäherungen an das Thema "Mythos" eher Versuche dar, "die im und vom Mythos geleistete Arbeit als eine Arbeit im Dienste der Aufklärung selbst zu verstehen" (Frank 1982: 59). Durch eine kognitive Aufwertung des Mythos einerseits und eine Beschneidung des wissenschaftlichen Wahrheitsanspruchs andererseits wird das starre aufklärerische Gegensatzpaar Mythos - Logos aufzuweichen versucht. Mythisches und logisch-diskursives Denken erscheinen in dieser Perspektive nicht als Absoluta, die sich auf dem Hintergrund einer unterstellten Entwicklungslogik wechselseitig ausschließen, sondern als komplementäre und "alterierende Möglichkeiten der Wirklichkeitsbewältigung und Weltdeutung" (Geyer 1986: 236).

Der aufklärerischen Überzeugung, die Mythen seien abstruse und illusionäre Formen eines prälogischen Denkens, deren Wahrheitsanspruch sich durch ihre Transformation in begriffliches Denken ein für allemal erledigt habe, wird durch die neueren philosophischen Interpretationen energisch widersprochen. Was am Mythos fesselt, ist gerade seine Aktualität und "Gegenwärtigkeit" (Kolakowski 1984).

So beharrt Kolakowski darauf, daß der Mythos gerade in der wissenschaftlich-technischen Zivilisation ein anthropologisch tiefsitzendes und untilgbares Bedürfnis des Menschen nach Sinngebung und Letztbegründung befriedigt, indem er die erfahrene Fremdheit und "Gleichgültigkeit der Welt" in einen universalen Sinnhorizont reintegriert. Indem der Mythos als verpflichtendes

Paradigma wirkt, dessen Nachvollzug Sinn allererst stiftet[1], eignet er sich dazu, das prinzipielle Legitimationsdefizit der analytischen Vernunft auszugleichen.[2] Die synthetisierende und sinnstiftende Kraft des Mythos im sozialen Leben, die "nicht austauschbar (ist) gegen Überzeugungen, die von den Kriterien der wissenschaftlichen Erkenntnis geregelt werden", schafft eine "untilgbare mythogene Situation in der Kultur" (Kolakowski 1984: 148).

Ähnlich wie Kolakowski sucht auch Blumenberg (1971) die Aktualität und Präsenz des Mythos in den nichtmythischen Bereichen der Erfahrung und des Denkens aufzuspüren. Während jedoch Kolakowskis Unterscheidung von analytischem (wissenschaftlichem) und synthetischem (mythischem) Geist insgeheim noch der klassischen Opposition von Mythos und Logos verhaftet ist - wenn auch mit anderem Wertakzent -, reklamiert Blumenberg entschieden das aufklärerische Rationalitäts- und "Wirkungspotential" des Mythos.

Auch nach Blumenberg ist der Mythos keineswegs eine abgeschlossene archaische Formation. Vielmehr entfaltet er bis in die Gegenwart sein Wirkungspotential im Laufe eines Rezeptionsprozesses, der der gleichen immanenten Logik folgt wie die Konstitution des Mythos selbst: der des Vergessens seiner "Urbedeutung" als Ausdruck der Passivität dämonischer Gebanntheit angesichts einer übermächtigen Natur. Durch seine Merkmale der "Umständlichkeit" und "Umwegigkeit" (1971: 50) und seine Fähigkeit zu Variationen und Metamorphosen schafft der Mythos einen "Spielraum der Imagination", der die ursprünglichen Schrecknisse depotenziert, indem sie durch "Allegorese" ins Erzählbare umgedeutet und so auf ein Maß "heruntergespielt" werden, mit dem "sich leben läßt" (Blumenberg 1971: 59). Das bunte Gewimmel der in Geschichten verstrickten Götter bricht die Allmacht und den "Absolutismus der Wirklichkeit" durch Vervielfältigung und "archaische Gewaltenteilung". Die mythische Götterwelt ist gewissermaßen ein Mittel, den Menschen die Allmacht der Natur und des Göttlichen ein wenig "vom irdischen Leibe zu halten", ihnen "Luft zum menschlichen Atmen" (Blumenberg 1986: 9) zu geben und die tröstende Gewißheit zu vermitteln, daß "alles halb so wild ist".[3] Indem der

---

1   Kolakowski 1984: 121; vgl. auch die Interpretation bei Plumpe 1976: 243.
2   Hiermit knüpft Kolakowski an einen geläufigen Topos der Romantik an, vgl. Frank 1982: 194.
3   In eben diesem Sinne sagt Duerr, er habe von den Indianern gelernt, "daß alles halb

Mythos mit der Projektion von Bildern den Verläßlichkeitsmangel der Welt überspielt und so die Menschen zwar nicht von der realen Übermacht der Natur, aber von der Angst vor dieser Übermacht befreit, steht er im Dienste der Rationalität und der Befreiung vom Grauen einer unbezähmten Natur. Der Mythos hat die menschliche Vernunft selbst eingesetzt und auf den Weg gebracht.

Zwar entstammen Mythos und Wissenschaft der gleichen genealogischen Ursache, doch ist für Blumenberg das mythische Potential der Welt- und Selbstdeutung keineswegs ohne Rest durch Wissenschaft substituierbar. Es gibt einen "rettungswürdigen Kern des Mythos" (1971: 62), der auch und gerade unter den Bedingungen eines rational-technischen Weltverhaltens unverzichtbar ist. Durch ihre physiognomische Qualität und die Grundform der zyklischen Wiederholung des Immergleichen stiften die mythischen Erzählungen Vertrautheit und "bergende Gewißheit". Der Mythos dient der Selektion des Arbiträren auf das menschlich Bedeutsame hin: "was den Menschen zentral affiziert, was unabhängig von den Aussichten theoretischer Verifikation seinem Selbstverständnis zur Artikulation verhilft" (Blumenberg 1971: 35). Die Konstruktion mythischer Bedeutsamkeitscharaktere befriedigt so ein elementares Deutungs- und Sinngebungsverlangen des Menschen, das von der analytischen Vernunft notwendigerweise enttäuscht wird. "Kausalität ist in gewisser Weise enttäuschend: als ein Prinzip der Verhältnismäßigkeit von Ursache und Wirkung schließt sie Signifikanz aus. Wenn die Verzichte spürbar werden, unter denen uns Wissenschaft Lebensbedingungen gewährleistet, aber Fragen abschneidet, liegt Mythologie nahe, denn die 'eigentlich bewegende Frage' ist nicht auch notwendig die, von deren Lösung unser pures Existieren abhängt" (Blumenberg 1971: 48). Durch die Erinnerung an die uranfänglichen Schrecknisse halten die mythischen Erzählungen die zeitlosen Menschheitsfragen nach dem Sinn der Welt und der Rechfertigung gegenüber dem Unbekannten/dem Anderen, die vom wissenschaftlichen Erkenntnisfortschritt gar nicht berührt werden, virulent. "Die Geschichte von Prometheus beantwortet keine Frage über den Menschen, aber sie scheint alle Fragen zu enthalten, die über ihn gestellt werden können." (Blumenberg 1971: 35) Die mythischen Rudimente des gezähmten

---

so wild ist"; vgl. Duerr/Krauch 1982: 38.

Schreckens enthalten so ein Moment des "Widerspruchs gegen fahrlässige Sicherheit" (1971: 58) und das vermeintlich totale Wissen- und Erklärenkönnen wissenschaftlicher Weltentwürfe. Gerade in der antithetischen Spannung zwischen der dämonischen Gebanntheit vor einer übermächtigen Natur und spielerischer Phantasieproduktion, zwischen "Terror" und "Poesie", entfaltet sich nach Blumenberg das auch durch neuzeitliche Entmythologisierung nicht zu liquidierende mythische Leistungspotential, "dessen archaischer Qualität man in neuer Funktion bedarf" (1971: 48). "Es geht nicht ohne Mythen: narrare necesse est", stellt Marquard (1979: 44) lapidar fest, der in seinem Aufsatz "Lob des Polytheismus" deutlich Motive von Blumenberg aufnimmt.

Wie Blumenberg hat auch Hübner - jedoch von einer anderen theoretischen Position aus - dem aufklärerischen Schema einer einlinigen Entwicklung vom Mythos zum Logos in mehreren Arbeiten entschieden widersprochen (Hübner 1979, 1981, 1985) und die mythischen Potentiale auch im Denken der Gegenwart diagnostiziert. Während Blumenberg in historisch-phänomenologischer Perspektive dem rezeptionsgeschichtlichen Prozeß nachspürt, in dem mythische Gehalte bis in die Gegenwart immer wieder ihr Wirkungspotential entfalten, sucht sich Hübner der Aktualität und Unverzichtbarkeit des mythischen Phänomens durch einen wissenschafts- und erkenntnistheoretisch orientierten Strukturvergleich zwischen "mythischer und wissenschaftlicher Denkform" zu vergewissern.

Mythos und Wissenschaft - so das Fazit des Strukturvergleichs - stellen diametral entgegengesetzte Paradigmata der Welt- und Selbstdeutung dar. Sie unterscheiden sich vor allem durch unterschiedliche Denk- und Erkenntniskategorien, die ihrerseits unterschiedliche "Ontologien", d.h. verschiedene Bestimmungen der Wirklichkeit und des Menschen implizieren. Hübner rekonstruiert die Differenzen zwischen mythischem und wissenschaftlichem Weltverständnis am Leitfaden der korrespondierenden Kategorien des *Gesetzes* bzw. der *arché*. Während der abstrakte wissenschaftliche Gesetzesbegriff das Allgemeine und das Besondere trennt und "das Besondere wie Variable betrachtet, die zueinander in der Beziehung einer Funktion stehen" (Hübner 1979: 85), läßt das mythische Denken mit dem Begriff der *arché* - als singuläres und persönliches göttliches Urgeschehen, das sich in den Naturabläufen und im menschlichen Handeln identisch wiederholt - das Allgemeine und das Besondere, Innen- und Außenwelt, Mensch und Natur unterschiedslos miteinander verschmelzen. Die mythische *arché* wirkt "überall und insofern allgemein, andererseits aber wirkt mit ihr immer das identisch gleiche singuläre Ereignis und dieselbe Person" (Hübner 1979: 85). So werden in der griechischen Mythologie, die Hübner wie Blumenberg primär vor Augen hat, "der Mensch und seine Umwelt durchgängig ganzheitlich gesehen, alles verschmilzt in einheitlichen Gestalten", während das wissenschaftliche Denken "trennend vorgeht und alles in Elemente auflöst" (Hübner 1979: 87).

Die aufgezeigten Differenzen zwischen mythischem und wissenschaftlichem Erfahrungssystem berechtigen nach Hübner keineswegs zu der Auffassung, der Grieche lebte im Irrtum, wir aber seien in der Wahrheit. Vielmehr stellen beide Denkweisen - in der Terminologie Kuhns - "inkommensurable Paradigmata"[4] der Welt- und Selbstdeutung dar. Aussagen über "wahr" und "falsch" lassen sich nur *innerhalb* eines Paradigmas treffen, da es *die* erkennbare Wirklichkeit als tertium comparationis ebensowenig gibt wie eine paradigmaübergreifende Metasprache. Der Mythos ist wie die Wissenschaft ein "apriorischer Rahmen", der Erfahrungen erst ermöglicht, selbst aber durch Erfahrungen weder bewiesen noch widerlegt werden kann. "Die in den Archai zum Ausdruck kommenden Götter als Urgestalten und Urmächte waren für den Griechen, mit Kant zu sprechen, genauso das Alphabet, das ihm half, seine einzelnen Erfahrungen zu buchstabieren, wie es für den modernen Menschen die Grundformen Gesetz, Zeit und Ereignisvariable sind." (Hübner 1979: 89)

Ungeachtet der Unterschiede auf der Ebene der Inhalte und der ontologischen Grundannahmen zeigen nach Hübner Mythos und Wissenschaft auf formaler Ebene vollständige Analogien: Beide beziehen sich auf apriorische Voraussetzungen, beider Deutungen lassen sich durch singuläre Sätze bekräftigen oder widerlegen, beiden stellt sich die Begründungsproblematik (auf empirischer, logisch-operativer und normativer Ebene).[5] Hübners Fazit: "Der

---

4   Hübner verwendet diesen Terminus nicht, obwohl er deutliche Anleihen bei der postempiristischen Wissenschaftstheorie Th. Kuhns macht.
5   Vgl. Hübner 1981: 35; Hübners Behauptung einer strukturalen Äquivalenz von Mythos und Wissenschaft ("Der Mythos ist nicht weniger als die Wissenschaft Ausgangspunkt argumentierenden, empirischen Denkens" (Hübner 1985; 376)) steht in deutlichem

Mythos ist nicht weniger rational als die Wissenschaft." (1981: 13) Auch die ungeheuren technischen Erfolge verdanken sich demnach nicht einer überlegenen Rationalität der Wissenschaft, sondern einer einseitigen Dominanz logisch-operativer Rationalität, die erkauft wird mit der Blindheit "für diejenigen Seiten möglicher Wirklichkeit ... , die keine durchgängige Formalisierung oder Rationalisierung zulassen" (1981: 35). Ähnlich wie Kolakowski begründet Hübner die fortdauernde Präsenz und Unverzichtbarkeit des Mythos quasi-anthropologisch. Das mythische Denken erscheint als conditio sine qua non menschlicher Existenz, denn "so wenig ... der homerische Mensch nur mythisch gelebt haben mag, so wenig denken wir heute ausschließlich in wissenschaftlichen Formen. Ja, man kann sagen, daß dies gerade bei allen entscheidenden Ereignissen unseres Lebens nicht der Fall ist. Wir können es drehen und wenden, wie wir wollen - die Geburt, die Liebe, den Tod, die Natur erleben wir auch außerhalb der Kunst und Religion ganz anders, als es unser modernes Bewußtsein zugeben will. Alle Festlichkeiten und Feierlichkeiten sind letztlich mythisch" (Hübner 1979: 92).

Auch und gerade im neuzeitlichen Lebenszusammenhang sind nach Hübner also die mythischen Potentiale der Welt- und Selbstdeutung unverzichtbar, und zwar in eben den Bereichen, in denen die wissenschaftliche Denkform ihren blinden Fleck hat: überall dort, wo Menschen die Sinnfrage stellen.[6]

Die hier nur knapp skizzierten philosophischen Ansätze stellen nur einige

---

Gegensatz zum Mythenverständnis sowohl Kolakowskis als auch Blumenbergs. Kolakowski sieht das spezifische praktisch-moralische Leistungspotential des Mythos darin, daß er transempirische Sinnhorizonte konstruiert, die eben nicht der Stringenz logischer Folgerungsverfahren unterliegen. Für Blumenberg ist die "essentielle Distanz, die der Mythos zu jeder Art von 'Strenge' ... innehält" (1971: 42), Bedingung für das antidogmatische Widerspruchspotential des Mythos. Ähnlich garantiert für Marquard gerade "ein gewisses Maß an Schlamperei" (1979: 55) die Humanität des Mythos.

6   In auffallendem Kontrast zu seinem Bemühen, für den Mythos ein Rationalitätspotential zu reklamieren, das - zumindest formal - dem der Wissenschaft ebenbürtig ist, gelangt Hübner hier - ähnlich wie Kolakowski - zu einem Mythenverständnis, dem all das als "mythisch" gilt, was auf letzte, nicht weiter begründbare Entscheidungen zurückgeführt wird (das Problem der Liebe, des Todes, des Lebenssinns etc.). Der Mythos gerät tendenziell zur Residualkategorie und zum Zauberwort für alles, was sich dem technisch-wissenschaftlichen Zugriff entzieht. Vgl. hierzu die treffende Kritik von Geyer 1986: 237.

ausgewählte Beispiele eines vielschichtigen Bemühens dar, den Mythos zu rehabilitieren und als Element sozialer Sinnstiftung fruchtbar zu machen. Insgesamt läßt sich mit Plumpe die Konjunktur des "Mythos" als Indiz eines Prozesses begreifen, "in dem Sinnstrukturen der sozialen Erfahrungswelt gegenüber wissenschaftlicher Erkenntnismöglichkeit in ein hoffnungsloses Begründungsdefizit geraten sind" (Plumpe 1976: 240). Bereits Weber hatte ja von der Erfahrung eines wachsenden, vom Fortschritt der Wissenschaften verantworteten Sinndefizits gesprochen:

"Wo immer ... rational empirisches Erkennen die Entzauberung der Welt und deren Verwandlung in einen kausalen Mechanismus konsequent vollzogen hat, tritt die Spannung gegen die Ansprüche des ethischen Postulats: daß die Welt ein gottgeordneter, also irgendwie ethisch *sinnvoll* orientierter Kosmos sei, endgültig hervor. Die empirische und vollends die mathematisch orientierte Weltbetrachtung entwickelt prinzipiell die Ablehnung jeder Betrachtungsweise, welche überhaupt nach einem 'Sinn' des innerweltlichen Geschehens fragt." (Weber 1963: 564)

Während Weber jedoch die zunehmende Rationalisierung aller sozialen Beziehungen als unvermeidliches Schicksal begriff und den einzelnen dazu aufrief, sich in intellektueller Aufrichtigkeit der Grundtatsache zu stellen, "daß er in einer gottfremden, prophetenlosen Zeit zu leben das Schicksal hat" (1988: 610), sehen die angesprochenen philosophischen Deutungsversuche gerade in einer Wiederbelebung der von der Aufklärung perhorreszierten mythischen Denkform eine Möglichkeit, das Sinn- und Legitimationsdefizit der neuzeitlichen Rationalität wirkungsvoll zu kompensieren.

Es fällt nicht schwer, derartige Überlegungen in Kontinuität zur frühromantischen Rationalitätskritik zu sehen. Schon die romantische Idee einer "Neuen Mythologie" (bei Herder, Novalis, Schlegel, Schelling u.a.) war ja, wie Frank (1982: 194f) gezeigt hat, eine Antwort auf das Brüchigwerden verbindlicher Begründungs- und Legitimationshorizonte in einer atomisierten Gesellschaft. Wie die aktuellen Versuche einer Wiederbelebung des Mythischen zielte schon das romantische Interesse am Mythos nicht auf eine rückwärtsgerichtete Restitution des Archaischen und Irrationalen, sondern auf den utopischen Entwurf einer Mythologie "im Dienste der Vernunft" (Frank 1982: 205). Das "Älteste Systemprogramm" spricht dem Mythos ein unaufhebbar diskursives Moment zu, das ihm seine genuine Potenz der Synthesis verleiht: Als "Sinnge-

bung durch Ideen" (Frank 1982: 160) soll die mythische Rede die Allgemeinheit und Kommunikabilität eines verbindlichen Stoffes sichern und so die in
der zerrissenen technisch-wissenschaftlichen Welt verlorengegangene soziale
Identität als "Volksgemeinschaft" wiederherstellen.

In ihrer Betonung der diskursiven und rationalen Momente des Mythos
sowie seiner Potenz der sozialen Sinnstiftung knüpfen die aktuellen Apolo-
geten der mythischen Denkform unmittelbar an Positionen der Romantik an.
Der entscheidende Differenzpunkt liegt zweifellos in ihrer Perhorreszierung des
durchweg positiven - inzwischen jedoch historisch vielfältig kompromittierten
- Bezugs des (früh-)romantischen Mythos-Begriffs auf "Verbindlichkeit" und
"Volksgemeinschaft". Dem Mythos wird in den neueren philosophischen Konzeptionen ein irreduzibler Widerspruch gegen dogmatische Verbindlichkeit
zugesprochen, und zwar durch seine Fähigkeit zur spielerischen Konstruktion
einer sinnhaften Totalität, die gegenüber ideologischen Fixierungen und szientistischen Verengungen die Offenheit und Vielfalt möglicher Sinnbezüge zur
Sprache bringt. Die skizzierten Varianten einer Rehabilitierung des mythischen
Denkens zielen daher nicht auf die von Habermas beargwöhnte "Rückkehr in
die geschlossene Welt der mythischen Bilder und Mächte" (1969: 173), sondern auf die Revitalisierung einer Denkform, die die spezifischen Vereinseitigungen des modernen Weltverständnisses wirkungsvoll zu kompensieren
verspricht.[7]

---

7   Daß die Annahme mythischer Kompensationsleistungen in der technisch-wissenschaftli-
     chen Welt sich implizit auf eine Universalisierung und Anthropologisierung des Mythos-
     begriffs stützt, hat Plumpe (1976: 249) mit Recht hervorgehoben. Die Erfahrung, daß
     der erfahrenen "Gleichgültigkeit der Welt" (Kolakowski 1984: 89) mit den Mitteln
     begrifflichen Denkens und zweckrationalen Handelns nicht beizukommen ist, befördert
     eine Vorstellung von "Mythos", die als "Letztbegründungsinstanz für die Konstitution
     von Sinnbezügen" (Rapp 1979: 120) und als "Kontrastphänomen zu begrifflich diskursi-
     ver Rationalität" (Plumpe 1976: 249) zur menschlichen Grundausstattung erklärt wird.
     Kolakowskis Annahme eines untilgbaren menschlichen Bedürfnisses nach einer mythi-
     schen Realität (1973: 57) und Marquards Postulat einer "unausweichlichen Mythenpflich-
     tigkeit" (1979: 55) des Menschen sind nur zwei prägnante Beispiele für die Tendenz zur
     Anthropologisierung des Mythos.
     Daß der antidogmatische Anspruch derartiger anthropologisierender Kompensations-
     theorien sich nur zu leicht ins Affirmative wendet, ist im Zusammenhang der aktuel-
     len Diskussion um die Funktion der Geisteswissenschaften vielfach hervorgehoben
     worden (vgl. Förster 1986: 684ff, Habermas 1988: 9f, Schnädelbach 1988; 35ff). Das
     Ziel, im Namen eines "Abschieds vom Prinzipiellen" und einer "Kultur der Vieldeutig-

II.

In ihrer Kritik an den Vereinseitigungen neuzeitlicher Ratio liegen die aktuellen philosophischen Bemühungen um eine Rehabilitierung mythischer Denkformen ganz auf der Linie der Aufklärungskritik seit Hegel. Auffallende Parallelen finden sich in der Diagnose wie der Kritik vor allem mit zentralen Denkfiguren der Kritischen Theorie, etwa mit dem von Horkheimer denunzierten Zerfall substantieller Vernunft zur instrumentellen, mit der Kritik des identitätslogischen Denkens in der "Dialektik der Aufklärung" von Horkheimer/Adorno oder mit Habermas' Diagnose einer beschleunigten Zersetzung gewachsener Sozialzusammenhänge durch fortschreitende administrative Rationalisierungs- und Kommerzialisierungsprozesse. Diese augenfälligen Affinitäten können jedoch nicht über profunde Divergenzen in den theoretischen Begründungen der Vernunftkritik, vor allem aber in den postulierten Therapien hinwegtäuschen.

Im Unterschied zu den aktuellen Strömungen einer neoromantischen oder postmodernen Vernunftkritik hat die Kritische Theorie - von den Anfängen im Horkheimer-Kreis bis zu Habermas - stets daran festgehalten, daß "Versöhnung", "Glück" oder "Emanzipation" nur durch Selbstüberbietung der Aufklärung, durch die "Anstrengung, über den Begriff durch den Begriff hinauszugelangen" (Adorno 1970: 27), möglich sind. Ihre Kritik an den Vereinseitigungen des abendländischen Logozentrismus diagnostiziert "nicht ein Zuviel, sondern ein Zuwenig an Vernunft" (Habermas 1985a: 361), folglich wird das Ganze, nicht das "Andere der Vernunft" eingefordert. Der Rückgang in die archaische Bilderwelt des Mythos ist damit als bloß illusorischer Weg zur Versöhnung abgeschnitten, an seine Stelle tritt das Vertrauen in die subversive Kraft des modernen Denkens selber. Die Moderne ist - nach einer Formulierung von Habermas - gehalten, ihre zentralen Orientierungen "aus sich selber zu schöpfen".

---

keit" durch die ungehemmte Produktion von Erzählungen die lebensweltlichen Verluste der technisch-industriellen Gesellschaft zu kompensieren, so etwa die Argumentation von Habermas (1988a: 9) gegen Marquard, lenkt von den gesellschaftlichen Ursachen für den lebensweltlichen Sinn- und Freiheitsverlust ab und läuft auf den Versuch hinaus, der gesellschaftlichen Moderne ein narratives Wämschen zu stricken, das ihr Erkenntnisansprüche und Begründungsforderungen aus der Lebenswelt vom Leibe hält.

Dennoch hat das Thema "Mythos" - insbesondere die Diskussion der "Konfiguration von Mythos und Moderne" (Adorno 1970: 104) - in den vernunft-kritischen Reflexionen der Kritischen Theorie seit je einen prominenten Stellen-wert: von Horkheimers Rezeption der Mythologie Vicos in seinem frühen Buch "Anfänge der bürgerlichen Geschichtsphilosophie" (1930) über die "Dialektik der Aufklärung" von Horkheimer/Adorno (1944) und Adornos "Negative Dialek-tik" (1966) bis zu Habermas' opus magnum "Theorie des kommunikativen Handelns" (1981), in dem ein eigenes Kapitel einem Vergleich des mythischen und des rationalen Weltverständnisses gewidmet ist.

Die Reflexionen zum Thema "Mythos", die die Kritische Theorie seit ihren Anfängen begleiten, unterscheiden sich jedoch in ihrem Grundtenor radikal von den aktuellen Versuchen einer Rehabilitation des Mythos, wie schon ein flüchti-ger Blick auf einige markante Zitate zeigt:

"Der Mythos bezeugt ... die Naturverfallenheit des Menschen." (Adorno, in Horkheimer 1985: 461)

"Mythen wie magische Riten meinen die sich wiederholende Natur." (Horkheimer/Adorno 1986: 23)

"Auf Naturverhältnisse lassen sich auch die Vorstellungen der Mythen ohne Rest zurückführen." (ebenda)

"Mythologie hatte in ihren Gestalten die Essenz des Bestehenden: Kreislauf, Schicksal, Herrschaft der Welt als die Wahrheit zurückgespiegelt und der Hoffnung entsagt." (Horkheimer/Adorno 1986: 33)

Mythos ist der "geschlossene Immanenzzusammenhang dessen, was ist" (Adorno 1970: 392).

"Mythisch ist die Zelebration des Sinnlosen als Sinn." (Adorno 1970: 123)

"Ungeschiedenheit, ehe das Subjekt sich bildete, war der Schrecken des blinden Naturzusammen-hangs, der Mythos." (Adorno 1969: 152)

"Der Mythos bindet das kritische Potential verständigungsorientierten Handelns, verstopft gleich-sam die Quelle innerer, der Kommunikation selbst entspringender Kontingenzen." (Habermas 1981,II: 238)

"Im mythischen Denken sind verschiedene Geltungsansprüche wie propositionale Wahrheit,

normative Richtigkeit und expressive Wahrhaftigkeit noch gar nicht ausdifferenziert. ... Geltungs-
begriffe wie Moralität und Wahrheit sind mit empirischen Ordnungsbegriffen wie Kausalität und
Gesundheit amalgamiert. ... In dieser Hinsicht gewinnt die Konfusion von Natur und Kultur die
Bedeutung einer Reifikation des Weltbildes." (Habermas 1981,I: 81/82)

Auffallend ist der durchweg dequalifikatorische Grundtenor der Mythos-Reflexion in der Kritischen Theorie, der sich scharf abhebt von der mythenfreudigen
Rationalitätskritik in Teilen der Gegenwartsphilosophie. Zwar finden sich in den
Bestimmungen des Mythos als Konstruktion einer sinnfälligen Ordnung durchaus Korrespondenzen zu den (neo-)romantischen Mythoskonzepten; was hier
jedoch als spezifisches Element mythischer Sinnstiftung gefeiert wird - die
intensive Verbundenheit von Allgemeinem und Besonderem, von Innen- und
Außenwelt, Mensch und Natur, Geistigem und Anschaulichem - geißelt die
Kritische Theorie (wie schon Benjamin[8]) gerade als das Negative des Mythos:
als Zwangszusammenhang, "blinde" Naturverfallenheit, "Konfusion" von Natur
und Kultur.

Die dichotomische Gegenüberstellung von Mythos und substantieller Vernunft in der Kritischen Theorie scheint exakt in der Tradition aufklärerischer
Reflexion zu liegen. Seit je hatte die europäische Aufklärung ihre Erkenntnisansprüche und kategorialen Scheidungen in energischer Abgrenzung gegen die
fusionierenden Weltauslegungen archaischer Weltbilder und die Schreckbilder
eines mythischen Kategorienbreis zu verteidigen gesucht (vgl. Matthiesen 1983:
37). Dem großen Gründungsmythos der Aufklärung von der Geburt des Menschen in Unwissenheit, Not und Barbarei erschien der Mythos stets als der
konfuse und bizarre Ausdruck eines prälogischen Denkens, das die kindliche
Hilflosigkeit des archaischen Menschen angesichts einer unbeherrschten Natur
spiegelt.

Die Kritische Theorie, der die entschiedensten und scharfsichtigsten Kritiken einer instrumentell und identitätslogisch vereinseitigten Vernunft zu verdanken sind, erweist sich überraschenderweise in Sachen Mythos seit ihren Anfängen als befangen in den eurozentrischen Topoi und Denkmustern der Aufklärung. Schon eine Notiz Walter Benjamins, ihres großen Inspirators, im Passa-

---

8   Vgl. dazu Menninghaus 1986: 14f.

gen-Werk liest sich wie eine aufklärerische Parole und zugleich wie ein Leitmotiv des Mythos-Denkens der Frankfurter Schule:

"Gebiete urbar zu machen, auf denen bisher nur der Wahnsinn wuchert. Vordringen mit der geschliffenen Axt der Vernunft und ohne rechts noch links zu sehen, um nicht dem Grauen anheimzufallen, das aus der Tiefe des Urwalds lockt. Aller Boden mußte einmal von der Vernunft urbar gemacht, vom Gestrüpp des Wahns und des Mythos gereinigt werden." (Benjamin 1983: 570f)

Das prima facie überraschende Verdikt der Kritischen Gesellschaftstheorie über den Mythos wird erst verständlich, wenn man es einordnet in die jeweiligen universalgeschichtlichen Rekonstruktionen des Aufklärungsprozesses, in die es eingelassen ist. Das soll im folgenden - wenn auch nur in wenigen groben Strichen - am Beispiel der "Dialektik der Aufklärung" und der "Theorie des kommunikativen Handelns" geschehen. Das Konzept des "Mythos" bezieht ja bei Horkheimer, Adorno und Habermas seinen Bedeutungsgehalt aus seiner antithetischen Entgegensetzung zum Begriff der "Moderne". Das bipolare Schema Mythos - Moderne (im Sinne emphatischer Aufklärungsvernunft) ist seinerseits in einen diachronen Bezugsrahmen eingespannt, der die beiden Elemente des Begriffspaares als Ursprung und Ziel einer universalen Teleologie auseinanderzieht.

Ausgangspunkt und Fokus der gattungsgeschichtlichen Rekonstruktionen ist sowohl bei Horkheimer/Adorno als auch bei Habermas die jeweilige Diagnose der Gegenwart.[9] Das zeitdiagnostische Interesse, das die Befragung der Vergangenheit leitet, kann aber zu spezifischen Verengungen des Blicks führen. So schleichen sich, wie am Beispiel der Mythos-Konzepte aufgezeigt werden soll, in die retrospektiven Geschichtsdeutungen bei Horkheimer/Adorno und Habermas eurozentrische und gegenwartsbezogene Schematisierungen ein, die das gedeutete Phänomen signifikant verfälschen. Der gegenwartsfixierte Blick läßt am gedeuteten historischen und gegenwärtigen Material nur gelten, was sich den zeitdiagnostischen Vorentscheidungen und der konstruierten universalen Teleologie fügt.

---

9   Das methodische Modell dieser Geschichtsbetrachtung liefert Marx: "In der Anatomie des Menschen ist ein Schlüssel zur Anatomie des Affen." (Marx 1974: 25)

Die spezifischen ethnozentrischen Ausgrenzungen und gegenwartsfixierten Einseitigkeiten der Mythoskonzepte in der "Dialektik der Aufklärung" und der "Theorie des kommunikativen Handelns" sollen abschließend durch eine skizzenhafte Konfrontation mit ethnologischen und religionswissenschaftlichen Befunden und alternativen Ansätzen der Weltbildinterpretation sichtbar gemacht werden.

III.

Ausgangspunkt und Fokus der universalhistorischen Reflexionen in der 1947 erschienenen "Dialektik der Aufklärung" bildet für Horkheimer und Adorno die Erfahrung der modernen Barbarei in der Mitte des 20. Jahrhunderts. Die Problematik der Entstehung des faschistischen Grauens inmitten der bürgerlichen Welt bildet nicht nur den äußeren Anstoß, sondern die systematische Mitte der antisystematischen "philosophischen Fragmente". Das gegenwartsdiagnostische Problem, warum die Menschheit, "anstatt in einen wahrhaft menschlichen Zustand einzutreten, in eine neue Art von Barbarei versinkt" (1986: 1), bestimmt Methode und Gegenstand der Erkenntnis bis ins Innerste.

Geschichte und Gegenwart bilden in der "Dialektik der Aufklärung" ein eigentümliches Verweisungsverhältnis. Einerseits erhoffen die Autoren sich von der Analyse des okzidentalen Rationalisierungsprozesses Aufschluß über die Ursachen des faschistischen Schreckens, andererseits suchen sie - in kritischem Anschluß an die Marxsche Methode der Geschichtsdeutung - in der Anatomie des Faschismus den Schlüssel für die Anatomie des abendländischen Geistes. Von Auschwitz her soll sichtbar werden, was in der Geschichte von Anfang an bestimmend war. Der Faschismus dient den Autoren, wie Schmid Noerr treffend formuliert, als "Prisma, durch das die Geschichte der Vernunft in ihre Anteile zerlegt wird und so den Blick auf die hinter der offiziellen Geschichte verborgene 'unterirdische Geschichte' freigibt" (Schmid Noerr 1989: 71).

In der Sicht der Kritischen Theorie wird in den nationalsozialistischen Exzessen der abendländische Geist zur Kenntlichkeit entstellt, das Grauen der Gegenwart wird zum Beweis für den totalitären Charakter der Aufklärung: "Die vollends aufgeklärte Erde strahlt im Zeichen triumphalen Unheils." (1986: 9)

Mit dieser Grundthese wenden sich Horkheimer und Adorno gegen die neuzeitlichen Entwürfe geschichtlich notwendigen Fortschritts. Dennoch entwerfen auch sie eine Geschichtsphilosophie, allerdings eine mit umgekehrten Vorzeichen. In einer "negativistischen Umstülpung des Hegelmarxismus" (Brunkhorst 1987: 158) konstruieren sie die abendländische Zivilisationsgeschichte als Geschichte des Verfalls. Fortschritt, so das Ergebnis ihrer archäologischen Schürfarbeiten an der "unterirdischen Geschichte" (1986: 246), ist bestenfalls ein Fortschreiten zur totalen Katastrophe, die Teleologie der Vernunft offenbart dem archäologischen Blick ihr "rückläufiges Moment" (1986: 3): eine Teleologie des Grauens. Prägnant drückt sich diese negativistische "Inversion der Geschichtsphilosophie"[10] in Adornos berühmtem Diktum aus: "Keine Universalgeschichte führt vom Wilden zur Humanität, sehr wohl eine von der Steinschleuder zur Megabombe." (1982: 312)

Das von Hegel entworfene Geschichtsbild verkehrt sich für Horkheimer und Adorno geradezu: Die einzige Kontinuität der Geschichte sehen sie in der fortschreitender Naturbeherrschung, die umschlägt in die Herrschaft von Menschen über Menschen und schließlich in die Herrschaft über die innere Natur. Geschichte wie Vernunft stehen unter dem Bann von Herrschaft. Die welthistorische Generalisierung des Aufklärungsbegriffs im Anschluß an Max Webers Konzepte der "Rationalisierung" und der "Entzauberung"[11] erlaubt es Horkheimer und Adorno, das Prinzip der instrumentellen Vernunft, "die Inthronisierung des Mittels als Zweck" (1986: 62) bis in die fernsten gattungsgeschichtlichen Anfänge zurückzuverfolgen. Die "rastlose Selbstzerstörung der Aufklärung" (1986: 1), die im späten Kapitalismus den Charakter "offenen Wahnsinns" annimmt, wird als Wesenszug der gesamten Menschheitsgeschichte dargestellt.

Diesen den Gang der Zivilisation bestimmenden Prozeß der Selbstvernichtung der Vernunft betrachten Horkheimer und Adorno an den dialektischen Verschlingungen von Mythos und Aufklärung: "schon der Mythos ist Aufklärung, und: Aufklärung schlägt in Mythologie zurück." (1986: 6) Nach

---

10   Den Begriff hat C.-F. Geyer (1980: 133) geprägt, um die Mittelstellung der Kritischen Theorie zwischen neuzeitlicher und nachneuzeitlicher Geschichtsauffassung zu bezeichnen.

11   Vgl. hierzu Brunkhorst 1987: 162ff.

dieser paradoxen Grundthese zeigt schon der archaische Mythos die frühesten Spuren der Aufklärung. Bereits der Mythos war - indem er versuchte, in
Berichten das Naturgeschehen zu benennen und in einem vorwissenschaftli-
chen Sinne zu erklären - ein Herrschaftsinstrument gegenüber der äußeren
Natur und hat so den Bann aufgerichtet, den die Geschichte fortschreitender
Naturbeherrschung immer weiter befestigt hat. Die zunehmende Verfügungsgewalt über die Natur, die auf der begrifflichen Sprache basierende instrumentelle Rationalität machten es dann auf einer zweiten Stufe möglich, die
mythischen Bilder mit der Ratio zu durchdringen und Zug um Zug zu elimi-
nieren. Das Programm der Aufklärung ist die "Entzauberung der Welt" (1986:
11) durch "Ausrottung des Animismus" (1986: 11), die "Entmythologisierung"
(1986: 13).

Der Anspruch der Aufklärung, die Verfügungsgewalt über die Natur durch
die rationale Durchdringung mythischer Vorstellungen zu erweitern, stößt
schließlich dort an eine Grenze, wo nicht nur die äußere Natur, sondern auch
die innere Natur des Menschen und die Gesellschaft unter die Logik des sich
als Herrschaft entfaltenden Selbsterhaltungsprinzips gezwungen wird. Das
Prinzip der instrumentellen Vernunft, alles auf das Maß seiner Verfügbarkeit zu
reduzieren, führt zu einer Erstarrung des Objektbereichs, einer Verdinglichung
des Subjekts und einer Verkümmerung der Beziehungen zwischen den Menschen. An die Stelle der unentrinnbaren Immergleichheit mythischer Natur tritt
der ebenso hoffnungslos geschlossene, zwanghafte Zirkel menschlicher Selbsterhaltung: Aufklärung schlägt in Mythos zurück.

Die von Horkheimer und Adorno beschriebenen dialektischen Verschlingungen von Mythos und Aufklärung lassen sich mit Lüdke (1981: 40) in drei
Stufen auseinanderziehen:

"1.   Der Mythos als Aufklärung: das Bild des Immergleichen von Naturprozessen, als Kern des
       Mythos, das Bild einer naturhaften Gesellschaft, die um ihrer Selbsterhaltung willen die
       beschränkte Beherrschung einiger Naturprozesse mit der Herrschaft von Menschen über
       Menschen, des Menschen über sich selbst zu bezahlen hat.

2.   Die Aufklärung des Mythos: die Kritik der Vernunft an den mythischen Bildern, die rationale
       Durchdringung der Natur; der Weg zur Beherrschung der Natur.

3.   Die Aufklärung als Mythos: das Bild des Immergleichen von gesellschaftlichen Prozessen,

die Vergesellschaftung von Natur, die naturhafte Erscheinung von Gesellschaft."

Die Interpretation der in der "Dialektik der Aufklärung" enthaltenen Aussagen über das mythische Denken wird erheblich dadurch erschwert, daß der Mythosbegriff seinen Bedeutungsgehalt je nach dem Bezug zu einer der drei Stufen unter der Hand verändert. Die bewußte Vieldeutigkeit und Schwebe, in der Schlüsselkategorien wie "Mythos", "Aufklärung", "Natur" etc. belassen werden, ihr oft verwirrendes Schillern und Changieren, verdankt sich der dialektischen Methode der Autoren, die Mythos und Aufklärung, Natur und Geschichte in der Form von Behauptungen verknüpft, "daß das eine das andere nicht nur provoziere oder erzeuge, sondern daß jedes sein eigenes Anderes *sei*" (Schnädelbach 1989: 31). So ist nach Adorno "in allen großen Mythen ... das Moment der geschichtlichen Dynamik bereits angelegt, und zwar in dialektischer Form, so, daß die mythischen Grundgegebenheiten in sich selbst widerspruchsvoll sind und sich widerspruchsvoll bewegen" (1973: 363).

Auch um den Preis des Vorwurfs, mit den Mitteln des "tabellarischen Verstandes" das Eigentliche der dialektischen Denkfiguren Horkheimers und Adornos zu verfehlen, soll im folgenden versucht werden, einige Schneisen in das Dickicht der dialektischen Verschlingungen zu schlagen, um so die Kerngehalte des Mythoskonzepts der "Dialektik der Aufklärung" freizulegen.

Die erkenntnistheoretische Folie für die Explikation des Verhältnisses von Mythos und Aufklärung bildet bei Horkheimer und Adorno das klassische Problem der Beziehung zwischen Mensch und Natur, Subjekt und Objekt. Mit Kager (1988: 28) lassen sich bezüglich dieser Problematik in der "Dialektik der Aufklärung" drei Entwicklungsstufen unterscheiden, ohne daß die Autoren dieses Stufenschema systematisch entfaltet hätten: 1. eine animistisch-magische Urphase des Menschen, gekennzeichnet durch "mimetisches Verhalten", 2. der in Symbolen berichtende und aufgezeichnete Mythos und 3. die Phase der Aufklärung, die sich der begrifflichen Sprache und der diskursiven Logik bedient.

In der frühesten Phase der Geschichte, so spekulieren Horkheimer und Adorno unter Rückgriff auf evolutionistische Theorien in der Ethnologie und Religionswissenschaft[12], war die Trennung zwischen dem Selbst und den

---

12   Wie Cochetti (1985: 214ff) nachgewiesen hat, stützen sich Horkheimer und Adorno

Naturobjekten noch unscharf, eine feste Ich-Identität war noch nicht ausge-
bildet und die Sprache noch höchst rudimentär: Es herrschte der "Schrecken
des blinden Naturzusammenhangs". Das Ängstigende und Fremde der Natur
suchte der Primitive durch die Anrufung mit einem Namen, etwa der Vereh-
rung als Mana, zu überwinden. "Der Ruf des Schreckens, mit dem das Unge-
wohnte erfahren wird, wird zu seinem Namen." (1986: 21) Da sie für diese
Stufe noch keine menschliche Subjektivität annehmen, deuten Horkheimer und
Adorno das Mana, die Urgestalt des Heiligen, auch nicht psychologisch als
"Projektion", sondern als "Echo der realen Übermacht der Natur in den schwachen Seelen der Wilden" (1986: 21). Den Ursprung des Heiligen sehen die
Autoren also in der Sublimierung der menschlichen Naturangst. Der Schrecken
des Numinosen - erst des Mana, dann der Geister und Dämonen - spiegelt
den Schrecken der Natur. Dennoch sehen Horkheimer und Adorno auch in den
frühesten religiösen Vorstellungen bereits erste Schritte zur Abgrenzung des
Menschen gegenüber der ungeschiedenen Natur, keimhafte Versuche der
Selbsterhaltung durch Naturbeherrschung. Die fratzenhafte Zaubermaske
wiederholt den Schrecken der unbeherrschten Natur, sucht ihn aber zugleich
zu überwinden, indem sie ihm sein eigenes *Bild* vor Augen stellt. "Der Schamane bannt das Gefährliche durch dessen Bild. Gleichheit ist sein Mittel."
(1986: 22) Nicht durch fortschreitende Distanz zum Objekt suchten sich die
Menschen der Vorzeit demnach den Gewalten der unbeherrschten Natur zu
entwinden, sondern durch "Mimesis"[13], d.h. durch anschmiegendes Sichgleich-
machen mit den Bedrohungen der Natur. In der zweckrationalen Magie wird
dann das zunächst von der Übermacht der Natur erzwungene Sichgleichma-
chen als absichtsvoll eingesetztes Instrument der Naturbeherrschung verwandt:
"Nur die bewußt gehandhabte Anpassung an die Natur bringt diese unter die
Gewalt des physisch Schwächeren." (1986: 64) Damit schlägt mimetisches
Verhalten in rationales um, die Unterwerfung unter die Natur wird zur Technik
ihrer Beherrschung. Unwiderruflich wird so der Bann der Herrschaft errichtet, der

---

hier unkritisch auf die evolutionistischen Theorien des Präanimismus (R. R. Marett)
und des Prälogismus (L. Levy-Bruhl), die bereits in den 20er Jahren schlüssig widerlegt wurden.

13   Zum Mimesisbegriff in der "Dialektik der Aufklärung" vgl. Lüdke 1981: 53ff und Kager
      1988: 28ff.

bis in die Gegenwart wie ein ungeheuerlicher Fluch auf der Menschheit lastet: "Die Menschen hatten immer zu wählen zwischen ihrer Unterwerfung unter Natur oder der Natur unter das Selbst." (1986: 38)

Die unter dem Primat der Selbsterhaltung fortschreitende Trennung von Subjekt und Objekt, Mensch und Natur, Denken und Wirklichkeit spiegelt sich nach Horkheimer und Adorno vor allem im archaischen Mythos. Das bildhafte mimetische Verhalten - so die Autoren - wurde sukzessive durch systematische Berichte in sprachlicher Form abgelöst: "Der Mythos wollte berichten, nennen, den Ursprung sagen: damit aber darstellen, festhalten, erklären." (1986: 14) Durch das systematisierende Vermögen der Begrifflichkeit wurde in der polytheistisch-mythologischen Phase das unidentische, amorphe Mana konsistent gemacht und der topische Partikularismus des Animismus und der Magie überwunden. Die lokalen Geister und Dämonen wurden im solaren Mythos durch den Himmel und seine Hierarchie abgelöst.

Zwar verwiesen auch die patriarchalen Sonnengötter noch auf *Naturphänomene*, doch führte der sprachliche Abstraktionsprozeß zu einer zunehmenden Trennung von Zeichen und Sache, von Signifikantem und Referenten: "Die olympischen Gottheiten sind nicht mehr unmittelbar mit Elementen identisch, sie bedeuten sie. ... Die Götter scheiden sich von den Stoffen als deren Inbegriffe." (1986: 14) Erst durch die Entwicklung einer "sprachlich entfalteten Totalität" war der Mythos in der Lage, das Naturgeschehen zu benennen und damit verfügbar zu machen. "Die Mythologie selbst hat den endlosen Prozeß der Aufklärung ins Spiel gesetzt." (1986: 17)

"Aufklärung" - daran gilt es zu erinnern - ist hier keineswegs im emphatischen Sinne von Emanzipation, Autonomie und Selbstreflexion gemeint, sondern ausschließlich im eingeschränkten Sinne von instrumenteller Vernunft und Naturbeherrschung. Die Behauptung aufklärerischer Elemente im Mythos dient daher auch nicht, wie etwa bei Hübner oder Blumenberg[14], einer kognitiven oder moralisch-praktischen Aufwertung des Mythos, vielmehr wird umgekehrt die Aufklärung aufgrund ihrer mythischen Wurzeln unerbittlich kritisiert. Der Nachweis der Gleichursprünglichkeit von Mythos und Aufklärung soll an die "Erbsünde" der Aufklärung - die Machtergreifung des Menschen über die Natur

---

14   Vgl. o. S. 36.

- gemahnen.

In augenfälligem und - wie sich zeigen wird - unauflöslichem Widerspruch zur Betonung der aufklärerischen Elemente des Mythos steht die andere Grundannahme der "Dialektik der Aufklärung": die These von der "Naturverfallenheit" der Mythen. "Auf Naturverhältnisse", stellen Horkheimer und Adorno kategorisch fest, "lassen sich auch die Vorstellungen der Mythen ohne Rest zurückführen" (1986: 23). "Mythen wie magische Riten", heißt es an anderer Stelle ebenso unmißverständlich, "meinen die sich wiederholende Natur" (1986: 23). Diese offenkundigen Widersprüche in der Rede vom Mythos - "Mythos" steht für Naturbeherrschung und Naturverfallenheit, für begriffliches Denken und vorsprachliche Mimesis zugleich - bleiben in der "Dialektik der Aufklärung" weitgehend unaufgelöst. Sie verdanken sich dem Verfahren der Bedeutungszuweisung qua Konstellation, dem dialektischen Spiel mit Kontrasten und Unschärfen.

Näheren Aufschluß geben Notizen eines Gesprächs zwischen Horkheimer und Adorno aus dem Jahre 1939 (Horkheimer/Adorno 1985). Die interne Paradoxie und Zwitterhaftigkeit des Mythos wird hier mit seiner spezifischen historischen Stellung an der Schwelle zwischen Natur und Kultur begründet. Den Mythen eignet - so Adorno - eine "fundamentale geschichtsphilosophische Inadäquatheit" (Horkheimer/Adorno 1985: 455). Sie stellen den Versuch dar, "mit den Mitteln der Sprache von der unmittelbaren Erfahrung des Sprachlosen Rechenschaft abzulegen", und bezeugen daher zugleich "die Naturverfallenheit des Menschen und die Möglichkeit des Entrinnens" (Horkheimer/Adorno 1985: 461).

Wenn aber die Mythen historisch an der Schwelle zwischen Natur und Kultur situiert sind und - so Horkheimer - "im Stadium der Mythenbildung der Mensch die Natur als *Erinnerung* (erfährt)" (Horkheimer/Adorno 1985: 460; Hervorh. R. E.), dann ist die These, die Vorstellungen der Mythen ließen sich *ohne Rest* auf Naturverhältnisse zurückführen, umso unverständlicher. Wenn der Mythos *erinnernd* und angstbannend von der Überwindung der vormythischen Schreckenszeit erzählt, dann perpetuiert er eben nicht nur bewußtlos den "Schrecken des blinden Naturzusammenhangs" (Adorno 1970: 152).

Die Begriffe "Natur" und "Mythos" werden von Horkheimer und Adorno bis zur Ununterscheidbarkeit aneinander assimiliert. Einerseits sollen sich

Mythen "ohne Rest" auf Naturverhältnisse zurückführen lassen, andererseits sei der Naturbegriff - so Adorno in seinem frühen Aufsatz zur "Idee der Naturgeschichte" (1973: 345) - am ehesten "mit dem Begriff des Mythischen" zu übersetzen. Ob man diese zirkuläre Begründungsfigur nun für dialektischen Tiefsinn oder für tautologischen Unsinn hält, deutlich wird in jedem Falle, worauf die Kreiskonstruktion zielt: die wechselseitige Dequalifikation von Mythos und Natur.

Natur wird von Horkheimer und Adorno - ganz auf der Linie der aufklärerischen Tradition - rein negativ bestimmt als fremd, ängstigend, bedrohlich, feindlich[15], als absurder Kreislauf von Fressen und Gefressenwerden (Adorno 1970: 347), der sich in den Mythen unaufhaltsam fortsetzt. Die zyklische Zeitfigur des Mythos, die Idee der "ewigen Wiederkehr", ist demnach nichts weiter als die bewußtlose Verdoppelung des Stirb und Werde der Natur, wie es sich im Kreislauf der Jahreszeiten zeigt. Der Raub der Persephone im kosmischen Mythos ist "unmittelbar eins mit dem Sterben der Natur" (1986: 33/34). In den kreisläufigen mythischen Konstruktionen eines unentrinnbaren Schicksals- und Schuldzusammenhangs spiegelt sich die unausweichliche Gesetzmäßigkeit des Werdens und Vergehens in der Natur. Darin gründet nach Horkheimer und Adorno der resignative und utopiefeindliche Grundzug der Mythen[16]: das "Prinzip der Immanenz". "Mythologie hatte in ihren Gestalten die Essenz des Bestehenden: Kreislauf, Schicksal, Herrschaft der Welt als die Wahrheit zurückgespiegelt und der Hoffnung entsagt." (1986: 33) Die Götterwelt der griechischen Mythen und Epen, die alles Geschehen in den unentrinnbaren Kreislauf von Schuld und Sühne - die mit neuer Schuld identisch ist - bannt, schließt Glück, Freiheit und Hoffnung kategorisch aus: "Alle Geburt wird mit dem Tod bezahlt, jedes Glück mit Unglück." (1986: 22)

Durch das Prinzip, alles Geschehen als Wiederholung des Immergleichen zu erklären und alle Gestalten an bestimmte Satzungen zu binden, die sie zwanghaft vollziehen, erweist sich der Mythos als "nichts anderes als der ge-

---

15 Zum Naturbegriff in der "Dialektik der Aufklärung" vgl. Kimmerle 1985: 45f.
16 Horkheimer und Adorno knüpfen hier an ein zentrales Motiv des Passagen-Werkes von Benjamin an: "Die Essenz des mythischen Geschehens ist Wiederkehr. Ihm ist als verborgene Figur die Vergeblichkeit einbeschrieben, die einigen Helden der Unterwelt ... an der Stirne geschrieben steht." (Benjamin 1983,I: 178)

schlossene Immanenzzusammenhang dessen, was ist" (Adorno 1970: 392). Das Prinzip der Immanenz impliziert hoffungslose Totalität, Eindimensionalität, die Verleugnung eines "Draußen". Selbst ein Zeus könnte nichts gegen "Kreislauf, Schicksal, Herrschaft" ausrichten. Der Mythos erscheint so in der "Dialektik der Aufklärung" als "erbärmliches Naturtheater, in dem immer wieder die monotone Farce des Gegebenen zur Aufführung kommt", wie Heidrun Hesse (1984: 123) treffend formuliert. Da er jede Form von Transzendenz der daseienden Wirklichkeit prinzipiell ausschließt, wird der Mythos zur blinden Ratifizierung des Bestehenden, zur Vergötzung des Faktischen.

Mit der zyklischen Zeitform des Mythos und dem Prinzip hoffungsloser Immanenz verbinden Horkheimer und Adorno unmittelbar ein weiteres Charakteristikum mythischen Denkens: das seiner prinzipiellen Sinnlosigkeit. Zum einen entleert der kreisende Zeitumtrieb das Geschehen bis zur Sinnlosigkeit[17], zum anderen ist eine eindimensionale, transzendenzlose Realität per definitionem sinnlos, da sie nur auf sich selbst verweisen kann: "Das Tatsächliche behält recht, die Erkenntnis beschränkt sich auf seine Wiederholung, der Gedanke macht sich zur bloßen Tautologie." (1986: 33)

Das Prinzip der tautologischen Wiederholung des Faktischen innerhalb der monistischen Ontologie des Mythos haftet für Horkheimer und Adorno am Bildcharakter der mythischen Sprache, den sie unnachsichtig anprangern. Die mythischen Erzählungen wie die sprachlich aufgezeichnete Epopoe verwenden bildhafte Sprachzeichen, in denen Zeichen und Bild noch vermittelt sind. Mit Hilfe bildhafter Symbole suchen sie sich ans konkrete Besondere heranzutasten und übernehmen somit auf sprachlicher Ebene Rudimente des bildhaft mimetischen Verhaltens. Im Unterschied zur archaischen Mimesis ist der Bildcharaker des Mythos jedoch "falscher Schein", da in der mythisch-polytheistischen Phase die Subjekt-Objekt-Spaltung unter dem Primat der Selbsterhaltung unwiderruflich vollzogen ist. Die mythischen Bilder sind - so Adorno in der "Metakritik der Erkenntnistheorie" (1971: 148) - "Ersatz und Trost dafür, daß das Ähnliche vom Ähnlichen unwiederbringlich weggerissen ward". Einzig in der "Idee bilder-

---

17   Ganz anders bei Nietzsche: Daß jeder Augenblick wiederkehrt, setzt das Hier und Jetzt in die Würde des Ewigen ein. Die Wiederkehr entleert nicht, im Gegenteil: sie verdichtet.

loser Wahrheit" - eine Säkularisierung des jüdischen Bilderverbots (vgl. Adorno 1982: 205) - sieht er die verlorene Mimesis aufgehoben.

Gerade am allegorisch-bildlichen Konstruktionsprinzip mythischer Bedeutsamkeitscharaktere - nach Blumenberg[18] die Quelle von noch heute unverzichtbarer Sinnstiftung - haftet nach der "Dialektik der Aufklärung" also das eigentlich Falsche des Mythos, seine "blutige Unwahrheit". Die mythischen Bilder sind demnach utopie- und transzendenzlose Reduplikationen des Faktischen, sie verweisen auf nichts außer auf das, was ohnehin schon ist. Die mythischen Bedeutsamkeitskonstruktionen sind daher kein echter Sinn, sondern nur dessen verherrlichende tautologische Beteuerung, "Zelebration des Sinnlosen als Sinn" (1982: 123).

In den mythischen Bildern - so eine der zahlreichen kryptischen Wendungen in der "Dialektik der Aufklärung" - "wird die Ewigkeit des Tatsächlichen bestätigt und das bloße Dasein als der Sinn ausgesprochen, den es versperrt" (1986: 33).

Der bilderfeindliche, ikonoklastische Akzent im Mythos-Denken der "Dialektik der Aufklärung" stellt sicher auch eine gezielte Reaktion auf den reaktionär-mythisierenden Kult der Bilder und Archetypen in den Theorien von L. Klages und C.G. Jung dar. Jenseits dieser zeitgenössischen Frontstellung gründet das Verdikt über die mythische Bilderwelt aber vor allem in dem "retrospektiven Blick" und dem "unterirdischen" Evolutionismus in der Geschichtsdeutung der Autoren: Der vermeintlich fortgeschrittenste religiöse Bewußtseinsstand - das Judentum als "Religion ohne Mythos" (1986: 209)[19] - liefert ihnen ganz unübersehbar den Auslegungshorizont für die Interpretation und Bewertung der "primitiveren" archaisch-mythischen Denkformen. Die jüdisch-religiöse Überlieferung ist der Maßstab, der über den Mythos gebrochen wird. "Aus der Perspektive ihres absoluten Bilderverbots erscheint jede mythische Geschichte, die sich positiv auf Gegenwart einläßt, als eine der unzähligen teuflischen Neuinszenierungen des Tanzes ums goldene Kalb." (Hesse 1984: 128)

---

18 Vgl. o. S. 37.
19 Im Christentum sehen Horkheimer und Adorno einen "Rückfall hinter das Judentum" (1986: 185), da es durch die Vermenschlichung Gottes zum Prinzip der Idolatrie zurückführt.

Wenn das eigentlich Falsche des Mythos - Naturverfallenheit, sinn- und bewußtlose Verherrlichung des Gegebenen, Wiederholung des Immergleichen - vorrangig an seinem Bildcharakter haftet, dann ist Aufklärung im emphatischen Sinne von Emanzipation, Freiheit und Selbstbestimmung unabdingbar gebunden an die Ablösung des bildhaft-mimetischen durch begrifflich-diskursives Denken. "Die aufklärende Intention des Gedankens, Entmythologisierung, tilgt den Bildcharakter des Bewußtseins. Was ans Bild sich klammert, bleibt mythisch befangen, Götzendienst." (Adorno 1982: 203) Das Ziel der Aufklärung, "von den Menschen die Furcht zu nehmen und sie als Herren einzusetzen" (Horkheimer/Adorno 1986: 9), ist für Horkheimer/Adorno von begrifflich-rationaler Erkenntnis, d.h. der Trennung von Begriff und Anschauung, Selbst und Welt, Subjekt und Objekt unablösbar, unterwirft sich doch mimetisches Reagieren durch bewußtlose Anpassung an rohe Natur blind der Herrschaft des Objektiven und ist daher "blutige Unwahrheit". Nicht der Intention der Aufklärung, bildhaft-mimetisches Denken und Verhalten in rationales zu überführen, gilt daher die Kritik von Horkheimer und Adorno, sondern der selbstzerstörerischen Dynamik, die sie von diesem Ziel immmer weiter entfernt. Den Ursachen für dieses "rückläufige Moment" des Rationalisierungsprozesses, den *Rückschlag der Aufklärung in Mythologie*, spüren die Autoren auf mehreren Ebenen nach.

Die schon den Mythos bestimmende Angst des Menschen vor der bedrohlichen Natur wird mit der fortschreitenden Distanzierung des Menschen von der Natur und der Etablierung begrifflich-rationalen Denkens nicht etwa überwunden, sondern nimmt jetzt geradezu wahnhafte Züge an. Über alles Fremde, Mannigfaltige, Chaotische wird ein gleichsam universales Tabu verhängt:

"Aufklärung ist die radikal gewordene, mythische Angst. (...) Es darf überhaupt nichts mehr draußen sein, weil die bloße Vorstellung des Draußen die eigentliche Quelle der Angst ist." (Horkheimer/Adorno 1986: 22)

Mit dem zunehmenden Abstraktionsvermögen der begrifflichen Sprache wird alles Bildhafte und Symbolische aus der Erkenntnissphäre verbannt. Mimesis und Mythos werden verdrängt, sind sie doch "mit dem Schrecken behaftet (...), daß das Selbst in jene bloße Natur zurückverwandelt werde, der es sich mit unsäglicher Anstrengung entfremdet hatte, und die ihm eben darum unsägliches Grauen einflößte" (Horkheimer/Adorno 1986: 37). Mit der Abspaltung des mimetischen Verhaltens beraubte sich das Selbst jenes Organs, das es in die Lage versetzte, die qualitativen Besonderheiten der Gegenstände zu erfassen. "Es hat mit dem mimetischen Zauber die Erkenntnis tabuisiert, die den Gegenstand wirklich trifft." (ebd.: 20) Die Tabuisierung der sinnlichen Erfahrungsbereiche unter dem Blick der instrumentellen Vernunft führt zur Erstarrung der äußeren Natur und zur Verhärtung des Menschen, der doch selbst ein Teil eben dieser Natur ist. "Die disqualifizierte Natur wird zum chaotischen Stoff der Einteilung und das allgewaltige Selbst zum bloßen Haben, zur abstrakten Identität." (ebd.: 16) Die Konstitution der Herrschaftsvernunft durch Verdrängung von Mimesis bleibt damit der Mimesis regressiv verhaftet und kulminiert in Selbstaufgabe, als Mimikry ans Vorhandene. "Die Ratio, welche die Mimesis verdrängt, ist nicht bloß deren Gegenteil. Sie ist selber Mimesis: die ans Tote." (ebd.: 64)

Der archaische Sündenfall, der dem Zivilisationsprozeß seit seinen Anfängen wie ein Geburtsmakel anhaftet, besteht für Horkheimer und Adorno in der gewaltsamen Durchtrennung des mimetischen Bandes zwischen Subjekt und Objekt durch die "Machtergreifung des Menschen gegenüber der Natur" (Söllner 1979: 192). Gerade die Exstirpation alles mimetischen Reagierens perpetuiert die regressive Seite der archaischen Mimesis - die Naturverfallenheit und die erstarrende Angleichung des Belebten ans Unbelebte - , indem sie die Verdinglichung von Subjekt und Objekt nach sich zieht und alles in "bloße Natur" verzaubert. Die aufklärerische Ratio schlägt damit um ins Archaisch-Mythische, genauer: sie hat sich der mythischen Naturverfallenheit und dem Zwang zur Wiederholung des Immergleichen nie zu entwinden vermocht.

Die Dialektik von Naturbeherrschung und Naturangleichung, von Selbstbehauptung und Selbstverleugnung demonstrieren Horkheimer und Adorno exemplarisch an der Odyssee Homers, die sie als "Grundtext der europäischen Zivilisation" (Horkheimer/Adorno 1986: 52) interpretieren. Die Irrfahrten des Odysseus versinnbildlichen für sie die Bildungsgeschichte der menschlichen Subjektivität, den "Weg des leibhaft gegenüber der Naturgewalt unendlich schwachen und im Selbstbewußtsein erst sich bildenden Selbst durch die Mythen" (ebd.: 53). Odysseus als "Urbild des bürgerlichen Individuums" (ebd.: 50) kann den "gefahrvollen Lockungen" der mythischen Mächte - Sinnbild der Macht der äußeren Natur - nur widerstehen, indem er sich an den Mast fesseln läßt und so seiner eigenen libidinösen Natur Gewalt antut. Das Subjekt - so die Pointe der Odyssee-Deutung in der "Dialektik der Aufklärung" - erhält sich als identisches Ich nur in der "Introversion des Opfers", in der Entsagung, als "Selbst, das immerzu sich bezwingt, und darüber das Leben versäumt, das es rettet" (ebd.: 62/63).

Die Selbstbehauptung des Menschen gegenüber der bedrohlichen Natur fordert als Tribut die Selbstverleugnung, die asketische Unterdrückung der eigenen Naturhaftigkeit des Menschen. "Die Siege über die äußere Natur werden mit den Niederlagen der inneren erkauft", so faßt Habermas (1981,I: 509) die von Nietzsche und Freud inspirierte anthropologische Lehre zusammen, die die beiden Autoren aus den Irrfahrten des listigen Odysseus ziehen. Eben diese Unterdrückung der inneren Natur des Menschen - notwendiges Korrelat von Naturbeherrschung und Ich-Konstitution - ist für Horkheimer und Adorno die Quelle der "fortwuchernden mythischen Irrationalität."

"Mit der Verleugnung der Natur im Menschen wird nicht bloß das Telos der auswendigen Naturbeherrschung, sondern das Telos des eigenen Lebens verwirrt und undurchsichtig. In dem Augenblick, in dem der Mensch das Bewußtsein seiner selbst als Natur sich abschneidet, werden alle die Zwecke, für die er sich am Leben erhält, der gesellschaftliche Fortschritt, die Steigerung aller materiellen und geistigen Kräfte, ja Bewußtsein selber, nichtig, und die Inthronisierung des Mittels als Zweck, die im späten Kapitalismus den Charakter des offenen Wahnsinns annimmt, ist schon in der Urgeschichte der Subjektivität wahrnehmbar." (Horkheimer/Adorno 1986: 62)

Je hemmungsloser also die Vernunft sich der Natur entgegensetzt und ihre eigene Naturhaftigkeit vergißt, desto mehr regrediert sie, als "verwilderte Selbsterhaltung" (Adorno 1982: 283), auf Natur und wird so zum Agenten des blinden Naturzusammenhangs von "Fressen und Gefressenwerden", dem sie zu entrinnen trachtete. Die gleiche Vernunft, und zwar die der Selbsterhaltung, die das Individuum konstituiert, führt als verabsolutierte zur Selbstobjektivierung und damit zum Ende des Individuums. Gegen den Zweck der Selbsterhaltung blind, wird das Individuum sich selbst zum Instrument, ein abstraktes, manipulierbares Ding. "Im Augenblick ihrer Vollendung", schreibt Horkheimer in der "Kritik der instrumentellen Vernunft" (1985: 124), "ist die Vernunft irrational und dumm geworden. Das Thema dieser Zeit ist Selbsterhaltung, während es gar kein Selbst zu erhalten gibt." Die Logik instrumenteller Naturbeherrschung kommt von der blinden Gewalt der Natur nicht los und gipfelt zuletzt in der Verdinglichung der äußeren Natur und der Selbstverdinglichung des Subjekts. "Alle Verdinglichung aber ist ein Vergessen", wie Horkheimer und Adorno (1986: 244) sagen, im Kern ein Vergessen des naturalen Moments der Vernunft. "Vernunft, die sich als Natur vergißt, um der Natur zu entrinnen, bleibt ihr verfallen", so läßt sich mit Allkemper (1981: 94) die Kernthese der "Dialektik der Aufklärung" resümieren. Konsequenterweise sehen die beiden Autoren allein in der Selbstbesinnung des Geistes auf sein naturales Moment, im "Eingedenken der Natur im Subjekt" (1986: 47), die vage utopische Möglichkeit, den universalen mythischen Bann, der auf der menschlichen Geschichte lastet, zu durchbrechen.

Der im zweiten Teil der programmatischen Ausgangsthese der "Dialektik der Aufklärung" behauptete Rückschlag der Aufklärung in Mythologie besteht nach Auffassung der beiden Autoren nicht etwa in einem Rückfall der Aufklärung hinter ein bereits erreichtes Entwicklungsniveau von Freiheit und Mündigkeit, sondern in der Fortdauer der archaischen Naturverfallenheit des Menschen durch die gesamte Gattungsgeschichte infolge seiner ursprünglichen Machtergreifung gegenüber der Natur. Streng genommen ist also nicht von einer Rückkehr zum Mythischen, sondern von einem Verharren in ihm zu sprechen. Die blind unterjochte Natur "rächt" sich gleichsam durch die Verdinglichung der Subjekte und aller menschlichen Beziehungen. "Der Animismus hat die Sachen beseelt, der Industrialismus versachlicht die Seelen." (Horkheimer/ Adorno 1986: 34) Die unter dem Primat der Selbsterhaltung stehende Geschichte der Menschheit erweist somit ihre Naturverfallenheit: Sie bleibt "Naturgeschichte" (Adorno 1982: 345). Die blind perpetuierte, zum Selbstzweck gewordene Herrschaft bestimmt alles, so daß nichts Neues, qualitativ Anderes hervortreten kann. Ein Fortschritt im eigentlichen Sinne hat Adorno zufolge noch gar nicht stattgefunden. "Kein Fortschritt ist derart zu unterstellen, als wäre die Menschheit überhaupt schon und könne deshalb fortschreiten." (Adorno 1969: 31) Die vermeintliche Kontinuität der Geschichte stellt sich in Wahrheit als Stillstand, Perpetuierung des Immergleichen dar. In welche Richtung die Geschichte auch streben mag, sie kommt von jener Urgegebenheit

nicht los. Die "archaischen Willkürakte von Machtergreifung" (Adorno 1982:
313) haben einen universellen Schicksals- und Schuldzusammenhang konstituiert, der bis in die Gegenwart wie ein urzeitlicher Fluch auf der Menschheit
lastet. Die Gattungsgeschichte im ganzen erscheint so als monotones Echo
jener "irrationalen Katastrophe in den Anfängen" (ebd.: 315) und sühnt damit
einen Sündenfall, der vor aller Zeit die Menschen aus dem Paradies in die
Geschichte entließ.

In der Rede vom "mythischen Bann", der durch die ursprüngliche Machtergreifung des Menschen gegenüber der Natur über die gesamte Menschheitsgeschichte verhängt wurde, zeigt sich die eigentliche Zielrichtung der befremd-
lichen dialektischen Konstruktion, die Mythos und Aufklärung reziprok ineinander spiegelt. Horkheimer und Adorno geht es letzten Endes nicht darum, wie
Cochetti (1985: 350) zu Recht betont, den Mythos aufgrund seiner aufklärerischen Merkmale zu verurteilen; vielmehr ist es die Aufklärung, die aufgrund
ihrer mythischen Merkmale unerbittlich kritisiert wird. Punkt für Punkt übertragen Horkheimer und Adorno die am archaischen Mythos abgelesenen Bestimmungen - "blinde Naturverfallenheit", "Wiederholung des Immergleichen", "hoff-
nungsloser Immanenzzusammenhang", "Schicksal" - auf den Aufklärungsprozeß
und die Gattungsgeschichte im ganzen. "Mythos" bezeichnet hier nicht einen
Uranfang, aus dem die menschliche Vernunft sich schrittweise und erfolgreich
herausentwickelt hat, er behält vielmehr seine Präsenz durch den ganzen Gang
der historischen Aufklärung hindurch. Die Weltgeschichte als ganze ist "der
mythischen Ananke verfallen" (Söllner 1979: 193). Genau betrachtet, benennt
hier das Wort Mythos, wie Bubner (1980: 117) hervorhebt, "eine Dimension,
die der historischen Dialektik entzogen ist, weil sie ihr zugrundeliegt". In der
Tat verwenden Horkheimer und Adorno in ihrer geschichtsphilosophischen
Konstruktion einen Mythosbegriff, der alle historischen Besonderheiten einebnet
und differenzlos alle ursprünglichen epischen und modern-ideologischen
Varianten umfaßt. Der Mythos hat sich nach Auffassung der Autoren säkulari-
siert zum "fugenlos ineinandergepaßten Wirklichen" (Adorno 1982: 330), zum
"totalen Verblendungszusammenhang"; seine Substanz, die nackte Gewalt,
bleibt von dieser Entwicklung unberührt. Noch "der Talmi-Mythos der Faschisten enthüllt sich als der echte der Vorzeit" (Horkheimer/Adorno 1986: 19).

Die philosophische Deutung der Gattungsgeschichte in der "Dialektik der

Aufklärung" basiert, wie sich zeigt, implizit auf einer eigentümlichen Doppel-konstruktion: Einerseits werden, ganz auf der Linie aufklärerischer Reflexion, Mythos und Aufklärung (im emphatischen Sinne) vermittels einer geradezu manichäischen Antithetik von Tod und Erlösung, Naturverfallenheit und Freiheit polarisiert und in den diachronen Bezugsrahmen einer Teleologie der Vernunft eingespannt. Der so durch spiegelverkehrte Rückprojektion aufklärerischer Vernunftansprüche gewonnene extrem negative Mythosbegriff wird dann in einem zweiten Schritt historisch universalisiert und - im Konzept des "mythi-schen Banns" - zum Prinzip der Gattungsgeschichte im ganzen erklärt. Mythos und historische Aufklärung werden - als coincidentia oppositorum - logisch und zeitlich miteinander verklammert und erscheinen als synchrone Gestalten der gleichen Teleologie des Schreckens, der nur noch die exterritoriale Utopie der eschatologischen Versöhnung entgegengehalten werden kann.

Daß derart spekulative Konstruktionen und radikale Synopsen, die sich einer retrospektiven Geschichtsdeutung verdanken, weder dem archaischen Mythos noch dem historischen Aufklärungsprozeß gerecht werden, ist nur zu offenkundig. Sie sind, wie Schmid Noerr (1989: 81) treffend bemerkt, "von eben der Krankheit gezeichnet, zu deren Diagnose sie beitragen sollen: der Unwahrheit des Begriffs, durch den das Besondere, das Nicht-Identische, zum bloßen Exemplar eines Allgemeinen zugerüstet wird." Die "Dialektik der Aufklä-rung" gerät so in Gefahr, ihre Zentralthese vom Umschlag der Aufklärung in Mythologie an sich selbst zu exemplifizieren.[20]

IV.

Der durchweg abwertende Kammerton der Mythos-Reflexion in der älteren Kritischen Theorie hält sich ungebrochen durch bis in Habermas' opus mag-num "Theorie des kommunikativen Handelns" von 1981. Schon die Wortwahl, die zur Charakterisierung mythischer Weltbilder benutzt wird, kann ein starkes ethnozentrisches Vorurteil nicht verleugnen: Mythische Weltbilder *konfundieren* Natur und Kultur, *vermengen* Weltbezüge und Geltungsansprüche, *vermischen*

---

20   Vgl. dazu Schnädelbach 1989: 25ff.

Sinn- und Sachzusammenhänge, *verstopfen* die Quellen der Reflexion, kurz: sie *blockieren* Rationalität. Diese Ausdrucksweise macht nur zu deutlich, daß auch die Habermassche Mythosdeutung von einem *gegenwartsfixierten Blick* imprägniert ist. Wie schon Horkheimer und Adorno läßt sich auch Habermas bei seiner Interpretation archaischer Weltbilder von einem zeitdiagnostischen Interesse leiten, das die Befragung der Vergangenheit im Namen der Probleme der Gegenwart motiviert. Mit anderen Worten: Auch hier kommen nur solche Aspekte und Elemente vergangener Lebensformen und Weltbilder in den Blick, die sich im Lichte der spezifischen Gegenwartserfahrung als bedeutsam erweisen.

Die *Differenz* in der Geschichtsdeutung der beiden Varianten Kritischer Theorie reflektiert dementsprechend unmittelbar die Verschiedenheit des Entstehungszusammenhangs und der jeweiligen Gegenwartserfahrung, die Methode und Gegenstand der Erkenntnis bis in die Grundstrukturen der Kategorien hinein prägt. Während die schwarzen Diagnosen der "Dialektik der Aufklärung" bis ins Innerste durch die Erfahrung des faschistischen Grauens bestimmt sind, hat Habermas - nach eigenem Bekunden "Kind der Re-Education" - die in den Verfassungsgrundsätzen der westlichen Demokratien verborgene moralische Substanz zum eigentlichen Antrieb seines Philosophierens gemacht. Die verschiedenen zeitgeschichtlichen Schlüsselerfahrungen affizieren unmittelbar die jeweilige *retrospektive Geschichtsdeutung*, indem sie den Leitfaden bilden für die Selektion und Interpretation des historischen Materials. Geht es dem geschichtsphilosophischen Negativismus der "Dialektik der Aufklärung" darum, "zu zeigen, wie sich trotz aller Umwege und Widerstände die konsequente Naturherrschaft immer entschiedener durchsetzt und alles Innermenschliche integriert" (Horkheimer/Adorno 1986: 235), so spürt Habermas in seinen - dem verfallstheoretischen Blick der "Dialektik der Aufklärung" direkt entgegengesetzten - evolutionstheoretischen Rekonstruktionen den emanzipatorischen Bildungsprozessen von Individuen und Gruppen nach. Nicht auf die Steigerung von Herrschaft sondern von Autonomie zielt hier die unterstellte Entwicklung. "Es ist wirklich etwas besser geworden. Auch darauf muß man sich stützen: und dazu suche ich dann eine Vorgeschichte" (Habermas 1985b: 203). Der theoretischen Ausbuchstabierung dieser Grundintuition, daß "wirklich etwas besser geworden ist", d. h. der Explikation des "vernünftigen Gehalts der

Moderne", gilt das anspruchsvolle Unterfangen von Habermas. Die der kulturellen Moderne immanente Rationalität bildet für ihn den Bezugspunkt und Leitfaden für die Rekonstruktion vergangener Denk- und Lebensformen. Sein Erkenntnisinteresse gilt der "Vorgeschichte" der Moderne, weniger dem Verstehen vormoderner Weltbilder und Deutungsmuster selbst. Diese sind aus der Retrospektive nicht in ihrer Spezifität - als alternative Formen der Welt- und Selbstdeutung - von Interesse, sondern als Vorstufen zur Moderne, als deren Vorgeschichte.

Dem mythischen Weltbild gilt Habermas' besonderes Interesse, da er in ihm den schärfsten Konstrast zum modernen Weltverständnis sieht. Es dient ihm daher als "instruktiver Grenzfall" (1981,I: 108), als "Testfall" (1981,II: 588) und Konstrastfolie für seine Theorie der Rationalität. "Im Spiegel des mythischen Denkens" (1981,I: 73) sucht er die Voraussetzungen des modernen Denkens sichtbar zu machen.

Bevor Habermas' Darstellung und Interpretation des mythischen Weltbildes näher vorgestellt wird, soll zunächst seine Explikation eines an der "kulturellen Moderne" abgelesenen Begriffs "umfassender Rationalität" in wenigen Strichen nachgezeichnet werden, da sie den Referenzrahmen und Leitfaden für seine Mythos-Deutung liefert. Das organisierende Motiv der gigantischen theoretischen Anstrengung von Habermas liegt in der Absicht, eine kritische Gesellschaftstheorie zu entwickeln, "die sich bemüht, ihre kritischen Maßstäbe auszuweisen" (Habermas 1981,I: 7). Irritiert von der Bodenlosigkeit und Selbstbezüglichkeit der radikalen Vernunftkritik bei Horkheimer und Adorno, sucht Habermas der Kritischen Theorie eine feste begriffliche Basis auf der Höhe des zeitgenössischen Methodenbewußtseins zu geben.[21] Die Aporien der älteren Kritischen Theorie sieht Habermas letztlich in handlungstheoretischen Engpässen begründet, die er schon an Marx und Weber kritisiert hatte. Durch die kategoriale Fixierung auf die Subjekt-Objekt-Beziehung und die beiden fundamentalen Modi kognitives Erkennen und zweckrationales Handeln ist sie dazu "verdammt", die Gattungsgeschichte ausschließlich unter dem Gesichtspunkt fortschreitender Herrschaft zu konzipieren. Vernunft kann nur noch als "instru-

---

21 Zur Selbstbezüglichkeit und Paradoxie der totalisierten Vernunftkritik bei Horkheimer und Adorno vgl. Habermas 1983: 418, Benhabib 1986: 169, Wellmer 1985: 97.

mentelle Vernunft" ausgemacht werden. "Kein Standort außerhalb des Getriebes läßt sich mehr beziehen, von dem aus der Spuk mit Namen zu nennen wäre." (Adorno 1979: 369) Was an "substantieller" Vernunft über die instrumentelle hinausgeht, kann nur als "exterritorial zur Sphäre des begrifflichen Denkens" (Wellmer 1985: 97) begriffen werden. Die Vernunft ist "im wörtlichen Sinne utopisch geworden" (Habermas 1985b: 177), sie hat jeden Ort verloren.

Der normative Gehalt der Ideen von Versöhnung, Freiheit und unversehrter Intersubjektivität, auf die Adorno mit seinem Begriff der "Mimesis" nur konfigurativ anspielen kann, läßt sich nach Habermas für eine Gesellschaftstheorie nur fruchtbar machen, wenn man sie aus ihrem bewußtseinsphilosophischen Kontext löst. Durch einen radikalen Paradigmenwechsel vom zielgerichteten zum kommunikativen Handeln sucht er die Aporien einer sich selbst dementierenden Vernunftkritik zu überwinden und die "liegengebliebenen Aufgaben einer kritischen Gesellschaftstheorie" (1981,I: 518) wiederaufzunehmen.[22] Die kommunikationstheoretische Wendung der geschichtsphilosophischen Diagnose der "Dialektik der Aufklärung" erlaubt es nach Habermas, die normativen Grundlagen der kritischen Gesellschaftstheorie so tief zu legen, "daß sie von einer Dekomposition der politischen Kultur", wie sie die faschistische Gewaltherrschaft bedeutete, "nicht berührt worden wäre" (Habermas 1983: 429).

Das umfassende Rationalitätskonzept, das dazu nötig ist, gewinnt Habermas, indem er mit der privilegierten Außenperspektive des unnachsichtigen Vernunftkritikers, wie sie für die ältere Kritische Theorie charakteristisch war, bricht und seiner Theorie eine sprachanalytische Analyse zugrundelegt, in der das, was Vernunft ist, allein aus der Innenperspektive des kommunikativen Handelns bestimmt wird.[23] Habermas verläßt das "Hochseil einer radikalen Vernunftkritik" (Dubiel 1989: 507), auf das die Kritische Theorie sich mit der "Dialektik der Aufklärung" begeben hatte, und spürt aus der Teilnehmerperspektive dem normativen Gehalt der in "Sprachen, Kommunikationen angeleg-

---

22 Habermas' Anspruch, mit seinem Theorieentwurf das Vernunfterbe der älteren Kritischen Theorie anzutreten, wird von Gebauer (in diesem Band) einer schlüssigen methodologischen Kritik unterzogen.

23 Zum Wechsel von der Beobachter- zur Teilnehmerperspektive innerhalb der Kritischen Theorie vgl. Dubiel 1989: 510ff.

ten Idee der Verständigung" (Habermas 1985b: 185) nach. Die Vernunft, die sich bei Horkheimer und Adorno in den utopischen Horizont einer eschatologischen Versöhnung verflüchtigt hatte, kehrt damit in die Alltagspraxis und die Geschichte zurück. Sie nimmt bei Habermas die Gestalt einer "*kommunikativen Rationalität*" an, die als vernünftiges Potential der Rede in den notwendig idealisierenden Unterstellungen alltäglicher Verständigungsprozesse immanent enthalten ist. In Weiterführung seiner sprachanalytischen Vorarbeiten zu einer "Theorie der kommunikativen Kompetenz" (vgl. vor allem Habermas 1971, 1984) zeigt Habermas die in kommunikativen Sprechhandlungen notwendig enthaltenen Rationalitätsimplikationen auf. In jeder beliebigen Sprechhandlung - so das Ergebnis der Analyse, die hier nicht im einzelnen rekapituliert werden kann - werden drei Geltungsansprüche erhoben, die immanent auf eine rationale Begründungsverpflichtung verweisen, welche nur im Diskurs eingelöst werden kann. Ein Sprecher erhebt zugleich einen Anspruch auf die propositionale "Wahrheit", auf die normative "Richtigkeit" und auf die expressive "Wahrhaftigkeit" seiner Äußerungen. Mit dem Anspruch auf "Wahrheit" nimmt er einen Bezug zur objektiven Welt existierender Sachverhalte, mit dem Anspruch auf "Richtigkeit" zur sozialen Welt der moralischen Normen und mit dem Anspruch auf "Wahrhaftigkeit" zur nur ihm selbst zugänglichen Welt seiner inneren Erlebnisse auf. Die Klassen der gleichursprünglichen Geltungsansprüche und der entsprechenden "Weltbezüge" - die Habermas in kritischer Auseinandersetzung mit Poppers Drei-Welten-Theorie erläutert (1981,I: 114ff) - bilden einen Zusammenhang, "den wir Vernünftigkeit nennen können" (1984: 137).

Dieses Rationalitätspotential, das in jeder Sprechhandlung implizit enthalten ist, wird nach Habermas aber erst im *kommunikativen Handeln* voll ausgeschöpft, da es hier ausdrücklich für das kooperativ verfolgte Ziel der Verständigung mobilisiert wird.

"Allein das kommunikative Handlungsmodell setzt Sprache als ein Medium unverkürzter Verständigung voraus, wobei sich Sprecher und Hörer aus dem Horizont ihrer vorinterpretierten Lebenswelt gleichzeitig auf etwas in der objektiven, sozialen und subjektiven Welt beziehen, um gemeinsame Situationsdefinitionen auszuhandeln." (Habermas 1981,I: 142)

Nur in der verständigungsorientierten Kommunikation nehmen die Sprecher *gleichzeitig* auf etwas in der objektiven, sozialen und subjektiven Welt Bezug, und dies nicht nur - wie in den anderen Handlungstypen - direkt, sondern *auf reflexive Weise*: Sie "relativieren ihre Äußerung an der Möglichkeit, daß deren Geltung von anderen Aktoren bestritten wird" (Habermas 1981,I: 148).

Die besondere Praxis kommunikativen Handelns wird von Habermas in der "Theorie des kommunikativen Handelns", anders als vorher, nicht mehr einfach in Opposition zum zweckrationalen Handeln bestimmt, sondern als ein Verständigungsprozeß, in dem *alle* Aspekte menschlicher Handlungsrationalität implizit enthalten sind. Entsprechend wird die dem kommunikativen Handeln immanente *kommunikative Rationalität* als umfassende Rationalität begriffen, die alle anderen Rationalitätsformen - einschließlich der kognitiv-instrumentellen - als Teilaspekte in sich enthält (vgl. Habermas 1981,I: 523). Eben deshalb ist der in der Mead- und Durkheim-Tradition vorbereitete Begriff einer kommunikativen Rationalität, die letztlich zurückgeht auf die zentrale Erfahrung der "zwanglos einigenden, konsensstiftenden Kraft argumentativer Rede" (ebd.: 28), nach Habermas dazu geeignet, die handlungstheoretischen Engführungen in den Analysen von Weber und Horkheimer/Adorno zu überwinden. Nur in kommunikationstheoretischen Begriffen lasse sich eine *Theorie der Moderne* entwickeln, "die die nötige analytische Trennschärfe hat für sozialpathologische Phänomene, also für das, was in der Marxschen Tradition als Verdinglichung begriffen worden ist" (Habermas 1985b: 180).

Als normatives Fundament einer kritischen Gesellschaftstheorie ist das Konzept der kommunikativen Rationalität für Habermas jedoch erst dann brauchbar, wenn sich zeigen läßt, daß die Möglichkeit einer kommunikativen Verständigung nicht nur von der Ausbildung spezifischer individueller Kompetenzen, sondern auch von bestimmten soziokulturellen Bedingungen abhängt. Rationale Handlungsorientierungen, so die These von Habermas, setzen ein kulturelles Deutungssystem oder Weltbild voraus, das seinerseits spezifische Rationalitätsstrukturen aufweist. Daraus ergibt sich für ihn folgende Frage, die den Leitfaden für seine Analyse des mythischen Weltbildes bildet: Welche Bedingungen müssen handlungsorientierende Weltbilder erfüllen, wenn für diejenigen, die ein solches Weltbild teilen, eine rationale Lebensführung möglich sein soll?

Habermas nennt vier formale Eigenschaften, die kulturelle Deutungssysteme aufweisen müssen, um rationale Handlungsorientierungen und kommunikative Verständigungsprozesse zu ermöglichen (vgl. 1981,I: 109):

Das Weltbild muß

- formale Weltkonzepte (objektive, soziale, subjektive Welt) bereitstellen und differenzierte Geltungsansprüche (Wahrheit, Richtigkeit, Wahrhaftigkeit) zulassen,
- ein reflexives Verhältnis zu sich selbst und damit kritische Revisionen traditional festgeschriebener Orientierungen ermöglichen,
- die gesellschaftliche Institutionalisierung ausdifferenzierter Wertsphären (Wissenschaft, Moral, Recht etc.) und entsprechende spezialisierte Argumentationen zulassen,
- die Entkoppelung des erfolgsorientierten vom verständigungsorientierten Handeln und damit eine Subsystembildung für rationales Wirtschaften und rationale Verwaltung ermöglichen.

Erklärtermaßen hat Habermas sein Modell der Weltbildrationalität, das auch den Maßstab liefert für die Interpretation vormoderner und außereuropäischer Denkformen, abgelesen an den "großartigen Vereinseitigungen" der kulturellen Moderne, ist diese doch "der einzige Fundus, aus dem wir schöpfen können" (1985b: 183). Der mit dem "Projekt der Moderne" verbundene *Universalitätsanspruch* ist jedoch nur zu retten, wenn sich zeigen läßt, daß der für die moderne Lebensführung charakteristische Rationalitätstypus eben jene umfassende Vernünftigkeit zum Ausdruck bringt, wie sie in der Geltungsbasis der Rede angelegt ist. "Sonst schwimmt man in einem Meer historischer Kontingenzen herum." (ebd.: 191) Habermas bemüht sich um diesen Nachweis, indem er seine Rationalitätstheorie durch eine Rationalisierungstheorie ergänzt. Er bleibt, wie Berger (1986: 258) hervorhebt, "nicht dabei stehen, die Gegenwart der Vernunft in den nichthintergehbaren Voraussetzungen des (vernünftigen) Sprechens zu suchen, sondern er postuliert - ganz anders als die Dialektik der Aufklärung - eine *zunehmende* kommunikative Vernünftigkeit im Verlaufe der Modernisierung". Im Weltverständnis und in den Verkehrsformen moderner Gesellschaften, so die Argumentation, wird das im Eigensinn des kommunikativen Handelns angelegte Rationalitätspotential zunehmend "entbunden" und damit "praktisch wahr" (Habermas 1981, II: 593) - das ist das Hegelianische Element an Habermas.

Den Schlüssel zum Verständnis des universalgeschichtlichen Prozesses, der das Rationalitätspotential des kommunikativen Handelns durch die Ausdifferenzierung von Handlungsmustern, Welteinstellungen und Geltungsansprüchen zur Geltung bringt, sucht Habermas in der Weltbildentwicklung. Wenn sich nachweisen läßt, so seine Überlegung, daß sich das moderne Weltverständnis nicht in Reaktion auf historisch kontingente externe Faktoren entwickelt hat, sondern aufgrund eines intern nachkonstruierbaren gerichteten Lernprozesses, in dem sich der Eigensinn kommunikativen Handelns zunehmend entfaltet, dann besteht der "Anspruch auf Universalität", den wir "mit unserem okzidentalen Weltverständnis verbinden" (Habermas 1981,I: 73), zu Recht.

Habermas sucht diesen Nachweis zu führen, indem er Max Webers Theorie der Weltbildrationalisierung unter Verwendung eines Lernkonzepts rekonstruiert, das Piaget für die Ontogenese von Bewußtseinsstrukturen entwikkelt hat. In einer Wiederaufnahme und Erweiterung früherer Annahmen zu einer Homologie von Ontogenese und Phylogenese[24] entwickelt er seine zentrale These, daß der von Weber beschriebene universalgeschichliche Prozeß der Rationalisierung von Weltbildern derselben internen Entwicklungslogik folgt, die Piaget für die Ich-Entwicklung des Kindes aufgezeigt hat. Der "Dezentrierung eines egozentrisch geprägten Weltverständnisses" (Habermas 1981,I: 106) beim Heranwachsenden korrespondiert auf kultureller Ebene eine fortschreitende "Dezentrierung der Weltbilder". In beiden Dimensionen führt die Entwicklung zu einer immer eindeutigeren kategorialen Abgrenzung der Subjektivität gegenüber sozialer und natürlicher Umwelt. Am Leitfaden des Konzepts der "Dezentrierung" schildert Habermas den Prozeß der kulturellen Rationalisierung[25] als einen vielschichtigen Vorgang, dessen einzelne Dimensionen er als Ausdifferenzierung des Wahren, Guten und Schönen (im Anschluß an Weber), als Entstehung postkonventioneller Moralvorstellungen (im Anschluß an Kohlberg), als Generalisierung von Werten und Normen (im Anschluß an Parsons), als Entzauberung der Welt (im Anschluß an Weber) und als Versprachlichung des Sakra-

---

24   Vgl. Habermas 1977 und die Mehrzahl der Beiträge in Habermas 1976. Zur Kritik an Habermas' Parallelisierung von Ontogenese und Phylogenese vgl. Linkenbach 1986: 72ff, Heller 1982: 38f, McCarthy 1982: 68ff, Schmid 1982: 172ff, Kunstmann 1981: 291ff, Giddens 1985: 117ff.

25   Die Differenzen zwischen der Rationalisierung der Weltbilder und der Rationalisierung der Lebenswelt sollen hier vernachlässigt werden.

len (im Anschluß an Durkheim) entschlüsselt.[26]

Vor allem die letztgenannte Dimension weist auf den entscheidenden Unterschied zwischen den Konzeptionen von Habermas und Piaget hin. Während in dem biologisch-szientistischen Modell der Ich-Entwicklung bei Piaget die Sprache nur eine marginale Rolle spielt, rückt sie bei Habermas ins Zentrum des Erklärungsmodells. Die Dezentrierung von Weltbildstrukturen wird wesentlich als "Resultat einer sprachpragmatisch fundierten Entwicklungslogik" interpretiert, wie Antje Linkenbach (1986: 72) hervorhebt. Nicht - wie bei Piaget - die Logik der Äquilibration garantiert für Habermas Erkenntnisfortschritt und Weltbildrationalisierung, sondern das in der Struktur sprachlicher Verständigung angelegte Rationalitätspotential, das von Anbeginn an auf seine Vollendung drängt. Kulturelle Rationalisierung begreift Habermas als stufenweise Versprachlichung des ursprünglich normativ zugeschriebenen Grundeinverständnisses, als "Entbindung des im kommunikativen Handeln angelegten Rationalitätspotentials" (1981,II: 119). Die "Geburtshelferterminologie" (Breuer 1985: 61) weist auf einen impliziten geschichtsphilosophischen Rest in Habermas' Evolutionstheorie[27] hin. Der Sprache wird eine geschichtskonstitutive transzendentale Stellung zugewiesen, sie ersetzt damit das geschichtsphilosophische Subjekt. Im Verlaufe der kulturellen Evolution entfaltet sich nach Habermas sukzessive die in der Struktur der Sprache angelegte kommunikative Vernunft und kommt damit gewissermaßen "zu sich selbst".

Mit dieser krypto-geschichtsphilosophischen Konstruktion einer Teleologie der kommunikativen Vernunft versichert sich Habermas der Universalität der neuzeitlichen Rationalität. Im modernen Weltverständnis, das durch die Ausdifferenzierung von Weltbezügen, Geltungsansprüchen und Wertsphären gekennzeichnet ist, hat "der leise, aber hartnäckige Vernunftanspruch der menschlichen Gattung seine adäquate Gestalt gefunden" (Arnason, zit. in Linkenbach 1986: 73). Den mit dem okzidentalen Weltverständnis verbundenen Anspruch auf Universalität hält Habermas damit für bestätigt: quod erat demonstrandum.

---

26   Vgl. Berger 1986: 260.
27   Vgl. dazu Breuer 1985: 61f und Linkenbach 1986: 73f.

Damit ist der Argumentationsrahmen skizziert, in den Habermas' Interpretation des mythischen Weltverständnisses eingespannt ist. Der Vergleich zwischen modernem und mythischem Weltbild bildet für Habermas die Nagelprobe für die Unbedingtheitsansprüche, die mit dem Begriff der Vernunft auch in seiner kommunikationstheoretischen Fassung verbunden bleiben, den "Testfall für eine Theorie der Rationalität, mit der sich das moderne Weltverständnis seiner Universalität versichern möchte" (Habermas 1981,II: 588). Erst im Dialog mit vormodernen Denkformen und außereuropäischen Traditionen kann und soll sich das an den "großartigen Vereinseitigungen" der Moderne abgelesene Modell kommunikativer Rationalität bewähren.

Welches sind nun nach Habermas die Charakteristika des mythischen Denkens, die es, wie er schon vorab konstatiert, in "schärfsten Kontrast" (1981,I: 73) setzen zum Weltverständnis moderner Gesellschaften? Die differentia specifica findet Habermas vor allem im "analogisierenden Denken" des Mythos. Er beruft sich auf Maurice Godelier, demzufolge der Mythos ein "riesiges Spiegelbild" aufbaut, "in welchem das gegenseitige Bild vom Menschen und der Welt sich bis ins Unendliche widerspiegelt und sich im Prisma der Beziehungen von Natur und Kultur fortwährend spaltet und wieder zusammensetzt" (Godelier 1973: 316). Dem konkretistischen und analogisierenden Denken, das alle Erscheinungen zu einem "Netz von Korrespondenzen" zusammenwebt, verdankt sich die "totalisierende Kraft" (Habermas 1981,I: 76) des mythischen Weltbildes, zugleich ist es jedoch verantwortlich für die "Konfusion zwischen Natur und Kultur" (ebd.: 79), in der Habermas den entscheidenden Grundzug des archaischen Weltverständnisses sieht.

Die grundbegriffliche "Konfusion im Mythos" beschreibt Habermas auf mehreren Ebenen:

-   als "Vermischung" zwischen den *Objektbereichen der physischen Natur und der soziokulturellen Umwelt*: Der Mythos differenziert nicht zwischen manipulierbaren Dingen und sprach- und handlungsfähigen Subjekten. Demzufolge kennen die magischen Praktiken keine Trennung zwischen teleologischem und kommunikativem Handeln, zwischen einem "zielgerichtet instrumentellen Eingriff in objektiv gegebene Situationen" und der "Herstellung interpersonaler Beziehungen". Ungeschicklichkeit und Schuld, das Böse und das Schädliche, das Gute und das Vorteilhafte bleiben konzeptionell miteinander verwoben (vgl. Habermas 1981,I: 79/80).

- als konzeptionelle "Vermengung" von *"Grundeinstellungen gegenüber Welten"* (ebd.: 80): Der Mythos unterscheidet nicht zwischen einer Grundeinstellung gegenüber der objektiven Welt dessen, "was der Fall ist" und einer Grundeinstellung gegenüber der sozialen Welt dessen, "was geboten oder gesollt ist". Er erlaubt nicht den "Wechsel der Perspektiven und Einstellungen ..., den wir vollziehen, wenn wir von Beobachtungen oder Manipulationen dazu übergehen, legitime Handlungsnormen zu befolgen oder zu verletzen" (ebd.: 80).

- als mangelhafte Differenzierung zwischen *Sprache* und *Welt*: Die konkretistische und totalisierende Betrachtungsweise mythischer Weltbilder unterscheidet noch nicht zwischen dem Kommunikationsmedium Sprache und dem, *worüber* eine Verständigung erzielt werden kann. Charakteristisch ist eine "systematische Verwechslung zwischen internen Sinn- und externen Sachzusammenhängen" (ebd.: 81), zwischen "Geltung" und "empirischer Wirksamkeit". Die "Reifikation des sprachlichen Weltbildes" (ebd.: 83) verhindert, daß die Weltdeutung *als* Weltdeutung, d.h. als kritikfähige Interpretation zugänglich ist und hat zur Folge, "daß das Konzept der Welt mit bestimmten, der rationalen Stellungnahme und damit der Kritik entzogenen Inhalten dogmatisch besetzt ist" (ebd.: 83).

- als Konfusion von *innerer Natur* (subjektiver Welt) und Kultur: Die fehlende Ausdifferenzierung von objektiver und sozialer Welt verhindert die klare Abgrenzung eines Bereichs der Subjektivität. "Erst in dem Maße, wie sich das formale Konzept einer *Außenwelt*, und zwar einer objektiven Welt existierender Sachverhalte wie einer sozialen Welt geltender Normen, ausbildet, kann sich der Komplementärbegriff der *Innenwelt* oder der Subjektivität ergeben, der alles zugerechnet wird, was der Außenwelt nicht inkorporiert werden kann und wozu der Einzelne einen privilegierten Zugang hat." (ebd.: 83)

Unübersehbar ist, daß Habermas das wilde Denken ausschließlich durch seine (unterstellten) Abweichungen vom modernen Weltverständnis charakterisiert. Archaisches Denken erscheint der retrospektiven Geschichtsdeutung als spiegelverkehrtes Gegenbild neuzeitlicher Rationalität, als Negativ der "großartigen

Errungenschaften der Moderne". Schon die Wortwahl verrät, daß stets das System ausdifferenzierter Geltungsansprüche und Weltbezüge den normativen Bezugspunkt der Analyse bildet: Mythische Weltbilder haben die Weltbezüge und Realitätsbereiche *noch nicht* ausdifferenziert, sie *konfundieren, verwechseln, vermengen* etc.[28] Unschwer ist in solchen denunzierenden Tönen, wie Matthiesen (1983: 37) zu Recht betont, die klassische theoretische Abwehr wiederzuerkennen, mit der sich aufklärerische Erkenntnisansprüche seit je gegen die "Schreckbilder des Irrationalen, syndromartig Konfusionierten" und eines "mythischen Kategorienbreis" zu behaupten suchten.

Habermas' Beschreibung eines universalgeschichtlichen Prozesses der Weltbildrationalisierung, der aus konfusen Anfängen zur leuchtenden Klarheit der "dreistrahligen Vernunft" der Moderne führt, liest sich wie eine kommunikationstheoretische Reprise des klassischen aufklärerischen Topos "Vom Mythos zum Logos". Sie teilt mit diesem die ethnozentrische Haltung des Siegers: eine aufklärerische Selbstzufriedenheit, die alle vorhergehenden oder fremden Denk- und Sozialformen in ein "Negativ des gegenwärtig Wahren" (Kimmerle 1986: 185) verwandelt. Aus dieser Perspektive wird z.B. die für den Mythos konstatierte "höhere Toleranz für Widersprüche" umstandslos als "Zeichen für irrationale Lebensführung" (Habermas 1981,I: 95) und Beleg für die rationale Minderwertigkeit des Mythos verbucht. Ungewollt demonstriert Habermas, wie Hesse (1984: 142) bemerkt, mit dieser Beweisführung, was mit Widersprüchen geschieht, die sich der vereinheitlichenden Vernunft in den Weg stellen: "Von 'obenherab' wird dann als 'irrational' verfemt, was aufgrund seiner Fremdheit anders nicht zur Ordnung gerufen werden kann."

Eine interessante Passage der "Schlußbemerkung" zur "Theorie des kommunikativen Handelns" liest sich wie eine präventive Verteidigung gegen eine derartige Kritik, scheint aber auch eine vorsichtige Relativierung der starken Ansprüche des Konzepts der Weltbildevolution zu enthalten:

"Der Testfall für eine Theorie der Rationalität, mit der sich das moderne Weltverständnis seiner Universalität versichern möchte, träte allerdings erst dann ein, wenn sich die opaken Gestalten

---

28   Vgl. die Kritik von Linkenbach 1986: 81ff.

des mythischen Denkens lichten, die bizarren Äußerungen fremder Kulturen aufklären, und zwar so aufklären ließen, daß wir nicht nur die Lernprozesse begriffen, die 'uns' von 'ihnen' trennen, sondern daß wir uns auch dessen innewürden, was wir im Zuge unserer Lernprozesse *verlernt* haben." (Habermas 1981,II: 588)

Die Überprüfung der Universalitätsansprüche des modernen Weltverständnisses verlangt demnach also eine vorurteilsfreie und selbstkritische Konfrontation mit fremden Weltdeutungen. Das Verstehen vormoderner Lebensformen bildet den "Testfall" für die Theorie der Moderne. Ungeklärt bleibt jedoch, wie eine durch vergleichende Kulturanalysen vertiefte Selbstkritik der Moderne möglich sein soll, wenn das moderne Weltverständnis stillschweigend als Bezugspunkt und Maßstab der Weltbilddeutung gewählt wird und der kategoriale Rahmen der rekonstruktiven Analysen erklärtermaßen mit einer "philosophischen Grundintention" verbunden ist, die sich "einem implizit mitgeführten *Selbstverständnis der Moderne* zuordnen" (Habermas 1984: 506) läßt. Schon auf der grundbegrifflichen Ebene gibt Habermas, wie Arnason (1986: 279) zu Recht moniert, seiner Analyse fremder Denkformen eine Wendung, die kein adäquates Verstehen im Sinne einer wechselseitig belehrenden Verständigung zuläßt, sondern nur einen "einseitig vorprogrammierten Vergleich". In der Perspektive der rekonstruktiv angelegten Weltbildanalyse kommen *Unterschiede* zwischen modernen und vormodernen Denkformen a limine nur als *Abstände* in den Blick. "In der formalpragmatischen Rekonstruktion ist alles immer schon vorausgewußt", wie Kimmerle (1986: 187) sagt. "Anderes Denken hat keine belehrende Kraft." In der Tat ist nicht einzusehen, wie eine authentische Horizontverschmelzung, die den eigenen Verstehenshorizont erfahrungserweiternd ausdehnt, möglich sein soll, wenn die spezifischen Merkmale mythischer Weltdeutungen von vornherein als heillose "Konfusion" von Weltbezügen und Grundeinstellungen denunziert werden, als "opake Gestalten" und "bizarre Äußerungen", die eine Kindheitsstufe der Menschheitsgeschichte repräsentieren.[29] Gadamers Hermeneutik der Horizontverschmelzung wird bei Habermas durch eine formalpragmatische Zirkelbegründung ersetzt, die den Überlegenheitsanspruch der neuzeitlichen Rationalität zu überprüfen vorgibt, gleichzeitig

---

29   "Man ist versucht", schreibt Habermas (1976: 98), "die Identität des einzelnen in der archaischen Gesellschaft mit der natürlichen Identität des Kindes zu vergleichen."

jedoch ebendiese zum Universalhorizont für alles adäquate Verstehen erhebt. "What we extract from this account is what we have already put into it", benennt Benhabib (1986: 255) lapidar die Selbstbezüglichkeit dieses Verfahrens. Ein erfahrungserweiterndes Verstehen alternativer Denkformen wird bereits durch die Wahl des kategorialen Rahmens ausgeschlossen. "Im Spiegel des mythischen Denkens" (Habermas 1981,I: 73) kann der gegenwartsfixierte, ethnozentrische Blick der rekonstruktiven Analyse nichts anderes gewahren als das Negativ neuzeitlichen Bewußtseins. Der "Testfall" für den Universalitätsanspruch des modernen Weltverständnisses wird "als vorab bestanden definiert" (Linkenbach 1986: 148).

Ein evolutionstheoretisch angelegtes Konzept der Weltbildrationalisierung, das der archaischen Weltsicht - analog der "egozentrischen Weltauffassung des präoperational denkenden Kindes" (Habermas 1976: 18) - eine heillose Konfusion von Objektbereichen und Weltbezügen und den "Konkretismus eines anschauungsverhafteten Denkens" (Habermas 1981,I: 77) attestiert, wirft aber auch ein gravierendes *gesellschaftstheoretisches* Problem auf: Wie soll man sich den Bereich gesellschaftlichen *Handelns*, die überlebensnotwendigen Prozesse gesellschaftlicher Produktion und Reproduktion in einer Lebensform vorstellen, deren Weltbild eine rationale Lebensführung unmöglich macht? Habermas hat auf diese Frage eine überraschende Antwort: Durch das konkretistische und analogisierende Denken der mythischen Weltsicht wird die überlebensnotwendige Verfügbarmachung und Kontrolle der Natur nicht *verhindert*, sondern erst *ermöglicht*.

Zur Begründung dieser These ergänzt Habermas sein Konzept der Weltbildrationalisierung durch den eher gesellschaftstheoretisch orientierten Begriff der "Verständigungsform", den er in Analogie zu Lukàcs' Begriff der Gegenstandsform einführt.[30] Verständigungsformen werden von Habermas als diejenigen Prinzipien bestimmt, die in historischen Gesellschaftsformationen über systematische Einschränkungen von Kommunikation die Auseinandersetzung der Individuen mit der objektiven Natur, der normativen Realität und ihrer

---

30   Vgl. zum Folgenden die äußerst präzise Interpretation und Kritik des Habermas'schen Argumentationsganges in Linkenbach 1986: 87ff.

eigenen subjektiven Natur in typischer Weise präformieren (vgl. Habermas 1981,II: 278f). Für die Analyse der Verständigungsformen unterscheidet Habermas im Anschluß an Durkheim grundsätzlich zwischen einem sakralen und einem profanen Bereich. Das Sakrale umfaßt das religiöse Weltbild und die von ihm direkt strukturierte kultische und magische Praxis, das Profane die alltäglichen Handlungsbereiche von Zwecktätigkeit und Kommunikation. Zentral für Habermas' Konzept der Verständigungsform ist nun die Annahme eines grundsätzlichen "Rationalitätsgefälles" (1981,II: 288) zwischen sakralem und profanem Bereich. In allen Gesellschaften wird das Rationalitätspotential der Rede aufgrund spezifischer Kommunikationsbeschränkungen im sakralen Bereich in weit geringerem Maße ausgeschöpft als in der profanen Alltagspraxis. Im Verlaufe der gesamten Gattungsgeschichte werden Reflexions- und Rationalitätspotentiale, die im Profanbereich prinzipiell schon zugänglich wären, durch die etablierten religiösen Deutungssysteme blockiert. Stets begrenzen die Weltbilder systematisch den Spielraum für rationale Reflexionen und Begründungen im Alltag.

Diese Reflexions- und Rationalitätsbarrieren der Weltbilder stellen nun nach Habermas unter einem systemischen Aspekt keineswegs nur einen *Mangel* dar, sondern ein funktionales *Erfordernis* zur Lösung gesellschaftsspezifischer Grundkonflikte. In primitiven Gesellschaften besteht dieser systemgefährdende Grundkonflikt in der "Erfahrung des schutzlosen Ausgeliefertseins an die Kontingenzen einer nichtbeherrschten Umwelt" (Habermas 1981,I: 77). Der unentwickelte Stand der Produktivkräfte erzeugt ein Gefühl der Ohnmacht gegenüber der bedrohlichen Natur und damit das Bedürfnis, "die Flut der Kontingenzen, wenn schon nicht faktisch, so doch imaginär einzudämmen, d.h. wegzuinterpretieren" (ebd.: 77/78). Habermas stützt sich hier auf Godelier, demzufolge das analogische Denken den primitiven Menschen eine angstreduzierende Kontrollillusion verschafft. Das analogisierende Denken projiziert Natur und Kultur auf dieselbe Ebene, es "behandelt ... die Welt der Dinge wie eine Welt von Personen, die objektiven und nichtintentionalen Beziehungen von Dingen wie intentionale Beziehungen von Personen" (Godelier 1973: 308) und erzeugt so "eine doppelte Illusion über die Welt und den Menschen, die Illusion einer falschen Erklärung und eines imaginären Einwirkens des Menschen auf die Welt und auf sich selbst" (ebd.: 311). Habermas scheint nun

ähnlich wie Blumenberg[31] davon auszugehen, daß gerade dieses illusionisti-
sche Analogiedenken des Mythos im Dienste einer rationalen Alltagspraxis
steht. Indem der Mythos die Flut der Kontingenzen mittels Bildung von Analogien "weginterpretiert", depotenziert er die Schrecknisse der unbeherrschten
Natur, bricht den "Absolutismus der Wirklichkeit" (Blumenberg) und verschafft
so den Menschen den Spielraum für einen angstfreien und in Grenzen rationalen Umgang mit der Natur. Die mythische Konfusion von Weltbezügen und
Realitätsbereichen - Grundlage einer Selbsttäuschung, die den Primitiven mit
seinen eigenen Hirngespinsten interagieren läßt - erweist sich nach dieser
Interpretation als überlebensnotwendiger Anpassungsmechanismus an eine
feindliche Umwelt.

Während im sakralen Bereich erfolgs- und verständigungsorientiertes
Handeln, Geltungs- und Wirkungszusammenhänge noch zu einem ununter-
scheidbaren "Gewebe" verflochten sind, glaubt Habermas im Profanbereich
auch in primitiven Stammesgesellschaften schon eine Trennung von Kommunikation und Zwecktätigkeit, von Geltungs- und Wirkungsaspekten beobachten zu können. Damit ist in der profanen Alltagspraxis, etwa in den Bereichen
Produktion und Kriegführung, ein zumindest ansatzweise rationales Verhalten
möglich, wenn auch "das in den technischen und strategischen Regeln inve-
stierte Know-how noch nicht die Form eines expliziten Wissens annehmen"
kann (Habermas 1981,II: 289). Dieses "noch nicht" mag zwar - gemessen am
paradigmatischen Modell neuzeitlicher Rationalität - ein Defizit anzeigen, unter
einem funktionalen Aspekt ist es für die archaische Gesellschaft überlebensnot-
wendig. Eine volle Ausdifferenzierung und Entfaltung der in der kooperativen
Alltagspraxis angelegten "impliziten" Rationalitätsstrukturen würde auch auf den
sakralen Bereich übergreifen, das Gewebe aus ontischen, normativen und
expressiven Geltungsaspekten des Handelns zerreißen und die kulturellen
Traditionsgrundlagen einer reflexiven Verflüssigung preisgeben. Diesen system-
gefährdenden Auflösungstendenzen, die letztlich auf die sprachliche Form der
Kommunikation zurückgehen, begegnen primitive Gesellschaften durch eine
systematische Blockierung des Rationalitätspotentials der Rede durch das
mythische Weltbild:

---

31   Vgl. o. S. 37.

"Der Mythos bindet das kritische Potential verständigungsorientierten Handelns, verstopft gleichsam die Quelle innerer, der Kommunikation selbst entspringender Kontingenzen." (Habermas 1981,II: 238)

Das kommunikative Alltagshandeln bleibt durch die narrativen Erklärungen der Welt- und Gesellschaftsordnung im Mythos an die partikularistischen Kontexte des familialen und verwandtschaftlichen Rollensystems gebunden, das ihm inhärente Rationalitätspotential wird dadurch auf niedrigem Niveau "stillgestellt".

Habermas, der sich zu dieser Frage allerdings in reichlich elliptischen Wendungen ergeht, scheint den mythischen Deutungssystemen innerhalb der "Verständigungsform" primitiver Gesellschaften also eine eigentümlich paradoxe Doppelfunktion zuzusprechen. Einerseits schafft das mythische Weltbild, indem es die Bedrohungen einer unbeherrschten Natur durch analogisches Denken "weginterpretiert", den Spielraum für eine in Grenzen rationale Alltagspraxis, andererseits wird dieser Spielraum durch eine "Verstopfung" des Rationalitätspotentials der Kommunikation systematisch eingeschränkt. Indem der Mythos die äußeren (der unbeherrschten Natur entspringenden) Kontingenzen "weginterpretiert" und die Quellen innerer (der Kommunikation selbst entspringender) Kontingenzen "blockiert", ermöglicht und behindert er Rationalität zugleich. Durch diesen paradoxen Mechanismus wird in Stammesgesellschaften die Alltagsrationalität auf einem Niveau eingefroren, das die überlebensnotwendige Kontrolle der Natur ermöglicht, zugleich aber die handlungsorientierenden und identitätsverbürgenden Überlieferungen gegen dissonante Erfahrungen aus der Alltagspraxis schützt.

Mit seinem Versuch, mit der Aufnahme funktionalistischer Erklärungsmodelle in seinen Theorieentwurf dem Denken der Primitiven Gerechtigkeit widerfahren zu lassen, verwickelt sich Habermas in unlösbare theoretische Widersprüche, die hier nur angedeutet werden können. So steht etwa die Annahme eines Rationalitätsgefälles zwischen profanem Alltag und sakralem Weltbild in eklatantem Widerspruch zur These einer Schrittmacherfunktion der Weltbilder, die in Habermas' Evolutionskonzept einen systematischen Stellenwert hat.[32] Etwas ratlos fragt sich daher Linkenbach (1986: 91): "Wieso können ausgerechnet Weltbilder, die weniger rational sind als das Alltagshandeln (und deshalb das auf ihrer gesellschaftlichen Stufe existierende Systemproblem weitgehend zu neutralisieren in der Lage sind), Schrittmacherfunktion übernehmen für die Überwindung der Systemprobleme?"

Äußerst unplausibel ist zudem die Annahme einer Koexistenz von entwikkelter Sprach- und Kommunikationsfähigkeit im profanen Alltag und einer "Vermengung" der Weltbezüge im sakralen Weltbild. Die Interpretation der Welt würde demzufolge *hinter* das in der Alltagspraxis bereits existierende Rationalitätsniveau zurückfallen - eine Annahme, die die Vorstellung einer gewissen Schizophrenie der Primitiven impliziert.

Die Annahme eines Dualismus von Weltbild und profanem Alltag, mit der Habermas dem Vorwurf zu entgehen sucht, einer geistigen Inferiorität der Mitglieder archaischer Gesellschaften das Wort zu reden, ist also mit gravierenden Paradoxien und Fehleinschätzungen erkauft und erweist sich damit als denkbar ungeeignet, die Vernunft der Primitiven zu beweisen.

Die Schwierigkeiten im Konzept von Habermas gehen m.E. letztlich auf spezifische Verkürzungen und Vorentscheidungen seiner Sprach- und Kommunikationstheorie zurück. Das an der neuzeitlichen Idee praktischer Vernunft abgelesene, sprachpragmatisch rekonstruierte Modell kommunikativer Verständigung basiert auf idealisierenden Abstraktionen, die die Wirklichkeit normalsprachlicher Rede zerstören. Der Geltungsidealismus der reinen Argumentation läßt an der kommunikativen Alltagspraxis nur gelten, was sich dem handlungskoordinierenden Regulationsmechanismus der Verständigung fügt.[33] Die strikte Trennung von Geltung und Sinn, Logik und Rhetorik siedelt die "rational motivierte" intersubjektive Verständigung in einem imaginären Luftbereich körperloser Geister an und verstellt den Blick für die irreduziblen ästhetischwelterschließenden Gehalte der Alltagskommunikation.[34] Das sinnschöpfende

---

32   Vgl. dazu Habermas 1976: 136, 176,; 1981,II: 232, 257ff.

33   Hesse (1986: 122) sieht in Habermas' Versuch, den kritischen Begriff praktischer Vernunft zunächst geltungstheoretisch zu wenden und dann zu einem "Mechanismus der Handlungskoordinierung "zu instrumentalisieren, eine "kryptofunktionalistische Perspektive" der "Theorie des kommunikativen Handelns".

34   Kritiker der Universalpragmatik haben mehrfach darauf hingewiesen, daß Habermas

Ausdrucksgeschehen kommunikativer Rede wird bei Habermas auf die rhetorische "Verkleidung" oder "Anreicherung" der zugrundeliegenden, reinen logischen Verständigungsfunktion reduziert (vgl. 1985a: 245) und in die abgekapselte Expertenkultur des Kunst- und Literaturbetriebes exterritorialisiert, der auf die "spielerische Kreation neuer Welten" (1985a: 236) spezialisiert ist. Zwar konzediert Habermas, daß die normale Sprache des Alltags "unausrottbar rhetorisch" (1985a: 245) ist, doch sieht er in der rhetorischen Sprache der Alltagsakteure nur eine "ästhetische Ummantelung eines handlungssteuernden Funktionsmechanismus", wie Gamm (1987: 46) moniert, letztlich eine sachfremde Kontamination geltungsorientierter Verständigung.

Mit dem Durchgriff auf die ideale Struktur kommunikativer Handlungslogik und der Ausgrenzung alles Beiläufigen, Umständlichen, Umwegigen, Verschiedenen und Metaphorischen aus der Alltagskommunikation gerät die "Theorie des kommunikativen Handelns" in den Bann der identitätslogischen Vernunft, dem sie durch die sprachphilosophische Wende zu entrinnen trachtete. Polemisch zugespitzt: Was bei Adorno Kern aller zivilisatorischen Rationalität und Inbegriff des Bösen war, das identifizierende Denken, wird bei Habermas zum non plus ultra kommunikativer Vernunft nobilitiert.

Nun soll keineswegs bezweifelt werden, daß die neuzeitliche Rationalität auf der Ausdifferenzierung von Weltbezügen und der Fähigkeit zu geltungsorientierter Verständigung beruht. Ebensowenig ist jedoch zu bestreiten, daß auch in der Moderne die Alltagsakteure die Kontingenzen des Lebens in Begriffen narrativer Traditionen durch Verwendung von Metaphern und bildhaften Ausdrücken zu bewältigen versuchen.[35] Diese "unausrottbar rhetorischen" Elemente der Alltagspraxis stellen keineswegs nur ein dekoratives Accessoire dar, sondern konstituieren den Affekthintergrund und die Sinnbasis kommunikativer Verständigung, indem sie Argumentationen und Begründungen in kulturelle Kontexte einbetten und so allererst festlegen, *in welchem Sinne* ein Argument ein gutes Argument ist.

Das blank Antirhetorische des Purismus der reinen Vernunft entseelt

---

die kommunikativen Leistungen der Sprache gegenüber den welterschließenden einseitig privilegiert, vgl. etwa Gamm 1987, Arnason 1988: 266ff.

35   Vgl. dazu Alexander 1986: 105f.

(oder besser: entleibt) die Alltagssprache und zeugt so vom Ressentiment derer, "denen der Leib der Sprache für sündhaft gilt" (Adorno 1982: 64). Der Geltungsidealismus der "Theorie des kommunikativen Handelns" basiert auf einem geradezu manichäischen Dualismus von Kommunikationsidealen einerseits und wirklicher gesellschaftlicher Welt andererseits. Der reale - Vernunft *und* Geschichte, Logik *und* Rhetorik, Macht *und* Verständigung umfassende - gesellschaftliche Lebensprozeß bleibt systematisch unterbestimmt. Die Theorie desensibilisiert so die Wahrnehmung für die Entdeckung des Neuen, für das undisziplinierte Auftauchen sinnschöpfender Sprachen und Praktiken.[36] Sie verfügt über kein Konzept, "das Raum schüfe, ein wirkliches Anderswerdenkönnen verdinglichter gesellschaftlicher Verhältnisse überhaupt anzudenken", wie Gamm (1987: 76) feststellt.

Der "blinde Fleck" im Konzept kommunikativer Rationalität - die systematische Marginalisierung der ästhetisch-welterschließenden Leistungen der Sprache - zeigt sich überdeutlich in Habermas' Konzeptualisierung vorneuzeitlicher Denk- und Lebensformen. Da er - wie gesehen - das an den "großartigen Vereinseitigungen der Moderne" abgelesene Universum ausdifferenzierter Weltbezüge und Geltungsansprüche zum retrospektiven Maßstab und entwicklungslogisch vorgeschriebenen Ziel erhebt, geraten die Andersheit und Befremdlichkeit archaischer Weltbilder nur unter negativen Vorzeichen in den Blick: als "Vermengung" von Weltbezügen, "Konfusion" von Geltungsansprüchen, "Blockierung" von Rationalität. Zwar sieht auch Habermas die sinnstiftenden und identitätsverbürgenden Leistungen des mythischen Denkens, doch kann er sie nur als Kehrseite des Fehlens moderner Unterscheidungen konzeptualisieren. Die "totalisierende Kraft des wilden Denkens" (1981,I: 76) verdankt sich der Konfusion von Welten und Geltungsansprüchen, die zur Folge hat, "daß das Konzept der Welt mit bestimmten (...) der Kritik entzogenen Inhalten dogmatisch besetzt wird" (ebd. 83).[37] Welterschließung und Rationalität, Sinn und Geltung, Rhetorik

---

36   Diesen "blinden Fleck" in Habermas' Kommunikationstheorie haben Gamm (1987: 76) und Arnason (1988: 236ff.) durch Konfrontation mit Castoriadis' Idee einer sprach- und weltschöpfenden Praxis demonstriert; vgl. Castoriadis 1984.

37   Im Gegensatz zu Habermas' Interpretation mythischer Totalisierungsleistungen als "Dogmatik" wird - wie gesehen - in den neueren philosophischen Konzeptionen dem

und Logik werden in ein antithetisches Verhältnis wechselseitiger Ausschlie-
ßung gebracht. Rationale Handlungsorientierungen sind demzufolge erst möglich, wenn "die durch Tradition gespeisten Interpretationen grundsätzlich in
Frage gestellt und einer kritischen Revision unterzogen werden dürfen" (ebd.:
109). Die weltkonstitutiven und sinnstiftenden Potentiale des Mythisch-Imaginären erscheinen so als Ausdruck einer Kindheitsstufe der Menschheit, Geschöp-
fe der Notdurft, die im Prozeß der "Versprachlichung des Sakralen" rückstands-
los verdampfen.

Im ethnozentrischen Bezugsrahmen der "Theorie des kommunikativen Handelns" ist eine Wahrnehmung der im okzidentalen Prozeß der Entzauberung
der Welt, in dem sich die "opaken Gestalten des mythischen Denkens lichten"
(Habermas 1981,II: 588), erlittenen Verluste kategorial ausgeschlossen. Erst mit
der in einer seiner jüngsten Schriften formulierten Warnung vor der Gefahr,
"des Lichts der einmal im Mythos aufbewahrten semantischen Potentiale überhaupt verlustig zu gehen" (1988b: 275), zeigt der *Philosoph* Habermas jene
Sensibilität für die kulturellen Kosten des neuzeitlichen Rationalisierungsprozesses, die sich der *Gesellschaftstheoretiker* verbietet.

V.

Der Vorwurf ethnozentrischer Verkürzungen im Mythos-Denken der Kritischen
Theorie stützte sich bisher allein auf die immanente Kritik der Theorieansätze
von Horkheimer/Adorno und Habermas sowie eine eher kursorische Kontrastierung mit aktuellen philosophischen Tendenzen zur Rehabilitierung des Mythos.
Erhärten ließe sich der Ethnozentrismus-Vorwurf erst durch Rekurs auf den
Gegenstand selbst, d.h. durch einen Vergleich der kritisierten Konzeptionen mit
neueren Befunden aus der Ethnologie und der vergleichenden Religionswissenschaft. Bezeichnend ist ja, daß die Aussagen über die mythische Denkform
weder bei Horkheimer/Adorno noch bei Habermas ihren Ursprung in einem

---

Mythos gerade ein irreduzibler Widerspruch gegen dogmatische Verbindlichkeit
zugesprochen; vgl. o. S. 43.

originären Studium archaischer oder antiker Weltbilder haben, sondern in beiden Fällen spekulative Konstruktionen zur retrospektiven Absicherung der jeweiligen Diagnose der "Moderne" darstellen. Die umfangreiche wissenschaftliche Mythenforschung wird, wo sie nicht zur selektiven Stützung der jeweiligen Konzeption verwandt wird, beinahe vollständig ignoriert.

Die Autoren der "Dialektik der Aufklärung" machen sich längst überholte Interpretationen des mythischen Denkens zu eigen, die größtenteils aus der Zeit vor dem Ersten Weltkrieg stammen. Wie ihr Inspirator Benjamin zeigen sie sich gefangen in geisteswissenschaftlichen Borniertheiten. "Man spürt das humanistische Gymnasium mit seinen Leitbegriffen zur Erfassung der griechischen Tragödie: Schicksal, Schuld und Sühne." (Menninghaus 1986: 112). Habermas zitiert zwar sporadisch Malinowski, Godelier und Lévi-Strauss, doch auch er, ansonsten ja ein rastloser Verarbeiter heterogenster Theorieansätze, vernachlässigt auffallend die moderne ethnologische Tradition der Mythenanalyse. Nicht zu Unrecht vermutet Giddens (vgl. 1985: 117), daß Habermas zu völlig anderen Ergebnissen gelangt wäre, wenn er sich in seiner Weltbildtheorie enger an Lévi-Strauss als an Piaget orientiert hätte.

Natürlich würde das Unternehmen, die Aussagen zum mythischen Denken bei Horkheimer/Adorno und Habermas Punkt für Punkt mit kulturwissenschaftlichen Befunden zu konfrontieren, bei weitem den vorliegenden Rahmen sprengen.[38] Schon ein flüchtiger Blick auf alternative wissenschaftliche Interpretationen ist jedoch durchaus geeignet, einige Kernaussagen der Autoren über den Mythos zu problematisieren und den "ethnozentrischen Blick" ihres Mythos-Denkens zu konturieren.

Ein tragender Pfeiler der Mythoskonzeption in der "Dialektik der Aufklärung" ist - wie gesehen - die Vorstellung einer zyklischen Zeitform des Mythos. In der Idee der "ewigen Wiederkehr", in den kreisläufigen mythischen Konstruktionen eines unentrinnbaren Schicksals- und Schuldzusammenhangs gründet nach Horkheimer/Adorno die utopiefeindliche, resignative Essenz des mythischen Geschehens, seine prinzipielle Sinnlosigkeit.

---

38   Für die Mythoskonzeption der "Dialektik der Aufklärung" hat dies Cochetti (1985) mit akribischer Sorgfalt in seiner materialreichen Dissertation unternommen.

Hier mag ein vergleichender Blick auf den Religionswissenschaftler Mircea Eliade lohnen, der wie kein anderer die mythische Idee der ewigen Wiederkehr ins Zentrum seines Interesses gerückt hat.[39] Wie bei Horkheimer/Adorno bildet auch bei Eliade die archaische Vorstellung der ewigen Wiederholung den Kern des mythischen Geschehens, doch wird ihre Bedeutung hier geradezu ins Gegenteil verkehrt. Während bei Horkheimer/Adorno die mythische Zeitstruktur der ewigen Wiederholung blinden Schicksalszwang, Resignation und Sinnlosigkeit provoziert, verleiht sie bei Eliade der Realität allererst einen positiven Sinn, indem sie durch periodische Reaktualisierung der Zeit des Anfangs ("illud tempus") die "Unumstößlichkeit der Zeit" annulliert und der Geschichte so eine archetypische Ordnung verleiht.

"Diese 'ewige Wiederkehr' verrät eine Ontologie, die noch nicht durch die Zeit und das Werden verunreinigt worden ist. (...) In jedem Augenblick beginnt wieder alles von vorn. Die Vergangenheit ist nichts als die Präfiguration der Zukunft. Kein Ereignis ist unumstößlich, und keine Verwandlung ist endgültig. In einem gewissen Sinn kann man sogar sagen, es geschehe nichts Neues in der Welt, denn alles ist ja nur die Wiederholung derselben primordialen Archetypen. (..) *Aber diese Wiederholung hat einen Sinn, wie wir im vorhergehenden Kapitel gesehen haben: Sie allein verleiht den Geschehnissen Wirklichkeit.*" (Eliade 1966: 76)

Die Polarisierung von Mythos und Geschichte erhält also bei Eliade, wie Menninghaus zu Recht hervorhebt, einen im Verhältnis zur "Dialektik der Aufklärung" geradezu konträren Sinn: "Gerade daß es nichts Neues und eigentlich keine Geschichte gibt, ist für Eliade das Positive, die sinnstiftende Leistung der mythischen Zeitstruktur der Wiederholung. Benjamin und mehr noch Horkheimer/Adorno sehen dagegen eine schlechte Unendlichkeit und negative Immergleichheit mythischer Wiederholung und setzen daher auf ihre Sprengung durch die Geschichte." (Menninghaus 1986: 102/103)

Die Unterstellung der "Dialektik der Aufklärung", Sinn und Freiheit seien nur jenseits des Mythos, in der selbstgestalteten Geschichte möglich, basiert auf einer eurozentrischen Blickverengung, die erst sichtbar wird, wenn man mit Eliade die Perspektive des "aufgeklärten" Europäers verläßt und gegen die

---

39   Vgl. hierzu auch Menninghaus (1986: 99ff), der den Topos der "ewigen Wiederkehr" bei Benjamin und Eliade miteinander kontrastiert.

des "Primitiven" eintauscht:

"So stellt für den archaischen Menschen der moderne Mensch weder den Typ eines *freien* Wesens noch den eines Gestalters der Geschichte dar. Ganz im Gegenteil, der Mensch der archaischen Kulturen kann stolz sein auf seine Existenzweise, die es ihm erlaubt, frei zu sein und schöpferisch zu handeln. Er ist frei, nicht mehr zu sein, was er gewesen ist, und frei, auch seine eigene 'Geschichte' durch die periodische Vernichtung der Zeit und die kollektive Regeneration zu vernichten. Diese Freiheit gegenüber seiner eigenen 'Geschichte' ist dem modernen Menschen, der geschichtlicher Mensch sein will, völlig unzugänglich - für ihn ist die Geschichte ja nicht nur unumstößlich, sondern konstituiert erst eigentlich die menschliche Existenz." (Eliade 1966: 127)

Was Horkheimer/Adorno als das eigentlich Falsche des Mythos identifizieren - Unentrinnbarkeit, Zwanghaftigkeit, Schicksal, Sinnleere -, wird bei Eliade zum Signum historischer Linearität, des unaufhaltsamen, unumkehrbaren Stroms der Geschichte. An die Stelle des "mythischen Grauens" tritt der "Schrecken der Geschichte". Umgekehrt wird die Idee der ewigen Wiederholung positiv aufgeladen und zum Garanten von Freiheit, Glück und Sinnfülle erhoben. Unübersehbar ist die spiritualistische und ethnoromantische Tönung von Eliades Mythostheorie[40], schon deshalb kann sie hier nicht ein kritiklos zu akzeptierendes Gegenmodell zum Ansatz der "Dialektik der Aufklärung" abgeben. Als alternative Sichtweise ist die Deutung Eliades jedoch durchaus geeignet, ein Licht auf die perspektivischen Verkürzungen der Mythos-Interpretation bei Horkheimer/ Adorno zu werfen.

Dies gilt vor allem für den ausgeprägten Naturalismus im Mythos-Denken der Kritischen Theorie, wie er sich in der These von der "Naturverfallenheit" des Mythos bei Horkheimer/Adorno, aber auch noch in Habermas' Behauptung einer mythischen "Konfusion von Natur und Kultur" äußert. Mit der in der "Dialektik der Aufklärung" zentralen These von der "Naturverfallenheit" des Mythos machen sich Horkheimer/Adorno die längst überholte evolutionistische Vorstellung von einer "Naturreligion" der Primitiven aus dem 19. Jahrhundert

---

40   Lincoln (1983: 22) entdeckt im Mythos-Denken Eliades eine Besessenheit von einem tiefen "Schrecken der Geschichte" und einer nicht weniger tiefen "Sehnsucht nach dem Paradies". Er vermutet, daß Eliade sein "Paradies" in Rumänien vor dem Zweiten Weltkrieg gefunden hatte und Geschichte für ihn jenes Ensemble von Ereignissen war, durch die die überkommene Gesellschaftsordnung seiner Heimat hinweggefegt wurde.

unkritisch zu eigen. Das Heilige ist für sie nichts weiter als "Echo der realen Übermacht der Natur" (1986: 21), Mythen wie magische Riten meinen die "sich wiederholende Natur" (ebd.: 23). Den Ursprung der Religion sehen sie in der Sublimierung menschlicher Naturangst. Einer solchen Deutung hält Eliade entgegen:

"Für den religiösen Menschen ist das 'Übernatürliche' unauflöslich mit dem 'Natürlichen' verbunden, ist die Natur immer noch Ausdruck für etwas, das sie transzendiert. Wir haben schon gesagt, daß ein heiliger Stein deshalb verehrt wird, weil er heilig ist und nicht weil er ein Stein ist." (1957: 68)

Auch die Deutung der mythischen Idee der "ewigen Wiederkehr" in der "Dialektik der Aufklärung" basiert, wie ein Vergleich mit Eliade zeigt, auf unhaltbaren naturalistischen Prämissen. Die zyklische Zeitfigur des Mythos ist für die Autoren nichts weiter als die bewußtlose Verdoppelung des Stirb und Werde, wie es sich im Kreislauf der Jahreszeiten zeigt, Allegorie der monotonen Sinnlosigkeit der Natur. Der Raub der Persephone im kosmischen Mythos ist "unmittelbar eins mit dem Sterben der Natur" (Horkheimer/Adorno 1986: 33/34). Folgende Passage aus "Das Heilige und das Profane" liest sich wie eine unmittelbare Entgegnung Eliades auf Horkheimer/Adorno:

"Es wäre falsch, zu glauben, die sogenannten Vegetationskulte seien abzuleiten von einem profanen, 'naturistischen' Erlebnis, das z.B. mit Frühling und Naturerwachen zusammenhinge. Im Gegenteil, das religiöse Erlebnis der Welterneuerung (...) geht der Wertung des Frühlings als Auferstehung der Natur voraus und begründet sie. Das Mysterium der periodischen Regeneration des Kosmos hat dem Frühling religiöse Bedeutung verliehen. Übrigens steht bei den Vegetationskulten nicht immer das natürliche Phänomen des Frühlings und des Erscheinens der Vegetaton im Mittelpunkt, sondern vielfach das *Zeichen*, welches das kosmische Mysterium ankündigt." (Eliade 1957: 89)

Eliade belehrt darüber, daß der Fetischismus, den naturalistische Interpretationen der "Naturreligion" der Primitiven unterstellen, letztlich einen Fetischismus der Interpreten selbst spiegelt. "Sie unterscheiden nicht zwischen dem Objekt und seiner Zeichenfunktion und hängen folglich diese Nicht-Unterscheidung den Primitiven an." (Cochetti 1985: 229)

Ähnliches gilt auch für die in Habermas' Weltbildtheorie zentrale These einer "Konfusion von Natur und Kultur" im mythischen Weltbild. Auch sie sagt, wie gesehen, mehr über die Weltsicht des Interpreten aus als über das Denken der "Primitiven". Wie Lévi-Strauss schlüssig nachgewiesen hat, ist die semantische Differenzierung zwischen Natur und Kultur geradezu konstitutiv für das Weltbild archaischer Kulturen.[41] Die Relativierung und Überbrückung des starren Gegensatzes von Natur und Kultur, die Habermas befremdlich erscheint, ist nicht etwa Indiz begrifflicher "Verwirrung", sondern das Ergebnis der höchst komplexen interpretativen Leistung des "wilden Denkens".

So hat Lévi-Strauss gezeigt, daß totemistische Gruppen sich einer klassifikatorischen Logik bedienen, die Homologien zwischen zwei Bezugsreihen, zwei Systemen von Differenzen konstruieren, von denen das eine in der Natur, zwischen natürlichen Arten, das andere in der Kultur, zwischen Clans, Sippen etc., liegt. Durch die zugleich identifizierende und differenzierende Logik können alle bedeutungsvollen Bezüge oder Differenzen, die auf der einen Ebene auftreten, in eine andere transformiert werden, so daß ein Netz logischer Entsprechungen entsteht (vgl. Lévi-Strauss 1968: 201). So ist das wilde Denken in der Lage, "zugleich in den mytischen Weltbildern alle Aspekte der Realität zu totalisieren und von einer Ebene der Wirklichkeit zu einer anderen durch die reziproken Transformationen seiner Analogien überzugehen" (Godelier 1973: 316). Keineswegs lassen sich die komplexen logischen Operationen des mythischen Denkens "ohne Rest auf Naturverhältnisse zurückführen" (Horkheimer/Adorno), noch dienen sie dazu, "die Kontingenzen der bedrohlichen Natur wegzuinterpretieren" (Habermas), vielmehr *bedient* sich das wilde Denken natürlicher Erscheinungen, um Realitäten zu konstruieren, "die selbst nicht natürlicher, sondern logischer Ordnung sind" (Lévi-Strauss 1968: 114). Besessen von einem "verzehrenden Ehrgeiz nach Symbolisierung" (Lévi-Strauss 1968: 254), konstruiert das mythische Denken mittels seiner klassifikatorischen Logik riesige Ideenpaläste, die jedem Einzelphänomen Bedeutung verleihen in einem umfassenden, als logisch und sinnvoll erkannten Ganzen.

Auch die Vorstellung eines "archaischen Mangels" - ein weiterer tragender Pfeiler der Mythoskonzeption in der Kritischen Theorie - beruht auf einem eurozentrischen Vorurteil und hält einer Überprüfung anhand neuerer ethnologi-

---

41   Vgl. hierzu auch Linkenbach 1986: 97ff.

scher Befunde nicht stand. Die "Dialektik der Aufklärung" zeichnet - wie gesehen - das typisch aufklärerische Bild vom Primitiven als angsterfülltem Affektwesen, das sich beständig der einschüchternden Übermacht einer unverstandenen Natur ausgesetzt sieht, der es sich in heiligem Schauder beugt. Die primitive "Gesellschaft des Drucks und des Elends" (Horkheimer/Adorno 1986: 22) spiegelt sich im hoffnungslos geschlossenen Kreislauf einer unentrinnbaren Natur, von der aller Mythos berichtet.

Auch Habermas sieht die Grunderfahrung des archaischen Menschen im "schutzlosen Ausgeliefertsein an die Kontingenzen einer nichtbeherrschten Umwelt" (1981,I: 77). Die Konfusion von Weltbezügen und Realitätsbereichen im mythischen Denken erweist sich für ihn als überlebensnotwendiger Anpassungsmechanismus an eine feindliche Umwelt.

Die These von der archaischen Mangelökonomie resultiert, wie Marshall Sahlins (1972) gezeigt hat, aus einem Ethnozentrismus, der das nationalökonomische, ein ständiges Wachstum der menschlichen Bedürfnisse unterstellende Konzept von Knappheit auf primitive Gesellschaften überträgt. Nimmt man die Relation zwischen Bedürfnissen und den Möglichkeiten zu ihrer Befriedigung zum Maßstab, offenbaren sich die primitiven Jäger- und Sammlergruppen als relative Überflußgesellschaften: "human material wants are finite and few, and technical means unchanging but on the whole adequate." (Sahlins 1972: 2) Als Beleg für seine These, die Jäger und Sammler seien die "first affluent society" gewesen, führt Sahlins die geringe Arbeitszeit an. Sie arbeiteten, alles zusammengerechnet, im Durchschnitt zwei bis vier Stunden täglich. Als Beispiele erwähnt Sahlins Jäger- und Sammlergruppen in Arnhernland, Australien sowie in der Kalahari. Lee (1979) hat am Beispiel der !Kung Sahlins' These bestätigt, daß Jäger- und Sammlergesellschaften in der Lage sind, auch in marginaler Umgebung mit einem äußerst geringen Arbeitsaufwand eine ausreichende Subsistenzbasis zu erwirtschaften. Die Überzeugung vom harten Lebenskampf der nomadisierenden Wilden nennt Sahlins eine "neolithische Ideologie" (1972: 3). Sie war schon in der Antike verbreitet, taucht bei Adam Smith auf und ist schließlich eingegangen in die Evolutionstheorie des 19. Jahrhunderts, deren Spuren noch bis in die Kritische Theorie zu verfolgen sind.

Die Belege dafür, daß Horkheimer/Adorno und Habermas in ihren Mythoskonzeptionen allzu sorglos mit historischen Fakten umgegangen sind, ließen sich mehren. Als Fazit bleibt der Eindruck einer geradezu souveränen Ignorierung historischer, ethnologischer und religionswissenschaftlicher Forschungsergebnisse im Mythos-Denken der Kritischen Theorie. Nun lassen sich sicher *philosophische* Deutungen der Gattungsgeschichte nicht schon dadurch widerlegen, daß man sie "bei falschen Tatsachenbehauptungen ertappt"[42]. Adorno selbst bezeichnet ja seine gattungsgeschichtlichen Konstruktionen als "Spekulationen" (1982: 313). Es geht ihm nicht um die Aufdeckung historischer Fakten - "sie verlieren sich im Trüben der Frühgeschichte" (ebd.: 313) -, sondern um eine geschichtsphilosophische Konstruktion, die ihren kritischen Sinn gerade aus ihrer Abgrenzung gegenüber einer aufs Faktische fixierten Geschichtsschreibung bezieht. Dennoch stellt sich unabweisbar die Frage, ob die universalgeschichtlichen Konstruktionen bei Horkheimer/Adorno und Habermas sich nicht gegenüber den historischen "Fakten" allzu souverän gebärden. Das gegenüber historischen Differenzierungen blinde Pauschalverdikt über *den* Mythos ist stets in Gefahr, selbst einen neuen Mythos über Ursprung, Ziel oder Verhängnis der Geschichte zu produzieren.

Der Eigensinn des Historischen wird - wie die Analyse gezeigt hat - sowohl bei Horkheimer/Adorno als auch bei Habermas einer letztlich monotonen Finalität geopfert, sei es der einer negativen Teleologie des Schreckens oder der einer positiven Teleologie der Vernunft. Die Suche nach verborgenen Vorformen des aktuellen Grauens bzw. nach einem frühgeschichtlichen Kontrastmodell zur "dreistrahligen Vernunft der Moderne" führt zu einer signifikanten Verfälschung historischer Phänomene, wie sich am "Testfall" des Mythos gezeigt hat. Der retrospektive, ethnozentrische Blick erklärt alle Anteile der Vernunft, die sich den gegenwartsbezogenen Schematisierungen und dem unterstellten universalen Gesetz nicht fügen, für belanglos.

Zwar mag die von einem zeitdiagnostischen Interesse geleitete, retrospektive Geschichtskonstruktion zur Wahrheit beitragen, auch und gerade dort, wo sie nicht objektiv und aufs Faktische fixiert ist. Als Korrektiv bedarf sie jedoch des "empathischen Blicks" (Schmid Noerr 1989: 83), der das gedeutete historische Phänomen aus dessen Innenperspektive zu seinem Recht zu brin-

---

42   So die Kritik von Alfred Schmidt (1986: 234) an Cochetti.

gen sucht. Andernfalls würde jede alternative Denk- und Lebensform, die sich gegen die philosophische Konstruktion sperrt, schon vorgängig ihrer belehrenden, erfahrungserweiternden Kraft beraubt.

Literatur

Adorno, Th.W., 1969: Stichworte, Kritische Modelle 2, Frankfurt.

Adorno, Th.W., 1970: Über Walter Benjamin. Hg. von R. Tiedemann, Frankfurt.

Adorno, Th.W., 1971: Zur Metakritik der Erkenntnistheorie, in: Gesammelte Schriften 5, Frankfurt.

Adorno, Th.W., 1973: Die Idee der Naturgeschichte, in: Gesammelte Schriften 1, Frankfurt.

Adorno, Th.W., 1979: Gesammelte Schriften 8, Frankfurt.

Adorno, Th.W., 1982: Negative Dialektik, Frankfurt.

Alexander, J,. 1986: Habermas' neue Kritische Theorie: Anspruch und Probleme, in: Honneth/Joas 1986.

Allkemper, A., 1981: Rettung und Utopie. Studien zu Adorno, Paderborn.

Arnason, J.P., 1986: Die Moderne als Projekt und Spannungsfeld, in: Honneth/Joas 1986.

Arnason, J.P., 1988: Praxis und Interpretation, Frankfurt.

Benhabib, S., 1986: Critique, Norm and Utopia, New York.

Benjamin, W., 1983: Das Passagen-Werk, Bd. I/II, Frankfurt.

Berger, J., 1986: Die Versprachlichung des Sakralen und die Entsprachlichung der Ökonomie, in: Honneth/Joas 1986.

Blumenberg, H., 1971: Wirklichkeitsbegriff und Wirkungspotential des Mythos, in: M. Fuhrmann (Hg.): Terror und Spiel. Probleme der Mythenrezeption, München.

Blumenberg, H., 1986: Arbeit am Mythos, Frankfurt.

Böhme, H./Böhme, G., 1985: Das Andere der Vernunft, Frankfurt.

Bohrer, K.H. (Hg.), 1983: Mythos und Moderne, Frankfurt.

Brändle, W., 1984: Rettung des Hoffnungslosen. Die theologischen Implikationen der Philosophie Th.W. Adornos, Göttingen.

Breuer, St., 1985: Die Depotenzierung der Kritischen Theorie: Über Jürgen Habermas' "Theorie des kommunikativen Handelns", in: ders.: Aspekte totaler Vergesellschaftung, Freiburg.

Brunkhorst, H., 1987: Die Welt als Beute. Rationalisierung und Vernunft in der Geschichte, in: W. van Reijen/G. Schmid Noerr (Hg.) 1987.

Bubner, R., 1980: Kann Theorie ästhetisch werden? Zum Hauptmotiv der Philosophie Adornos, in: B. Lindner/W.M. Lüdke (Hg.): Materialien zur ästhetischen Theorie. Th.W. Adornos Konstruktion der Moderne, Frankfurt.

Castoriadis, C., 1984: Gesellschaft als imaginäre Institution, Frankfurt.

Cochetti, S., 1985: Mythos und "Dialektik der Aufklärung", Königstein.

Dubiel, H., 1989: Herrschaft oder Emanzipation? Der Streit um die Erbschaft der Kritischen Theorie, in: A. Honneth u.a. (Hg.): Zwischenbetrachtungen. Jürgen Habermas zum 60. Geburtstag, Frankfurt.

Duerr, H.-P./Krauch, H., 1982: "Und was hast du von den Indianern gelernt?", in: Psychologie Heute, 9. Jg./1982, H. 4.

Eickelpasch, R., 1973: Mythos und Sozialstruktur, Düsseldorf.

Eliade, M., 1957: Das Heilige und das Profane, Hamburg.

Eliade, M., 1966: Kosmos und Geschichte. Der Mythos der ewigen Wiederkehr, Hamburg.

Förster, J., 1986: Technokratie in der Sackgasse. Von der Notwendigkeit bestehender "Diskussionswissenschaften", in: Universitas, 41. Jg./1986, H. 7.

Frank, M., 1982: Der kommende Gott. Vorlesungen über die Neue Mythologie, Frankfurt.

Gamm, G. (Hg.), 1985: Angesichts objektiver Verblendung. Über die Paradoxien Kritischer Theorie, Tübingen.

Gamm, G., 1987: Eindimensionale Kommunikation. Vernunft und Rhetorik in Jürgen Habermas' Deutung der Moderne, Würzburg.

Geyer, C.-F., 1980: Aporien des Metaphysik- und Geschichtsbegriffs der Kritischen Theorie, Darmstadt.

Geyer, C.-F., 1986: Rationalitätskritik und "Neue Mythologien", in: Philosophische Rundschau, 33. Jg./1986, H. 3/4.

Giddens, A., 1985: Reason without Revolution? Habermas's Theorie des kommunikativen Handelns, in: R.J. Bernstein (Hg.): Habermas and Modernity, Cambridge.

Godelier, M., 1973: Mythos und Geschichte, in: K. Eder (Hg.): Die Entstehung von Klassengesellschaften, Frankfurt.

Habermas, J., 1969: Analytische Wissenschaftstheorie und Dialektik, in: Th.W. Adorno u.a. (Hg.): Der Positivismusstreit in der deutschen Soziologie, Neuwied u. Berlin.

Habermas, J., 1971: Vorbereitende Bemerkungen zu einer Theorie der kommunikativen Kompetenz, in: J. Habermas/N. Luhmann: Theorie der Gesellschaft oder Sozialtechnologie - Was leistet die Systemforschung?, Frankfurt.

Habermas, J., 1976: Zur Rekonstruktion des historischen Materialismus, Frankfurt.

Habermas, J., 1977: Notizen zum Begriff der Rollenkompetenz, in: ders.: Kultur und Kritik, Frankfurt.

Habermas, J., 1981: Theorie des kommunikativen Handelns, Bd. I/II, Frankfurt.

Habermas, J., 1983: Die Verschlingung von Mythos und Aufklärung, in: Bohrer (Hg.) 1983.

Habermas, J., 1984: Vorstudien und Ergänzungen zur Theorie des kommunikativen Handelns, Frankfurt.

Habermas, J., 1985a: Der philosophische Diskurs der Moderne, Frankfurt.

Habermas, J., 1985b: Die Neue Unübersichtlichkeit, Frankfurt.

Habermas, J., 1988a: Die Einheit der Vernunft in der Vielheit ihrer Stimmen, in: Merkur, 42. Jg./1988, H. 1.

Habermas, J., 1988b: Nachmetaphysisches Denken, Frankfurt.

Heller, A., 1982: Habermas and Marxism, in: J.B. Thompson/D. Held (Hg.): Habermas - Critical Debates, London.

Hesse, H., 1984: Vernunft und Selbstbehauptung. Kritische Theorie als Kritik der neuzeitlichen Rationalität, Frankfurt.

Hesse, H., 1986: Angst vor Widersprüchen, in: R. Danielzyk/F.R. Volz (Hg.): Vernunft der Moderne? Zu Habermas' Theorie des kommunikativen Handelns, Münster.

Honneth, A., 1985: Kritik der Macht. Reflexionsstufen einer kritischen Gesellschaftstheorie, Frankfurt.

Honneth, A./Joas, H. (Hg.), 1986: Kommunikatives Handeln. Beiträge zu Jürgen Habermas' "Theorie des kommunikativen Handelns", Frankfurt.

Horkheimer, M., 1971: Anfänge der bürgerlichen Geschichtsphilosophie, Frankfurt.

Horkheimer, M., 1985: Zur Kritik der instrumentellen Vernunft, Frankfurt.

Horkheimer, M./Adorno, Th.W., 1985: Diskussionen über die Differenz zwischen Positivismus und materialistischer Dialektik, in: M. Horkheimer: Gesammelte Schriften 12, Frankfurt.

Horkheimer, M./Adorno, Th.W., 1986: Dialektik der Aufklärung, Frankfurt.

Hübner, K., 1979: Mythische und wissenschaftliche Denkform, in: Poser (Hg.) 1979.

Hübner, K., 1981: Wie irrational sind Mythen und Götter?, in: H.P. Duerr (Hg.): Der Wissenschaftler und das Irrationale, Bd.2, Frankfurt.

Hübner, K., 1985: Die Wahrheit des Mythos, München.

Kager, R., 1988: Herrschaft und Versöhnung. Einführung in das Denken Th.W. Adornos, Frankfurt.

Kimmerle, G., 1985: Der eingebildete Zeuge, in: Gamm (Hg.) 1985.

Kimmerle, G., 1986: Verwerfungen. Vergleichende Studien zu Adorno und Habermas, Tübingen.

Knapp, M., 1983: Wahr ist nur, was nicht in diese Welt paßt. Die Erbsündenlehre als Ansatzpunkt eines Dialoges mit Th.W. Adorno, Würzburg.

Kolakowski, L., 1984: Die Gegenwärtigkeit des Mythos, München.

Kunnemann, H./de Vries, H. (Hg.), 1989: Die Aktualität der "Dialektik der Aufklärung", Frankfurt.

Kunstmann, W., 1981: Geschichte als Konstruktion der Vernunft, in: W. Kunstmann/E. Sander (Hg.): Kritische Theorie zwischen Theologie und Evolutionstheorie, München.

Lee, R.B., 1979: The !Kung San: men, women, and work in a foreaging society, New York.

Lévi-Strauss, Cl., 1968: Das wilde Denken, Frankfurt.

Lévi-Strauss, Cl., 1980: Mythos und Bedeutung. Vorträge, Frankfurt.

Lincoln, B., 1983: Der politische Gehalt des Mythos, in: H.P. Duerr (Hg.): alcheringa oder die beginnende Zeit, Frankfurt.

Linkenbach, A., 1986: Opake Gestalten des Denkens. Jürgen Habermas und die Rationalität fremder Lebensformen, München.

Lüdke, W.M., 1981: Anmerkungen zu einer "Logik des Zerfalls": Adorno - Bekkett, Frankfurt.

Marquard, O., 1979: Lob des Polytheismus, in: Poser (Hg.) 1979.

Marx, K., 1974: Grundrisse der Kritik der politischen Ökonomie, Berlin.

Matthiesen, U., 1983: Das Dickicht der Lebenswelt und die Theorie des Kommunikativen Handelns, München.

McCarthy, Th., 1982: Rationality and Relativism: Habermas's Overcoming of

Hermeneutics, in: J.B. Thompson/S. Held (Hg.): Habermas - Critical Debates, London.

Menninghaus, W., 1986: Schwellenkunde. Walter Benjamins Passage des Mythos, Frankfurt.

Panikkar, R., 1985: Rückkehr zum Mythos, Franfurt.

Plumpe, G., 1976: Das Interesse am Mythos, in: Archiv für Begriffsgeschichte, Bd. XX, 1986.

Poser, H. (Hg.), 1979: Philosophie und Mythos. Ein Kolloquium, Berlin und New York.

Rapp, Fr., 1979: Technik als Mythos, in: Poser (Hg.) 1979.

Reijen, van, W./Schmid Noerr, G. (Hg.), 1987: Vierzig Jahre Flaschenpost: "Dialektik der Aufklärung" 1947 bis 1987, Frankfurt.

Sahlins, M., 1972: Stone Age Economics, Chicago/New York.

Schmid, M., 1982: Habermas's Theory of Social Evolution, in: J.B. Thompson/D. Held (Hg.): Habermas - Critical Debates, London.

Schmid Noerr, G., 1989: Unterirdische Geschichte und Gegenwart in der "Dialektik der Aufklärung", in: Kunnemann/de Vries (Hg.) 1989.

Schmidt, A., 1986: Aufklärung und Mythos im Werk Max Horkheimers, in: A. Schmidt/N. Altwicker (Hg.): Max Horkheimer heute: Werk und Wirkung, Frankfurt.

Schnädelbach, H., 1988: Kritik der Kompensation, in: Kursbuch 91, Berlin.

Schnädelbach, H., 1989: Die Aktualität der "Dialektik der Aufklärung", in: Kunnemann/de Vries (Hg.) 1989.

Söllner, A., 1979: Geschichte und Herrschaft, Frankfurt.

Weber, M., 1963: Die Wirtschaftsethik der Weltreligionen, in: Gesammelte Aufsätze zur Religionssoziologie, 5. Auflage, Tübingen.

Weber, M., 1988: Wissenschaft als Beruf, in: Gesammelte Aufsätze zur Wissenschaftslehre. 7. Auflage, Tübingen.

Wellmer, A., 1985: Zur Dialektik von Moderne und Postmoderne. Vernunftkritik nach Adorno, Frankfurt.

Wittgenstein, L., 1969: Tractatus logico-philosophicus, 6. Auflage, Frankfurt.

Ziehe, Th./Stubenrauch, H. 1982: Plädoyer für ungewöhnliches Lernen, Reinbek.

Harald Krusekamp

HERRSCHAFT UND NATURANEIGNUNG
IN DER "DIALEKTIK DER AUFKLÄRUNG"

Die "Dialektik der Aufklärung" hinterläßt nach dem ersten Lesen nicht den Eindruck, daß dem Text eine nachvollziehbare Struktur zugrunde liegt: Der Untertitel "Philosophische Fragmente" scheint diese Einschätzung zu bestätigen.[1] Tatsächlich sind diese Fragmente jedoch keine Sammlung loser, nicht verbundener Gedankensplitter, sondern sie ergänzen einander zu einer Theorie der Herrschaft (vgl. Lüdke 1981: 30), die auf einer Reflexion des Zusammenhangs von Formen der Naturbeherrschung und sozialer Herrschaft beruht. Auffällig an dieser Reflexion ist, daß die Autoren der "Dialektik der Aufklärung" sich sehr ausführlich mit der Frage beschäftigen, wie das ursprüngliche Mensch-Natur-Verhältnis zu beurteilen ist, wie die Genese des selbstidentischen Ich durch dieses Verhältnis geprägt wurde. Diese Beschäftigung bleibt an die zentrale Fragestellung gebunden, "warum die Menschheit, anstatt in einen wahrhaft menschlichen Zustand einzutreten, in eine neue Art von Barbarei versinkt" (Horkheimer/Adorno 1984: 1). Max Horkheimer und Theodor W. Adorno fragen nach den Bedingungen, Umständen und Voraussetzungen dafür, wie es in einer angeblich aufgeklärten Welt zum Faschismus kommen konnte, und sie untersuchen, worin das selbstdestruktive Element der Aufklärung besteht, wo dessen Wurzeln liegen, um in der Reflexion darüber zur Überwindung der - wie sie es nennen - Selbstzerstörung der Aufklärung beizutragen.

Von dieser Fragestellung ausgehend suchen Horkheimer und Adorno nach Zeugnissen für die ursprünglichen Formen und Mechanismen von Herrschaft und Unterwerfung. Wo liegt die Geburtsstunde, der Geburtsort der Herrschaft, von dem aus sie ihre Fäden durch die Geschichte, Zivilisationen

---

1   Die folgenden Ausführungen beinhalten Teilergebnisse einer Studie über das Verhältnis von Mythos und Rationalität in der Kritischen Theorie, an der ich gegenwärtig im Rahmen einer Münsteraner Dissertation arbeite.

und Gesellschaftsformen zieht? Unter welchen Bedingungen hat die so erfolgreiche und verhängnisvolle Implantation der Herrschaft in die Gesellschaft stattgefunden?

Ich werde auf den folgenden Seiten den Ursprung und die Genese der Herrschaft, wie sie in der "Dialektik der Aufklärung" behauptet wird, rekonstruieren.[2] Von besonderem Interesse sind dabei die Nahtstellen und Übergänge zwischen den verschiedenen Sphären der Herrschaft, denn die Genese der Herrschaft ist kein eingleisiger Prozeß, der irgendwo beginnt und sich dann immer in der gleichen Bahn bewegt. So zeitigt die Dynamik des Prozesses wachsender Naturbeherrschung Effekte und Folgelasten für die sozialen Beziehungen und die Einstellung der Menschen zu sich selbst.

Die Metamorphosen der praktischen, phänotypischen Ausgestaltung von sozialer Herrschaft, Naturbeherrschung und Selbstbeherrschung können als Hinweis für die problematischen Erblasten der Geschichte angesehen werden. Es wäre zu einfach, die Geburtsstunde der Moderne in das 18. Jahrhundert zu verlegen und von da ab ihre Spuren als ein Take off der Aufklärung und Demokratien zu verfolgen. Das Heraufziehen des Faschismus ist keine irrationale Katastrophe im 20. Jahrhundert, keine Trübung in dem sonst so klaren Strom aufklärerischen Denkens, kein Zurückfallen aus einem bereits erreichten Lernniveau, sondern eine im geschichtlichen Prozeß selbst angelegte Möglichkeit, deren praktische Realisation aus ihrem subkutanen Schattendasein heraus einzig durch jeweils momentane Interessenkonstellationen, politische und wirtschaftliche Erfahrungen - kurz durch eine soziale, wirtschaftliche, politische und kulturelle historische Gesamtkonstellation gefördert oder verhindert wird.

*   *   *   *   *

Die "Dialektik der Aufklärung" ist keine "geschichtsphilosophische Faschismusdeutung", wie Axel Honneth schreibt (Honneth 1985: 71). Vielmehr schärft die Erfahrung des Faschismus den Blick für den dramatischen Verlauf der Menschheitsgeschichte. Daher ist auch die Behauptung Honneths fraglich, daß

---

2   Hin und wieder werde ich auch andere Werke der Autoren zur weiteren Veranschaulichung der Darstellung heranziehen.

die "konzeptuellen Mittel" der "Dialektik der Aufklärung" für das "kapitalistisch restaurierte Deutschland (...) nicht mehr ohne weiteres taugen" (Honneth 1985: 71). Die Bewußtseinsformen, die sich unter dem Primat instrumenteller Vernunft entwickelt haben, finden 1945 kein gewaltsames Ende. Die Geschichtsphilosophie Horkheimers und Adornos ist nicht primär eine Kritik des faschistischen Schreckens als katastrophischer Aktualisierung unterschwelliger, bis ins Bewußtsein hineinreichender Herrschaftsstrukturen, sondern sie ist eine Kritik dieser Strukturen selbst. Die sich im faschistischen Grauen aktualisierenden Formen dieser Strukturen sind der Beleg für die Ausdehnung des Prinzips Herrschaft. Im Faschismus kommt "die Herrschaft zu sich selbst" (Horkheimer/ Adorno 1984: 107). Ähnlich wie Karl Marx, der in der "Einleitung zur Kritik der Politischen Ökonomie" schreibt, daß in der Anatomie des Menschen ein "Schlüssel zur Anatomie des Affen" liege (Marx/Engels 1985: 636),[3] der also von der Gegenwart ein Schlaglicht auf vergangene Entwicklungen fallen sieht, sehen Horkheimer und Adorno im Faschismus das bisher Verborgene der Geschichte (ihre "Nachtseite") ans Licht treten (vgl. Horkheimer/Adorno 1984: 207).[4]

Allerdings beschränkt Honneths Kritik sich nicht auf die für die Analyse des westdeutschen Nachkriegskapitalismus seiner Ansicht nach untauglichen konzeptuellen Mittel der "Dialektik der Aufklärung". Er wirft Horkheimer und Adorno "gesellschaftstheoretischen Reduktionismus" vor (Honneth 1985: 68), weil diese soziale Herrschaft direkt aus dem Konzept der Naturbeherrschung ableiten (vgl. Honneth 1985: 63 ff.). Tatsächlich beschreiben Horkheimer und Adorno ein dialektisches Verhältnis zwischen Naturbeherrschung und sozialer Herrschaft. Das darf jedoch nicht als "Versuch" der Autoren mißverstanden werden, "den Begriff der sozialen Herrschaft in Entsprechung zum Begriff der

---

3   Auf diesen Satz von Marx bezieht sich Horkheimer in seinem Aufsatz "Zur Soziologie der Klassenverhältnisse" (vgl. Horkheimer 1985a: 104).
4   Diese Übereinstimmung zwischen Horkheimer/Adorno und Marx hat bereits Helmut Dubiel bemerkt: "Diese Argumentation [von Horkheimer/Adorno; H.K.] ist übrigens in der Struktur der von Marx analog, daß erst vom Zenit eines voll entwickelten Kapitalismus her auch die vorkapitalistischen Produktionsweisen theoretisch greifbar werden." (Dubiel 1978: 108) Gunzelin Schmid Noerr bringt diese Kongruenz in einem Satz prägnant zum Ausdruck: "Die Anatomie des Faschismus bildet einen Schlüssel zur Anatomie der Zivilisation als ganzer." (Schmid Noerr 1989: 78)

Naturbeherrschung zu bilden", wie Honneth dies unterstellt (Honneth 1985: 64). Vielmehr versuchen Horkheimer und Adorno, die Konsequenzen der Formen von Naturaneignung auf die Ausbildung einer hierarchischen Gesellschaftsstruktur aufzuzeigen.

Seyla Benhabib wirft den Autoren der "Dialektik der Aufklärung" vor, ihnen fehle die Sensibilität für die Eigenlogik der Sphären Kultur, Gesellschaft und Individuum (vgl. Benhabib 1986: 218). Darauf ist zu entgegnen, daß Horkheimer/Adorno, wie noch zu zeigen ist, gegen die irrationale Verselbständigung des Prinzips Herrschaft - insbesondere in den Bereichen der Naturbeherrschung und der sozialen Herrschaft - polemisieren, dies allerdings vor dem Hintergrund des Zusammenhangs der drei Sphären. Die Kritik kann also nicht dergestalt von außen herangetragen werden, daß die Trennung der drei Bereiche Kultur, Gesellschaft und Individuum zum Gesetz moderner soziologischer Theoriebildung dekretiert wird, das eine dreifach getrennte Analyse inhärenter Eigenlogiken erzwänge - eine solche heilige Dreifaltigkeit ist kein ex cathedra-Dogma der Soziologie. Daher ist den Autoren der "Dialektik der Aufklärung" zunächst einmal dahingehend Gerechtigkeit widerfahren zu lassen, ihre Darstellung der dialektischen Durchdringung der verschiedenen Bereiche auf Konsistenz zu überprüfen.

Meine - skizzenhafte - Rekonstruktion der Herrschaftstheorie Horkheimers und Adornos wird gegen Benhabibs Vorwurf einer mangelnden Beachtung der Eigenlogik der Sphären Kultur, Gesellschaft und Individuum die Argumentation der Autoren der "Dialektik der Aufklärung" verteidigen. Honneths Reduktionismusvorwurf hingegen trifft m.E. die Unzulänglichkeiten der Herrschaftstheorie Horkheimers und Adornos nicht an der richtigen Stelle. Ich werde Honneths Kritik daher mit anderer Pointe wieder aufnehmen.

* * * * *

Wenn Horkheimer und Adorno die Entwicklung vom archaischen zum modernen Menschen nachzeichnen, so zeigt dieser geschichtsphilosophische Weitwurf, daß ihr Interesse weniger der problematischen und schrecklichen praktischen Ausgestaltung von Herrschaft in einer bestimmten Epoche gilt, als vielmehr der problematischen Gesamtentwicklung. Die heraufziehende Katastrophe, so lautet Adornos Vermutung, korrespondiert "einer irrationalen Katastrophe in den Anfängen" (Adorno 1982: 317). In der "Dialektik der Aufklärung" nehmen Horkheimer und Adorno im urgeschichtlichen Zusammentreffen von sich entwickelndem menschlichen Bewußtsein und Natur die Spur dieser Katastrophe auf. Dieses Interesse an der Urgeschichte der Subjektivität ist von vornherein fokussiert auf die dunklen, irrationalen Seiten der Selbstwerdung, gemäß dem Credo, daß "nicht das Gute sondern das Schlechte (...) der Gegenstand der Theorie" sei (Horkheimer/Adorno 1984: 195).

Erst die Begegnung von einem sich entwickelnden Bewußtsein mit Natur führt zu einer Vorstellung davon, was Welt ist und welchen Platz der Mensch in ihr einnimmt. Die Erfahrung von Natur konstituiert zugleich die Einstellung der Menschen zur Natur und zu sich selbst. Voraussetzung für diese Erfahrung ist der Bruch zwischen Subjekt und Objekt: Die Identität des Selbst konstituiert sich im Gegenüber zur Natur.

Die Geburt des Individuums geht einher mit der sicheren Erkenntnis, daß die Natur die reale Übermacht verkörpert (vgl. Horkheimer/Adorno 1984: 17): Sie wird als das dunkle, schreckliche Andere empfunden, das Furcht und Zittern verursacht, das kaum zu verstehen und noch weniger zu beherrschen ist.[5] Dieser Natur gegenüber fühlen die Menschen sich ohnmächtig, sie sehen in ihr lediglich den "Naturzwang" (Horkheimer/Adorno 1984: 15). Ohne sich auf die "Dialektik der Aufklärung" zu beziehen und dennoch eine ihrer Kernaussagen zusammenfassend, schreibt Manfred Frank: "Die Angst wirkt als ein Motor der Rationalisierung, verstanden als Wille zur Macht, d.h. zur Übermächtigung und gesetzmäßigen Beherrschung einer bedrohlichen Mitmenschen- und Außenwelt" (Frank 1982: 47). In den Worten von Horkheimer und Adorno: "Seit je hat Aufklärung im umfassendsten Sinn fortschreitenden Denkens das Ziel verfolgt, von den Menschen die Furcht zu nehmen und sie als Herren einzusetzen." (Horkheimer/Adorno 1984: 7)[6]

---

5   Es ist zu bezweifeln, daß eine solche Naturerfahrung als die einzige angesehen werden kann. Horkheimer und Adorno interessieren sich jedenfalls nicht für andere Erfahrungen. Für sie ist die Angsterfahrung der Motor der Geschichte.

6   Unter Aufklärung verstehen Horkheimer und Adorno nicht lediglich die geistige und politische Bewegung des späten 17. und 18. Jahrhunderts: Aufklärung wird, im Anschluß an Max Weber (vgl. Weber 1920: 94 f.), als universalgeschichtlicher Entzauberungsprozeß interpretiert (vgl. Horkheimer/Adorno 1984: 7). Die Menschheitsgeschichte

Der Wille, über Natur zu herrschen, wird aus der Erfahrung geboren, einer übermächtigen Natur ausgeliefert zu sein. Der "panische Schrecken", den Natur denjenigen einflößt, die über sie "nichts vermögen" (Horkheimer/Adorno 1984: 229), wird zum Ausgangspunkt der intellektuellen Bearbeitung der Natur.[7] Zusammenfassend läßt sich dieser Vorgang wie folgt darstellen:
- *Abhängigkeit* von der übermächtigen *Natur* erzeugt *Angst*;
- *Angst* weckt das Bedürfnis nach *Selbsterhaltung*;
- *Selbsterhaltung* führt zu *Unterdrückung* und erneuter *Abhängigkeit* von *Natur*.

Wie dieser Überblick zeigt, behaupten Horkheimer und Adorno, daß der Mensch sowohl vor als auch nach seinem intensiven Bemühen, Natur zu unterjochen, dieser letztlich verfallen bleibt. Dies sei an einem Satz expliziert, der zugleich einen Schritt über die bisherige Darstellung hinausführt, insofern er zur Frage nach den Mitteln und Methoden der Naturbeherrschung veranlaßt: "Jeder Versuch, den Naturzwang zu brechen, indem Natur gebrochen wird, gerät nur um so tiefer in den Naturzwang hinein." (Horkheimer/Adorno 1984: 15) Wie kann der Versuch, einen Zwang zu brechen, um so tiefer in den Zwang hineinführen? Eine solche Behauptung, die auf dem Gedanken beruht, daß nicht der Zweck die Mittel heiligt, sondern vielmehr die Mittel den Zweck entheiligen, ist keinesfalls unmittelbar evident: Zu ihrer Erläuterung bedarf es eines kleinen Umwegs.

"Was die Menschen von der Natur lernen wollen, ist, sie anzuwenden, um sie und die Menschen vollends zu beherrschen. Nichts anderes gilt." (Horkheimer/Adorno 1984: 8) So fassen Horkheimer und Adorno das Baconsche Programm der Naturerkenntnis zum Zweck der Naturbemächtigung zusammen. Die Herrschaft über Natur soll also durch Anwendung ihrer selbst erreicht werden. Anwendung von Natur bedeutet "Selbsterhaltung durch Anpassung" (Horkheimer/Adorno 1984: 15), die Menschen erlangen ihre Macht

---

ist zugleich die Geschichte der - wenn auch bisher gescheiterten - Aufklärung (vgl. Horkheimer/Adorno 1984: 43; Schmucker 1977: 17).

7   Für dieses Konzept hat wohl Nietzsches "Geburt der Tragödie" Pate gestanden. Nietzsche beschreibt, daß den Griechen die "Schrecken und Entsetzlichkeiten des Daseins" sehr vertraut gewesen sind, und daß die Griechen ihren Götterhimmel "aus tiefster Nötigung", als Konsequenz dieser Erfahrung, entworfen haben, "um leben zu können" (Nietzsche 1980: 35).

durch Wiederholung dessen, was es zu beherrschen gilt (vgl. Horkheimer/ Adorno 1984: 14 f.): "Der Schamane bannt das Gefährliche durch dessen Bild. Gleichheit ist sein Mittel." (Horkheimer/Adorno 1984: 18) Aber dieses Herrschaftsmittel kann nicht zur Freiheit führen, da es lediglich "die Verdoppelung, die Tautologie des Schreckens selbst ist" (Horkheimer/Adorno 1984: 18).

Der Begriff Herrschaft bezeichnet den Weg, auf dem der Mensch aus dem Naturzusammenhang heraustreten möchte. Doch die Dialektik des Herrschens, durch die der Herrschende an das Beherrschte rückgebunden bleibt (vgl. Hegel 1986: 151 f.), läßt die Fluchtbahn des Individuums aus der Natur zur Einflugschneise in dieselbe werden. Das Bemühen, Herrschaft in den Dienst der Befreiung zu stellen, gerät zur Sisyphusarbeit.

Der Funktionszusammenhang von Angst, Selbsterhaltung und Naturbeherrschung ist das Fundament einer kritischen Theorie der Gesellschaft in der "Dialektik der Aufklärung". Die Verstrickung aller bisherigen Kultur in den Naturzusammenhang nachzuweisen ist das Ziel der Autoren. Wenngleich sie einen Maßstab für ihre Kritik nicht explizit ausweisen, so läßt er sich dennoch an dem Versprechen der Aufklärung, die Menschen zur Mündigkeit zu führen, festmachen: Es ist "nicht um die Konservierung der Vergangenheit, sondern um die Einlösung der vergangenen Hoffnung (...) zu tun" (Horkheimer/Adorno 1984: 4). Die Aufklärung konnte die mit ihr verknüpfte Hoffnung auf Mündigkeit bisher nicht erfüllen (vgl. Horkheimer/Adorno 1984: 7). Allerdings ist der Grund für das Scheitern der Aufklärung nicht allein in der bürgerlich-kapitalistischen Warenwirtschaft zu suchen, sondern schon in dem ursprünglichen Streben der Menschen nach Herrschaft über Natur, einem Herrschaftsstreben, dem die Aufklärung nicht Einhalt gebieten konnte.

Wenn man die "Dialektik der Aufklärung" mit Jürgen Habermas als ein schwarzes Buch bezeichnet (vgl. Habermas 1983: 405), so ist zu vergegenwärtigen, was die "Schwärze" dieses Buches ausmacht. Es ist dies nicht lediglich die trostlose Perspektive, das fehlende utopische Versprechen in der "Dialektik der Aufklärung", dem Naturzwang irgendwann einmal doch zu entkommen, sondern der Nachweis der Autoren, daß das Bewußtsein der Menschen mit einem Geburtsfehler zur Welt kommt: dem Willen zur Macht, ja, daß dieser Geburtsfehler das zentrale bewußtseinskonstituierende Moment gewesen und - bis in die Moderne hinein - geblieben ist. Die Moderne ist für Horkhei-

mer und Adorno kein mit der europäischen Aufklärung verknüpftes emanzipa-
torisches Projekt, das es zu vollenden gilt, sondern die brutale Fortsetzung
des Jahrtausende alten Wunschtraums, "grenzenlos Natur zu beherrschen, den
Kosmos in ein unendliches Jagdgebiet zu verwandeln" (Horkheimer/Adorno
1984: 223). "Aufklärung ist die radikal gewordene, mythische Angst" (Horkhei-
mer/Adorno 1984: 18), und solange es Angst gibt, wird es Herrschaft geben
(vgl. Horkheimer/Adorno 1984: 210).

* * * * *

Die Triade *Angst, Selbsterhaltung* und *Naturbeherrschung* ist die Grundlage
der skizzierten Theorie der Gesellschaft. Stützte sich eine Herrschaftstheorie
lediglich auf den Aspekt der Naturbeherrschung, wäre sie notwendig grob
verkürzt, es sei denn, dieser Aspekt sei von paradigmatischer Dignität, die
nachgewiesen werden müßte. Tatsächlich behandeln Horkheimer und Adorno
Naturbeherrschung nicht als paradigmatischen Fall von Herrschaft, sondern als
die ursprünglichste Form, die rasch Konsequenzen für die sozialen Beziehungen und die Beziehungen der Menschen zu sich selbst zeitigt.

Wie schon erwähnt sind die Thesen zum Verhältnis von Naturbeherrschung, sozialer Herrschaft und Selbstbeherrschung[8] in der Sekundärliteratur
als problematisch (vgl. Benhabib 1986: 218) wie auch als unbegründete, unab-
geleitete Behauptungen kritisiert worden (vgl. Gmünder 1985: 62). Horkheimer
und Adorno haben sich indes zu dem Problem des Verhältnisses von Naturbeherrschung, sozialer Herrschaft und Selbstbeherrschung sehr wohl geäußert.
Der Schlüsselsatz lautet: "Seit je war der partikulare Ursprung des Denkens
und seine universale Perspektive untrennbar." (Horkheimer/Adorno 1984: 37)
Der "partikulare Ursprung des Denkens" liegt in den ersten Versuchen, Natur
zu unterwerfen. "Weil Herrschaft zugleich die Bedingung des Überlebens ist,
kann sie nicht dulden, was auch immer außerhalb ihrer Verfügung liegt. Im
Prinzip Herrschaft selbst liegt somit schon die Tendenz zu ihrer eigenen Tota-

---

8   Unter Selbstbeherrschung ist hier die Unterdrückung natürlicher, vitaler Triebe zu
     verstehen (vgl. Horkheimer 1985: 94, 104; Adorno 1979: 96, 235; Adorno 1982: 314;
     Horkheimer/Adorno 1984: 65).

lisierüng." (Schmucker 1977: 41)

Auf den Zusammenhang von Naturbeherrschung, sozialer Herrschaft und Selbstbeherrschung haben Horkheimer und Adorno - nicht nur in der "Dialektik der Aufklärung" - immer wieder hingewiesen. Einige Beispiele sollen diesen Zusammenhang verdeutlichen:

"Die Praktiken der Unterjochung [schlagen] von der Unterjochung der Natur auf die Gesellschaft" zurück (Horkheimer/Adorno 1984: 39).

"Die Herrschaft über die Natur reproduziert sich innerhalb der Menschheit." (Horkheimer/Adorno 1984: 99; vgl. Adorno 1979: 445)

"Die Geschichte der Anstrengung des Menschen, die Natur zu unterwerfen, ist auch die Geschichte der Unterjochung des Menschen durch den Menschen." (Horkheimer 1985: 104)

Naturbeherrschung schreitet fort "in die Herrschaft über Menschen und schließlich (...) über inwendige Natur" (Adorno 1982: 314).

"Naturbeherrschung schließt Menschenbeherrschung ein. Jedes Subjekt hat nicht nur an der Unterjochung der äußeren Natur, der menschlichen und der nichtmenschlichen, teilzunehmen, sondern muß, um das zu leisten, die Natur in sich selbst unterjochen. Herrschaft wird um der Herrschaft willen 'verinnerlicht'." (Horkheimer 1985: 94; vgl. Adorno 1979: 96, 235)

"Als das Prinzip des Selbst, das bestrebt ist, im Kampf gegen die Natur im allgemeinen zu siegen, gegen andere Menschen im besonderen und über seine eigenen Triebe, wird das Ich als etwas empfunden, das mit den Funktionen von Herrschaft, Kommando und Organisation verbunden ist." (Horkheimer 1985: 104)

"Zu keiner Zeit hat der Begriff des Ichs den Makel seines Ursprungs im System gesellschaftlicher Herrschaft abgestreift." (Horkheimer 1985: 105)

"Das Herrschaftsprinzip, das ursprünglich auf brutaler Gewalt beruhte, nahm im Laufe der Zeit einen geistigeren Charakter an. Die innere Stimme trat im Erteilen von Befehlen an die Stelle des Herrn." (Horkheimer 1985: 105)

Offensichtlich ist dieser Zusammenhang von Natur, Gesellschaft und Individuum für Horkheimer und Adorno sehr bedeutsam. Die Naturerfahrung und der aus ihr hervorgehende Wille zur Macht ist die Voraussetzung und der Grund der Ausdehnung des Prinzips Herrschaft auf Gesellschaft und Individuum. Der Bezug gesellschaftlicher Herrschaft und Selbstbeherrschung zur Na-

turbeherrschung ist also sowohl kausaler als auch temporaler Art. Herrschafts-
verhältnisse ihrerseits wirken allerdings wiederum auf Naturerfahrung, -aneig-
nung und -theorien zurück.

* * * * *

Herrschaft setzt sich in zwei Dimensionen durch: einerseits innerhalb einer
Herrschaftssphäre als *Rationalisierung*, z.B. als Rationalisierung der Mittel zur
Naturbeherrschung - dies bezeichnet den Weg von der Magie zum Industrialismus. Diesen Prozeß nenne ich *Tiefendimension* der Herrschaft. Darunter ver-
stehe ich die Entwicklung der Methoden des Herrschens vom Ursprung bis
zur Gegenwart. Tiefendimension ist ein Begriff für die Entwicklungsdynamik
innerhalb eines Bereichs von Herrschaft (Naturbeherrschung, soziale Herrschaft,
Selbstbeherrschung). Das bedeutet freilich nicht, daß die Entwicklungsdynami-
ken in den verschiedenen Bereichen autonom sind - darauf wird noch einzugehen sein.

Die zweite Dimension betrifft die Ausdehnung, die *Universalisierung* der
genuin in der Sphäre des Mensch-Natur-Verhältnisses entstandenen Herrschaft
auf die Sphäre der Gesellschaft - als soziale Herrschaft - und auf die Sphäre
des Individuums - als Selbstbeherrschung (Triebunterdrückung). Diesen Vorgang nenne ich *Breitendimension* der Herrschaft. Tiefen- und Breitendimension
sind in der "universalen Perspektive" des Denkens enthalten, dessen "partikula-
rer Ursprung" in den Momenten des Schreckens liegt, die die Natur denjenigen einflößt, die über sie "nichts vermögen".

Dieser Schrecken führt zu den "ortsgebundenen Praktiken des Medizin-
manns" (Horkheimer/Adorno 1984: 14). In diesen jedoch ist die universale
Perspektive einer allumspannenden, industriellen Technik (vgl. Horkheimer/
Adorno 1984: 14) bereits enthalten - samt ihrer auf Arbeitsteilung beruhenden
Hierarchie und dem Zwang zur "Selbstentäußerung der Individuen, die sich an
Leib und Seele nach der technischen Apparatur zu formen haben" (Horkhei-
mer/Adorno 1984: 30). Die Geschichte mag disparat, chaotisch, plan- und
ziellos, inkonsequent oder wie auch immer undurchschaubar und uneinheitlich
verlaufen sein - das Prinzip Herrschaft schweißt diese "diskontinuierlichen,
chaotisch zersplitterten Momente und Phasen der Geschichte" zusammen

(Adorno 1982: 314): "Keine Universalgeschichte führt vom Wilden zur Humanität, sehr wohl eine von der Steinschleuder zur Megabombe." (Adorno 1982: 314)

* * * * *

Zur These des Übergangs von Naturbeherrschung zu sozialer Herrschaft und Selbstbeherrschung schreibt Benhabib: "Do they [sc. Horkheimer und Adorno; H.K.] mean that social relations are secondary to the primary relation of production, and that we have to show the emergence of the social out of the sphere of production; or do they mean that there is an analogy, or maybe even stronger, a necessary link between the domination of external nature and intersubjective domination and intrapersonal sublimation?" (Benhabib 1986: 218) Ich werde versuchen, diese Frage nach den konstitutiven Elementen sozialer Herrschaft und Selbstbeherrschung zu beantworten, resp. den bisher vermittelten Überblick an den entscheidenden Punkten zu vertiefen. In diesem Zusammenhang ist es nunmehr möglich, einige kritische Anmerkungen zu Benhabibs Vorwurf einfließen zu lassen, daß Horkheimer und Adorno nicht hinreichend sensibel für die Eigenlogik der verschiedenen Sphären seien.

Das, was ich Breiten- und Tiefendimension der Herrschaft genannt habe, läßt sich analytisch sehr wohl auseinanderhalten, praktisch jedoch bilden beide Dimensionen eine Einheit. Der Wille, Herrschaft über Natur zu erlangen, ist ebensowenig eine individuelle Idee, wie die Praxis der Herrschaft eine solipsistische Leistung darstellt. Natur wird - modern gesprochen - gesellschaftlich angeeignet (vgl. Schmucker 1977: 37). Ob dieser Prozeß arbeitsteilig organisiert ist oder nicht, ob die Arbeitsteilung hierarchisch strukturiert ist oder nicht, ob die Aneignung allseits bewußt und der Reflexion immer zugänglich vollzogen oder ohnmächtigen Individuen als Schicksal präsentiert wird - all das sind Faktoren, die als bewußtseinskonstitutiv angesehen werden müssen. Schon wegen dieses Zusammenhangs scheint es fragwürdig, ob es angemessen ist, mit Benhabib eine soziologische Theorie als defizitär zu brandmarken, wenn sie nichts zur Erklärung der Eigendynamik der Sphären Kultur, Gesellschaft und Individuum beiträgt. Ist nicht umgekehrt eine soziologische Theorie defizitär, die von einer Eigendynamik der Sphäre des Individuums ausgeht?

Die Rationalisierung der Naturbeherrschung besteht einerseits in der zunehmenden Effektivität der Mittel, und andererseits in der hierarchisch strukturierten Form ihrer Anwendung. Zunächst verkleidet sich der nomadische Wilde noch selbst ins Wild, um es zu beschleichen (vgl. Horkheimer/Adorno 1984: 22), doch schon bald ist "die Macht (...) auf der einen, der Gehorsam auf der anderen Seite" (Horkheimer/Adorno 1984: 22). Dabei bedarf die exponierte Stellung der Priester, Zauberer und Schamanen der ideologischen Absicherung (vgl. Adorno 1979: 349). Der Mythos erfüllt diese ideologische Funktion: Er ist das Rückgrat hierarchisch strukturierter Stammesgesellschaften.

Die kaum zu beantwortende Frage besteht darin, ob die Rationalisierung der Mittel zur Naturbeherrschung *zwingend* zu einer hierarchisch organisierten Arbeitsteilung samt der ihr immanenten Herrschaftsstruktur führen muß. Der mit guten Gründen behauptete faktische Verlauf der Rationalisierung ist noch kein Beweis seiner logischen Notwendigkeit. Selbst wenn man in dem Faktor Angst - als nicht zu bändigendem Motor der Rationalisierung - jene Antriebskraft erblickt, die der Herrschaft Einlaß in die Gesellschaft verschafft,[9] so bleibt noch immer eine problematische Konstruktion bestehen. Denn die Angst, die vermittelt über den Willen zur Selbsterhaltung und die daraus folgenden Versuche der Naturbeherrschung das entscheidende konstituierende Moment gesellschaftlicher Praxis darstellt (vgl. Horkheimer/Adorno 1984: 7)[10], ist nur allzu verständlich. Unverständlich wäre umgekehrt, wenn die unerfaßte, drohende Natur bei archaischen Menschen keine Angst hervorrufen würde. Dieser Sachverhalt scheint auf den ersten Blick die kritische Gesellschaftstheorie ad absurdum zu führen: Wenn aus einer gewöhnlichen und verständlichen, vielleicht sogar unvermeidbaren, menschlichen Reaktion alle Irrationalismen und Katastrophen der Geschichte abgeleitet werden, bleibt für kritische Gesellschaftstheorie kein Platz mehr, da die anthropologischen Grundannahmen der Theorie die Möglichkeit einer vernünftigen gesellschaftlichen Praxis außer Reichweite katapultiert haben.

---

9   Ohne Angst gäbe es keine Herrschaft (vgl. Horkheimer/Adorno 1984: 210).
10   Ähnliche Belege finden sich in der "Dialektik der Aufklärung" auch auf den Seiten 9, 17, 18, 29, 32, 79, 81, 84, 99, 162, 194 und 210.

* * * * *

An diesem Abgrund tasten Horkheimer und Adorno sich vorbei, wenn sie
nachzuweisen versuchen, daß der faktische Verlauf der Rationalisierung von
Herrschaftsformen und Herrschaftsmitteln seine eigenen Voraussetzungen aufhebt. Dadurch suchen sie die Kritik des naturbeherrschenden Geistes dahingehend zu modifizieren, daß die ehedem rationale Herrschaft nicht länger rational ist, und die Untersuchung kann zur Betrachtung der Faktoren fortschreiten,
die für die fortdauernde Existenz von Herrschaft verantwortlich sind. Horkheimer und Adorno weisen darauf hin, daß "es der Herrschaft ökonomisch nicht
mehr bedürfte" (Horkheimer/Adorno 1984: 151). Insofern wäre der "Flucht-
punkt des historischen Materialismus (...) seine eigene Aufhebung, die Befreiung des Geistes vom Primat der materiellen Bedürfnisse im Stand ihrer Erfüllung" (Adorno 1982: 207). "Die nach dem Stand der Produktivkräfte überflüssi-
ge Anstrengung [zur Selbsterhaltung; H.K.] wird objektiv irrational." (Adorno
1982: 343) "Ehemals rationale, doch überholte Verhaltensweisen werden von
der Logik der Geschichte unverändert heraufbeschworen. Sie ist logisch nicht
länger." (Adorno 1982: 343)

Vor der Natur muß sich in den Industriegesellschaften niemand mehr
ängstigen - von daher kann die Angst vor ihr nicht mehr Motor der Anstrengungen sein, sie zu unterwerfen. Das Prinzip Herrschaft, konstitutiv für das
Natur-Mensch-Verhältnis, die interpersonalen und intrapersonalen (auf diese
wird noch einzugehen sein) Beziehungen, hat sich schlicht verselbständigt, es
wird nicht durch Reflexion gebrochen. Immer wieder verwenden Horkheimer
und Adorno die Vokabel "blind" zur Beschreibung dieses Zustands. Sie erwähnen das "blindlings pragmatisierte Denken" (Horkheimer/ Adorno 1984: 3), die
Verstrickung der Aufklärung "in blinder Herrschaft" (Horkheimer/Adorno 1984:
5, 41), die "Herrschaft des blind Objektiven" (Horkheimer/Adorno 1984: 5).
"Denken verdinglicht sich zu einem selbständig ablaufenden, automatischen
Prozeß, der Maschine nacheifernd, die er selber hervorbringt, damit sie ihn
schließlich ersetzen kann." (Horkheimer/Adorno 1984: 26) "Je mehr die Denkmaschinerie das Seiende sich unterwirft, um so blinder bescheidet sie sich bei
dessen Reproduktion." (Horkheimer/Adorno 1984: 27) "Die Schutz- und
Schreckfarbe heute ist die blinde Naturbeherrschung, die mit der weitblicken-

den Zweckhaftigkeit identisch ist." (Horkheimer/Adorno 1984: 163) "In der Welt als Serienproduktion ersetzt deren Schema, Stereotypie, die kategoriale Arbeit. Das Urteil beruht nicht mehr auf dem wirklichen Vollzug der Synthesis, sondern auf blinder Subsumtion." (Horkheimer/Adorno 1984: 180)[11] In der "Negativen Dialektik" nennt Adorno diese blinde Fortsetzung von Herrschaft "unreflektierte Selbstbehauptung" (Adorno 1982: 279) oder auch "verwilderte Selbsterhaltung" (Adorno 1982: 285). Konsequent bescheinigt er der Moderne den "Charakter eines blinden Lächelns" (Adorno 1973: 60).

Ich habe so viele Stellen, die um die Vokabel "blind" kreisen, zitiert, um den systematischen Stellenwert hervorzuheben. Der Wille zur Naturbeherrschung, der ehedem als Angstabwehr rational gewesen sein mag, hat sich in der Sphäre der Gesellschaft irrational verselbständigt. Daher irrt Benhabib, wenn sie den Autoren der "Dialektik der Aufklärung" vorwirft, diese seien nicht hinreichend sensibel für eine Eigendynamik der Sphären Kultur, Gesellschaft und Individuum. Horkheimer und Adorno sind lediglich nicht dazu bereit, die Sphären völlig unabhängig voneinander zu analysieren. Denn die irrationale Verselbständigung des Prinzips Herrschaft ist nicht das Produkt einer der drei Sphären, sondern basiert auf ihrem wohltemperierten Zusammenspiel. Die Ohnmacht der Menschen gegenüber dieser Entwicklung ist nicht das Ergebnis einer fatalen Eigenlogik individuellen Bewußtseins, sondern "die konkreten Arbeitsbedingungen in der Gesellschaft erzwingen den Konformismus" (Horkheimer/ Adorno 1984: 36). Somit wird der Zwang zur Selbstbeherrschung und

---

11   Weitere Stellen in der "Dialektik der Aufklärung": "das unreflektiert aufgeklärte Denken" (85); "Herrschaft überlebt als Selbstzweck" (94); "der bewußtlose Koloß des Wirklichen, der subjektlose Kapitalismus, [führt] die Vernichtung blind" durch (102); "Weitergehen und Weitermachen überhaupt wird zur Rechtfertigung für den blinden Fortbestand des Systems, ja für seine Unabänderlichkeit" (133); "Kultur ist eine paradoxe Ware. Sie steht so völlig unterm Tauschgesetz, daß sie nicht mehr getauscht wird; sie geht so blind im Gebrauch auf, daß man sie nicht mehr gebrauchen kann" (145); "Das blinde und rapid sich ausbreitende Wiederholen designierter Werte verbindet die Reklame mit der totalitären Parole" (149); "Als blind Zuschlagende und blind Abwehrende gehören Verfolger und Opfer noch dem gleichen Kreis des Unheils an" (153); "die Blindheit des Antisemitismus" (153; vgl. 170, 176); die "blinde Lust des Totschlags" (154; vgl. 168); "Blindheit erfaßt alles, weil sie nichts begreift" (154); "Die von den Praktiken der Lager ausposaunte Unversöhnlichkeit ist selber nur noch eine Ideologie der blinden Machtkonstellation" (183); Der Mensch, "und nur er in der ganzen Schöpfung, [funktioniert] freiwillig so mechanisch, blind und automatisch" (219).

sozialen Herrschaft sehr wesentlich über die Art und Weise der Naturbeherrschung ausgeübt.

Insofern ist Honneth durchaus zuzustimmen, wenn er eine "Analogie von Naturbeherrschung und sozialer Herrschaft" feststellt (Honneth 1985: 67). Nur kann aus dieser Analogie nicht gefolgert werden, daß sie einen "zwangsläufigen Prozeß" (Honneth 1985: 68) begründet, der mit naturgesetzlicher Härte und Unausweichlichkeit die Herrschaftsstrukturen reproduziert. Vielmehr weisen Horkheimer und Adorno, wie Herbert Schnädelbach bemerkt, darauf hin, daß die naturgesetzliche Härte der gesellschaftlichen Entwicklung "sich nur unter angebbaren Bedingungen vollzieht und nicht schlechthin oder an sich" (Schnädelbach 1989: 31). "Horkheimer und Adorno bestanden stets darauf, daß diese Prämissen und Rahmenbedingungen [des internen Zusammenhangs von Aufklärung und Gegenaufklärung; H.K.] kontingent sind. Darum exemplifizieren jene 'Widersprüche' der Aufklärung keine höhere oder gar absolute Logik; sie sind nicht notwendig in einem logischen oder gar metaphysischen Sinne, sondern sie ergeben sich notwendig nur unter genau angebbaren historischen und sozialen Voraussetzungen." (Schnädelbach 1989: 30) Die entscheidende Voraussetzung, die Horkheimer und Adorno in diesem Zusammenhang erwähnen, besteht in der Einschränkung der Vernunft auf ein Instrument der Naturbeherrschung (vgl. Schnädelbach 1989: 32). Es geht Adorno nicht darum, einen Nachweis zu führen, daß die Geschichte der Menschheit unter der unbedingten Suprematie von Naturgesetzen steht, im Gegenteil: "Das geschichtlich Allgemeine, die Logik der Dinge, die in der Notwendigkeit der Gesamttendenz sich zusammenballt, gründet in Zufälligem, ihr Äußerlichem; *sie hätte nicht zu sein brauchen.*" (Adorno 1982: 315; meine Hervorhebung, H.K.)[12] Auch die häufige Verwendung der Vokabel "blind" in der "Dialektik der

---

12 Bezogen auf das Problem, ob eine "Negative Dialektik" noch ein utopisches Potential aufzuweisen habe, schreibt Alo Allkemper m.E. zu Recht: "Negative Dialektik [hält] als Bedingung ihrer Möglichkeit am Moment der Position in der Negation fest, wenn auch anders als Hegel. Absolute Negativität widerriefe Negation. Falsch ist es deshalb, Adorno einen totalen Ideologiebegriff zu unterstellen, der Vernunft schlicht mit Ideologie identifiziert, hat doch Adorno diese Identifikation immer kritisiert" (Allkemper 1981: 107). Allkemper bezieht sich auf folgende Stelle in der "Negativen Dialektik": "Das Alles des unterschiedslos totalen Ideologiebegriffs [terminiert] im Nichts." (Adorno 1982: 198)
    Auch Reinhard Kager beharrt darauf, daß "bei aller Hoffnungslosigkeit [bedingt durch

Aufklärung" bestätigt die These, daß Horkheimer und Adorno keineswegs den notwendigen, von allen Bedingungen unabhängigen Geschichtsverlauf nachzeichnen. Wären die Menschen aufgeklärt (im emphatischen Sinn), d.h. wären sie nicht in blinde Verhältnisse verstrickt, die sie selbst ständig reproduzieren, könnte die Logik der Dinge als Schein durchschaut werden und die Geschichte der Menschheit in ein neues Stadium eintreten.

Honneth erkennt zwar an, daß in der "Dialektik der Aufklärung" die Kategorie der Naturbeherrschung selbst das Verbindungsstück zur Herrschaft über soziale Klassen darstellt (vgl. Honneth 1985: 64 f.), gleichwohl verkennt er den systematischen Stellenwert, den die Form der Naturbeherrschung als Voraussetzung für die soziale Herrschaft innehat. Nicht die Naturbeherrschung an sich stellt die unmittelbare Voraussetzung für soziale Herrschaft dar, sondern die gesellschaftliche Form, in der sie sich manifestiert, die sozialen Bedingungen, von denen sie getragen wird und die sie hilft, zu reproduzieren. Nirgends in der "Dialektik der Aufklärung" wird behauptet, daß die Naturbeherrschung zwingend die Form annehmen muß, die sie angenommen hat. Die materielle Reproduktion der Gesellschaft ist nicht notwendig an die bestehende Stratifikation gekoppelt. Von einem "zwangsläufigen Prozeß einer Spirale von menschlicher Naturbeherrschung, gesellschaftlicher Klassenherrschaft und individueller Triebbeherrschung" (Honneth 1985: 68) kann in der "Dialektik der Aufklärung" nicht die Rede sein.

Es ist daher eine sehr kühne These Honneths, Adorno die Gleichung Gesellschaft = Natur zu unterstellen.[13] Wenn Horkheimer/Adorno von den unter-

---

die Gefangenschaft des Menschen in der Naturgeschichte; H.K.] (...) auf die *prinzipielle Möglichkeit* von Versöhnung mit Nachdruck zu verweisen" ist (Kager 1988: 255 Anm.): "Gegen unhistorische Betrachtungsweisen und mit der Tradition des deutschen Idealismus beharrte die kritische Theorie auf der Bedeutung einer geschichtsphilosophischen Konzeption, die nach dem Scheitern der großen philosophischen Systeme zwar nicht mehr als universalgeschichtliche Konstruktion unter Angabe eines konkreten Telos der Geschichte entworfen werden kann, wie es Marx noch in der klassenlosen Gesellschaft erblickte, die aber dennoch die dünn gewordene Hoffnung auf das Gelingen der menschlichen Emanzipation sich nicht ausreden läßt, um wenigstens formal an der Idee der Versöhnung festzuhalten: daß sich durch den Schleier des geschichtlich kontinuierlichen Leids hindurch die prinzipielle Möglichkeit ahnen lasse, es könne anders sein. Damit wird weder ein *klar definiertes, positiv ausgemaltes Ziel der Geschichte postuliert, noch die Behauptung aufgestellt, die Historie hätte sich nur so und nicht anders entwickeln können.*" (Kager 1988: 101)

13   Die Gleichung, Gesellschaft sei gleich Natur, hätte zur Konsequenz, daß alle gesell-

drückten Klassen als den "gesellschaftlichen Nachfolgern" "der physischen Natur" reden (Horkheimer/Adorno 1984: 53; vgl. Honneth 1985: 64), so ist das als Bild zu interpretieren. Natur ist hier im übertragenen Sinn zu verstehen: als "unwiderstehliches Gleichnis der Gefangenschaft" (Adorno 1982: 351). Darüberhinaus gebrauchen Horkheimer/Adorno den Begriff der Natur polemisch: "Gesund ist, was sich wiederholt, der Kreislauf in Natur und Industrie." (Horkheimer/Adorno 1984: 133) Natur in der "Dialektik der Aufklärung" als Bild der Entfremdung, Gefangenschaft und blinder, "naturwüchsiger" Herrschaft ist in Abgrenzung zum faschistisch mißbrauchten Naturbegriff zu sehen:

"Wenn Hitler und seine Anhänger sich als Sprecher unterdrückter Natur aufgespielt hatten, wenn sie als Propheten der kommenden Unmittelbarkeit und neuen Natürlichkeit aufgetreten waren, die von einer 'entarteten Kunst', einer 'widernatürlichen Kultur' und einem 'unorganischen' politischen System zu befreien versprachen, dann wenden sich Horkheimer und Adorno entschieden gegen derartige pseudoromantische Inanspruchnahmen des Naturbegriffs und seines Pathos. Sie verweisen darauf, daß bei den Faschisten die Forcierung 'fortgeschrittenster' Herrschaftstechniken und Militärtechnologien mit der kompensatorischen Feier der Natürlichkeit zusammenging." (Rath 1987: 5 f.) Horkheimer und Adorno "bestehen darauf, daß die Menschen Naturwesen sind, daß aber in der Moderne in zunehmendem Maße nicht eine ursprüngliche Naturhaftigkeit über sie bestimme, sondern das zu einer objektiven Macht zusammengeballte Geschichtsprodukt, ein Konglomerat aus instrumenteller Rationalität, naturbeherrschender Technik, entfremdenden Verkehrsformen, ideologischen Dispositionen und ökonomischen Zwängen, eine 'zweite Natur', unentrinnbarer und konsequenter als die 'erste'." (Rath 1987: 6)

Der Naturbegriff in der "Dialektik der Aufklärung" steht in unversöhnlichem Gegensatz zum Versuch der Faschisten, ihre Herrschaft als gleichsam von der Natur gewollt zu begreifen (vgl. Horkheimer 1985: 93 - 123). So ist

---

schaftlichen Prozesse als natürliche und somit unvermeidbare entschuldigt seien. Schon deshalb wehrt Adorno sich ausdrücklich gegen eine solche Gleichsetzung: "Die Naturgesetzlichkeit der Gesellschaft ist Ideologie, soweit sie als unveränderliche Naturgegebenheit hypostasiert wird. Real aber ist die Naturgesetzlichkeit als Bewegungsgesetz der bewußtlosen Gesellschaft, wie es das 'Kapital' von der Analyse der Warenform bis zur Zusammenbruchstheorie in einer Phänomenologie des Widergeistes verfolgt." (Adorno 1982: 349)

zu verstehen, daß Adorno die Hypostasierung der gesellschaftlichen Bewegung "als unveränderliche Naturgegebenheit" der Ideologie bezichtigt (Adorno 1982: 349).

* * * * *

Es sei noch einmal an den Satz erinnert, daß es ohne Angst keine Herrschaft gäbe (vgl. Horkheimer/Adorno 1984: 210). Insofern kann die Verselbständigung des Prinzips Herrschaft allein noch keine hinreichende Erklärung für den Fortbestand von Herrschaft sein. Ohnmachtsgefühle einer übermächtigen Natur gegenüber können in den Industriegesellschaften ebenfalls nicht mehr als Motor der Rationalisierung angesehen werden. Wo also sitzen die Werwölfe, "die im Dunkel der Geschichte existieren und die Angst wachhalten, ohne die es keine Herrschaft gäbe" (Horkheimer/Adorno 1984: 210)?

Im Kapitalismus bedarf es der Herrschenden nicht mehr zur Verbreitung von Angst und Schrecken. Die bürgerliche Gesellschaft versklavt die Menschen "anstatt durch das Schwert durch die gigantische Apparatur" (Horkheimer/Adorno 1984: 209). Die Gefängnisse "sind das Bild der zu Ende gedachten bürgerlichen Arbeitswelt, das der Haß der Menschen gegen das, wozu sie sich machen müssen, als Wahrzeichen in die Welt stellt" (Horkheimer/Adorno 1984: 202). "Die absolute Einsamkeit, die gewaltsame Rückverweisung auf das eigene Selbst, dessen ganzes Sein in der Bewältigung von Material besteht, im monotonen Rhythmus der Arbeit, umreißen als Schreckgespenst die Existenz der Menschen in der modernen Welt." (Horkheimer/Adorno 1984: 202) Demnach ist Angst in der Moderne ein gesellschaftliches Produkt: "Aufrüstung, Übersee, Spannung im Mittelmeer, weiß nicht was für großspurige Begriffe versetzen schließlich die Menschen in wirkliche Angst." (Horkheimer/Adorno 1984: 197) Heute müßten noch Begriffe wie Overkill, Umweltverschmutzung, Strahlengefährdung, Aids, Arbeitslosigkeit usw. erwähnt werden: Die Medien liefern den Schrecken frei Haus. Es ist ein Paradox der Macht, daß sie die Angst vor der Katastrophe erzeugt, zu deren Abwendung "die schützende Hand der Macht" (Horkheimer/Adorno 1984: 209) sich anbietet.[14] Dieses Sy-

---

14   "Schutz ist das Urphänomen von Herrschaft." (Horkheimer 1970: 28)

stem von Angsterzeugung und Schutzangebot hat die bürgerliche Gesellschaft
- wenngleich subtiler darin - in der Tat mit der Mafia gemein.

Entscheidend für den Fortbestand sozialer Herrschaft und für die Fort-
schreibung der Dynamik ständig und bedrohlich wachsender Naturausbeutung
ist die psychische Disposition der Individuen, die sich unter dem Vorzeichen
der "Anerkennung der Macht als des Prinzips aller Beziehungen" (Horkheimer/
Adorno 1984: 12) entwickelt. Die Beziehung der Menschen zu sich selbst ist
ein notwendiges Ergebnis ihrer Beziehung zur dinglichen und sozialen Umwelt
(vgl. Horkheimer/Adorno 1984: 28). Naturbeherrschung, soziale Herrschaft und
Selbstbeherrschung sind von Beginn der Menschwerdung an amalgamiert. Mit
Bezug auf Horkheimer und Adorno schreibt Habermas: "Die Struktur der Ausbeutung einer objektivierten und verfügbar gemachten Natur wiederholt sich
auch im Inneren der Gesellschaft, sowohl in den interpersonalen Beziehungen,
die durch Unterdrückung sozialer Klassen, wie auch in den intrapsychischen
Beziehungen, die durch Repressionen der Triebnatur gekennzeichnet sind."
(Habermas 1985, Bd. 1: 521 f.)

Die Verstrickung des Selbst und der selbsterhaltenden Vernunft in die
etablierten Formen der Herrschaft blockiert die Erkenntnis, daß das Ausmaß
der Herrschaft das zur Selbsterhaltung notwendige Maß längst überschritten
hat - die Selbsterhaltung ist "verwildert" (Adorno 1982: 285), sie ist ebenso
blind wie die Herrschaft selbst, an deren Universalisierung sie gewachsen ist.

* * * * *

Eine derartige Konzeption des Selbst läuft Gefahr, den Begriff des Individuums auszulöschen. Wenn die Menschen nicht mehr befähigt sind, ihr Handeln
auf selbstgewählte oder durch Kommunikation ausgehandelte Zwecke auszu-
richten, die Vernunft demnach ausschließlich Mittel im vorgegebenen Reich
der Zwecke ist, erhält der Begriff des Individuums den philosophischen Fuß-
tritt und geht über Bord. In wenigen prägnanten Sätzen hat Horkheimer diesen Vorgang dargestellt: "Das Individuum faßte einmal die Vernunft ausschließlich als ein Instrument des Selbst. Jetzt erfährt es die Kehrseite seiner Selbst-
vergottung. Die Maschine hat den Piloten abgeworfen; sie rast blind in den
Raum. Im Augenblick ihrer Vollendung ist die Vernunft irrational und dumm

geworden. Das Thema dieser Zeit ist Selbsterhaltung, während es gar kein Selbst zu erhalten gibt." (Horkheimer 1985: 124) Selbsterhaltung ist zugleich Maßstab der Vernunft und der Ort, an dem Vernunft zuschanden wird (vgl. Horkheimer/Adorno 1984: 32).

Wenn die "konkreten Arbeitsbedingungen in der Gesellschaft (...) den Konformismus" erzwingen, und "die unterdrückten Menschen" durch "die bewußten Beeinflussungen" zusätzlich dumm gemacht werden (Horkheimer/Adorno 1984: 36), das Bewußtsein demnach völlig in den "Verblendungszusammenhang" (Horkheimer/Adorno 1984: 40) des bestehenden schlechten Ganzen aufgesogen wird, gerät die Theorie der Herrschaft derart dicht, daß nicht erst die Überwindung, sondern bereits das Erkennen von Herrschaft unmöglich erscheint. Innerhalb des Verblendungszusammenhangs ist der Satz, daß "es der Herrschaft ökonomisch nicht mehr bedürfte" (Horkheimer/Adorno 1984: 151), paradox. Dieses Problem haben Horkheimer und Adorno selbst erkannt: "Die Verdinglichung, kraft deren die einzig durch die Passivität der Massen ermöglichte Machtstruktur diesen selbst als eiserne Wirklichkeit entgegentrit, ist so dicht geworden, daß jede Spontanität, ja die bloße Vorstellung vom wahren Sachverhalt notwendig zur verstiegenen Utopie, zum abwegigen Sektierertum geworden ist. Der Schein hat sich so konzentriert, daß ihn zu durchschauen objektiv den Charakter der Halluzination gewinnt." (Horkheimer/Adorno 1984: 183) Diese Generalisierung der Kategorie der Verdinglichung hat zur Folge, daß die psychische Disposition von Menschen nicht anders vorgestellt werden kann, als ganz unter dem Bann des Über-Ich - "der gesellschaftlichen Kontrollinstanz im Individuum" (Horkheimer/Adorno 1984: 182) - stehend. Das Ich ist nicht einmal im Ansatz Herr im eigenen Haus, es fungiert lediglich als Instrument zum Erhalt der gesellschaftlichen Machtkonstellation.

Die unter dem Prinzip Herrschaft total gewordene Verdinglichung und das Erkennen dieses Zustands schließen einander aus - ein unterdessen klassischer Aporievorwurf an die Adresse der alten Kritischen Theorie. Während Adorno in seinen späteren Schriften die ästhetische Erfahrung als letztes Refugium kritischer Erkenntnis ortet (vgl. Honneth 1985: 82), beschreibt die "Dialektik der Aufklärung" einen anderen Weg zu solcher Erkenntnis, der in der Sekundärliteratur meines Wissens bisher nicht gewürdigt wurde: "Ohne sich der Verstrickung, in der es [sc. das Denken; H.K.] in der Vorgeschichte befan-

gen bleibt, entwinden zu können, reicht es jedoch hin, die Logik des Entwe-
der-Oder, Konsequenz und Antinomie, mit der es von Natur radikal sich eman-
zipierte, als diese Natur, unversöhnt und sich selbst entfremdet, wiederzuerkennen. Denken, in dessen Zwangsmechanismus Natur sich reflektiert und fortsetzt, reflektiert eben vermöge seiner unaufhaltsamen Konsequenz auch sich
selber als ihrer selbst vergessene Natur, als Zwangsmechanismus." (Hork-
heimer/Adorno 1984: 38) Die Selbstreflexivität des Denkens wird in der "Dialektik der Aufklärung" nicht lediglich als möglich, sondern als unaufhaltsame
Konsequenz der herrschenden Vernunft des Herrschens dargestellt. Die Anstrengung des Denkens, alles zu unterwerfen, wird dem Denken selbst zur
Falle, sobald es die Herrschaft auf sich selbst ausdehnt. Daher bedeutet der
"Fortschritt der Herrschaft zugleich deren Bloßstellung" (Horkheimer/Adorno
1984: 39).

Ob allerdings diese Ausführungen ein tragfähiges Fundament für eine
umfassende Vernunftkritik darstellen, kann bezweifelt werden. Daß die zur
Totalität neigende Herrschaft in letzter Konsequenz sich selbst bloßstellt oder
gar ihr eigenes Gegenteil, Versöhnung, hervorbringt, scheint mir vor dem Hintergrund dessen, was der Faschismus angerichtet hat, eine besonders zyni-
sche Variante der "List der Vernunft" (Hegel) zu sein. Im Atomzeitalter könnte
diese List zur tödlichen werden.

* * * * *

An dieser Stelle soll Honneths Reduktionismusvorwurf noch einmal aufgegrif-
fen werden. Die fatale Hoffnung der Autoren der "Dialektik der Aufklärung",
die Herrschaft werde sich gleichsam selbst verzehren, verweist auf ein Problem, das Horkheimer und Adorno sich durch ihren zu eng gewählten Kategorienapparat selbst geschaffen haben. Ihre Herrschaftstheorie ist sachlich nicht
imstande, etwas anderes als Macht und Herrschaft zu erfassen. *Nicht die
Reduktion von sozialer Herrschaft auf Naturbeherrschung ist das Problem*
(wie Honneth meint) - diese Analogie wird mit guten Gründen vertreten -,
sondern die Reduktion alles Sozialen auf Herrschaft. Es geht deshalb auch
nicht um das Problem, ob Horkheimer und Adorno legitim geregelte Herr-

schaftsverhältnisse kategorial erfassen können (vgl. Honneth 1985: 76),[15] sondern ob sie überhaupt etwas anderes als Herrschaft kategorial erfassen können. Die Theorie des Funktionszusammenhangs von Angst, Selbsterhaltung
und Herrschaft wirkt immunisierend gegenüber der Wahrnehmung aller nicht
herrschaftlich organisierter Beziehungen. Zuneigung, Bildung u.v.a.m. haben in
dieser Gesellschaftstheorie, in der alle Handlungen letztlich als Ausdruck des
Überlebenskampfes interpretiert werden, keinen Platz mehr. Selbst wenn man
geneigt ist, die Angst vor einer bedrohlichen Natur als konstitutiv für den Auf-
und Ausbau von Herrschaftsstrukturen anzusehen, ist schwerlich nachzuvollziehen, daß das gesamte soziale Geschehen letztlich auf der Angsterfahrung
sich gründet. Insofern muß man der "Dialektik der Aufklärung" handlungstheoretische Defizite vorwerfen, wie sie auch von anderen Autoren gesehen werden (vgl. Geyer 1982: 126-137; Düver 1979: 173, 176). Diese durch den Funktionszusammenhang von Angst, Selbsterhaltung und Herrschaft verengte handlungstheoretische Perspektive hat zur Folge, daß der Naturbegriff unter dem
Stichwort der "Naturverfallenheit der Menschen" (Horkheimer/Adorno 1984: 4)
zur Erfassung der gesamten gesellschaftlichen Wirklichkeit herangezogen
wird.[16] Wenn "die Naturgesetzlichkeit als Bewegungsgesetz der bewußtlosen
Gesellschaft" tatsächlich real ist (Adorno 1982: 349), bleibt außerhalb der
naturgesetzlichen Bewegung der Gesellschaft kein Raum mehr für Handlungen, die nicht unter dem Bann dieses Gesetzes stehen - was wiederum den
Vorwurf des gesellschaftstheoretischen Reduktionismus rechtfertigt. Selbst

---

15   Ich stimme Honneth zu, daß die Herrschaftstheorie in der "Dialektik der Aufklärung"
      nicht den kategorialen Rahmen liefert, einen Typus konsensuell gesicherter Herrschaft
      zu erfassen (vgl. Honneth 1985: 67). Andererseits besteht für Horkheimer und Adorno
      nicht das Problem einen solchen Herrschaftstypus erfassen zu müssen, denn selbst
      wenn ihre Theorie legitim geregelte Herrschaftsverhältnisse sachlich zuließe, wären
      dennoch weder Horkheimer noch Adorno bereit irgendeiner der vergangenen oder
      gegenwärtigen Gesellschaftsformen legitim geregelte Herrschaftsverhältnisse zu
      attestieren. Auch die durch Handel und Verkehr vermittelte bürgerliche Form der
      Herrschaft wird als Unrecht dargestellt (vgl. Horkheimer/Adorno 1984: 209). Der
      Arbeiter, der durch das "Räderwerk der Industrie (...) an die Macht" angepaßt wird
      (Horkheimer/Adorno 1984: 184), sich gar mit dieser identifiziert und sie durch sein
      Wahlverhalten bestätigt, bewegt sich nicht dadurch schon im Rahmen eines legitim
      geregelten Herrschaftsverhältnisses.
16   "Blinde, naturwüchsige Verhältnisse überdauern auch in der Gesellschaft des aufge-
      klärten Zeitalters." (Adorno 1981: 496)

wenn Adorno betont, daß die Bedingungen, die zu solcher Naturgesetzlichkeit der Gesellschaft geführt haben, kontingent seien (s.o.), eröffnet sich damit in der "bewußtlosen Gesellschaft" kein Handlungsspielraum außerhalb des Gesetzes: Der auf die Erfassung von Herrschaftsstrukturen zugeschnittene Kategorienapparat der "Dialektik der Aufklärung" rechtfertigt die Annahme einer Identifizierbarkeit dieser Bedingungen nicht. Aus der Binnenperspektive der Gesellschaft stellt nämlich der Schein einer notwendigen Naturgesetzlichkeit gesellschaftlicher Prozesse nicht als Schein, sondern als reale Gesetzlichkeit sich dar. Die Bewußtlosigkeit der Gesellschaft bestätigt das Bewegungsgesetz; die reale Bewegung unter dem Gesetz wiederum führt zu einem verdinglichten Bewußtsein und somit zur Ohnmacht - und so weiter ad infinitum. Wo dialektisches Garn so fest verstrickt wird, entsteht ein gordischer Knoten. In diesem Fall besteht er darin, daß das kritisierte Naturgesetz in seiner diamantenen Härte nolens volens als gültig bestätigt wird.

* * * * *

Kann die "Dialektik der Aufklärung" noch für sich beanspruchen, etwas Wesentliches über unsere Gegenwart auszusagen? Abschließend einige Überlegungen zu dieser Frage:

    Zunächst einmal ist die totalisierende Kritik der "Dialektik der Aufklärung", die zu den beschriebenen Problemen führt, zu relativieren. Selbst wenn man geneigt ist, Übertreibungen als Mittel der Überzeugung zu akzeptieren, muß dennoch eingeräumt werden, daß das Pathos der "Dialektik der Aufklärung" einer nüchternen Überprüfung vielfach nicht standhält.[17] Die Herrschafts-

---

17   Schmid Noerr attestiert der "Dialektik der Aufklärung" "methodische Übertreibung". Horkheimer und Adorno gehe es weniger um "die historische Gewichtung einzelner Sachverhalte als [um] die Konsequenz ihrer Perspektive auf die schwarze Logik der in der Geschichte verratenen menschlichen Möglichkeiten. In dieser Perspektive ist 'nur die Übertreibung [...] wahr' [Horkheimer/Adorno 1984: 106]. (Schmid Noerr 1989: 79 f.) In der "Einleitung zum 'Positivismusstreit in der deutschen Soziologie'" schreibt Adorno: "Erkenntnis ist, und keineswegs per accidens, Übertreibung. Denn so wenig irgendein Einzelnes 'wahr' ist, sondern vermöge seiner Vermitteltheit immer auch sein eigenes Anderes, so wenig wahr ist wiederum das Ganze. Daß es mit dem Einzelnen unversöhnt bleibt, ist Ausdruck seiner eigenen Negativität. Wahrheit ist die Artikulation dieses Verhältnisses." (Adorno 1984: 46)

theorie Horkheimers und Adornos beschreibt nicht *das Ganze* der gesellschaftlichen Wirklichkeit. Dennoch erfassen sie *einen zentralen Aspekt* der gesellschaftlichen Rationalisierung: die Unterordnung des Lebens unter die Erfordernisse einer unaufhaltsam und bedrohlich anwachsenden, in den Strukturen der Gesellschaft sich widerspiegelnden Naturausbeutung. Wenngleich Honneth mit Recht betont, daß "sich das handlungstheoretische Kategoriengerüst [der "Dialektik der Aufklärung"; H.K.] in einem Begriff der Arbeit" erschöpft (Honneth 1985: 68), darf dennoch der Explikationswert dieses Gerüsts für die Struktur der Gesellschaft und der in ihr stattfindenden Handlungen nicht unterschätzt werden. Zwar erfassen Horkheimer und Adorno nicht die gesamte Wirklichkeit, aber die wichtigen - für die gesellschaftliche Rationalisierung entscheidenden - Sphären der Produktion, Distribution und Konsumtion werden sowohl in ihrer hierarchischen Struktur als auch in ihrem verdinglichenden, bewußtseinsbildenden Charakter theoretisch eingeholt.

Sicherlich hat in gewisser Weise jede Wirklichkeit, in der sie leben, Macht über Menschen - und sei es nur die Macht der Gewohnheit, des Arbeitsrhythmus. Insofern ist der "Verblendungszusammenhang" keine Erfindung der Moderne - wenngleich das Ausmaß der Verblendung im Kapitalismus durch die Abhängigkeit der Einzelnen von den Gesetzen der Ökonomie, den rationalisierten Arbeitsweisen und vom bewußtseinsproduzierenden Schein der Waren selbst - ihrem Fetischcharakter, wie Marx es genannt hat - auf bisher unbekannte Höhe angewachsen ist und dadurch - in der drastischen Formulierung Horkheimers und Adornos - "die Erfahrungswelt der Völker (...) tendenziell wieder der der Lurche" angeähnelt wird (Horkheimer/Adorno 1984: 36).

Das Normale ist, daß es so weiter geht: Revolutionen sind selten, und sie garantieren keine Besserung. Aber wo der Mensch revoltiert gegen die Übermacht des Bestehenden, existiert zumindest ein Bewußtsein von dessen Veränderbarkeit und damit implizit von dessen Gewordenheit. Insofern die "Dialektik der Aufklärung" als eine *Archäologie der Herrschaft* das Gewordensein des Bestehenden bis zu den Anfängen der Menschheit zurückverfolgt, leistet sie eine - salopp ausgedrückt - Psychoanalyse der Menschheit, eine Anthropoanalyse mit therapeutischen Effekten. Diese Effekte werden erzielt durch Erinnerung "ans Gewordensein des Gespinsts" (Adorno 1982: 351), durch dessen Bewußtwerdung eine Diskrepanz entsteht zwischen der Wirklichkeit und deren Entsprechung im Bewußtsein. Die Utopie, als konkrete Erkenntnis der Veränderbarkeit von Wirklichkeit, lebt von der Größe dieser Diskrepanz: Sie ist der Ort des nicht affirmativen Denkens und somit die Keimzelle der Negation der Verdinglichung. Wenn "alle Verdinglichung (...) ein Vergessen" ist (Horkheimer/Adorno 1984: 206), dann ist Erinnerung der Nährboden, der den Keim zum Quellen bringt. Die Erinnerung wirkt einem Kurzschluß zwischen Bewußtsein und Wirklichkeit entgegen: Sie ist die Conditio sine qua non der Fähigkeit des Subjekts zur Reflexion. Reflexion und Fähigkeit zur Differenz gehören untrennbar zusammen (vgl. Horkheimer/Adorno 1984: 170). Somit ist die Reflexion die Grundbedingung, Veränderungen zu erreichen - gegen den "bewußtlosen Koloß des Wirklichen, den subjektlosen Kapitalismus" (Horkheimer/Adorno 1984: 102) und gegen den Massenbetrug durch die Kulturindustrie.

Horkheimer und Adorno haben mit der Untersuchung der Genese der Herrschaft gezeigt, daß es sehr wohl möglich ist, innerhalb einer annähernd perfekten Verdinglichungsmaschinerie, einen Ort zu finden, an dem subversives Denken noch möglich ist. Sicherlich sind die Verdinglichungsmechanismen im gegenwärtigen "liberalen" Kapitalismus subtiler als in seiner faschistischen Ausprägung. Wo die Gewalt unmittelbar und brutal auftritt, wird auf Dauer die Fähigkeit, eine solche Wirklichkeit in kritischer Distanz zu reflektieren, eher wachsen als schrumpfen. Umgekehrt gilt: Wenn die Maschinerie subtiler, reibungsloser, wie geschmiert funktioniert, wird die Fähigkeit zur Differenz abnehmen. Von daher ist die Intention der "Dialektik der Aufklärung", ein Bewußtsein von der Wirklichkeit als gewordener und veränderbarer zu erreichen, aktueller denn je. Wenn die "technische Rationalität heute (...) die Rationalität der Herrschaft selbst" ist, die den "Zwangscharakter der sich selbst entfremdeten Gesellschaft" darstellt (Horkheimer/Adorno 1984: 109), so ist die von Horkheimer und Adorno 1944 beschriebene Problematik nicht geringer sondern größer geworden. Wo die "Dialektik der Aufklärung" schon 1944 eine "Ungleichzeitigkeit in der technischen und menschlichen Entwicklung" diagnostiziert hat (Horkheimer/Adorno 1984: 181), so fehlen uns nur 45 Jahre später überhaupt die Worte, um diese Ungleichzeitigkeit noch angemessen ausdrücken zu können: Daß wenige Millionstel Gramm Plutonium zu tödlichen Strahlungsschäden führen, ist eine wissenschaftlich korrekte Aussage. Es ist ebenfalls bekannt, daß das wichtigste Plutoniumisotop Pu 239 - ein Alphastrahler - eine Halbwertszeit von 24360 Jahren hat. Ob die menschliche Vernunft jedoch hinreicht, den tieferen (Wahn-) Sinn dieser Aussagen zu begreifen und daraus die notwendigen Konsequenzen zu ziehen, oder ob Profitaussichten weiterhin eine geradezu apokalyptische Risikobereitschaft erzeugen - das ist ein Problem, das mit naturwissenschaftlicher Vernunft allein nicht zu lösen ist. Die Frage heute darf nicht mehr lauten, was machbar ist, sondern was die Menschen von dem, wozu sie technisch in der Lage sind, unterlassen können. Die Trial-and-error-Methode - Garantin der permanent anwachsenden Verfügungsgewalt über Natur - besitzt keine uneingeschränkte Dignität mehr: Dringend notwendig wäre ein Bewußtsein davon, daß der nächste trial zugleich der letzte error sein könnte. Zur Erlangung eines solchen Bewußtseins kann die "Dialektik der Aufklärung" auch heute noch beitragen, denn die Bloßstellung der Herrschaft und ihres Gefahrenpotentials ist zugleich ein Schritt zu ihrer Überwindung.

Literatur

Adorno, Theodor W., 1973: Vorlesungen zur Ästhetik 1967-68. (Raubdruck) Zürich.

Adorno, Theodor W., 1979: Soziologische Schriften I (Gesammelte Schriften Bd. 8). Frankfurt/M.

Adorno, Theodor W., 1981: Noten zur Literatur. Frankfurt/M.

Adorno, Theodor W., 1982: Negative Dialektik (Gesammelte Schriften Bd. 6). Frankfurt/M.

Adorno, Theodor W. 1984: Einleitung zum "Positivismusstreit in der deutschen Soziologie". In: Adorno, Theodor W. u.a. 1984: 7-79.

Adorno, Theodor W. u.a. 1984: Der Positivismusstreit in der deutschen Soziologie. Darmstadt u. Neuwied.

Allkemper, Alo, 1981: Rettung und Utopie. Studien zu Adorno. Paderborn.

Benhabib, Seyla, 1986: Critique, Norm and Utopia. New York.

Bohrer, Karl Heinz (Hrsg.), 1983: Mythos und Moderne. Frankfurt/M.

Dubiel, Helmut, 1978: Wissenschaftsorganisation und politische Erfahrung. Studien zur frühen Kritischen Theorie. Frankfurt/M.

Düver, Lothar, 1979: Theodor W. Adorno. Der Wissenschaftsbegriff der Kritischen Theorie in seinem Werk. Bonn.

Frank, Manfred, 1982: Der kommende Gott. Vorlesungen über die Neue Mythologie. Frankfurt/M.

Geyer, Carl-Friedrich, 1982: Kritische Theorie. Max Horkheimer und Theodor W. Adorno. Freiburg u. München.

Gmünder, Ulrich, 1985; Kritische Theorie: Horkheimer, Adorno, Marcuse, Habermas. Stuttgart.

Habermas, Jürgen, 1983: Die Verschlingung von Mythos und Aufklärung. Bemerkungen zur *Dialektik der Aufklärung* - nach einer erneuten Lektüre. In: Bohrer, Karl Heinz (Hrsg.) 1983, 405-431.

Habermas, Jürgen, 1985: Theorie des kommunikativen Handelns. Bd. 1: Handlungsrationalität und gesellschaftliche Rationalisierung. Bd. 2: Zur Kritik der funktionalistischen Vernunft. Frankfurt/M.

Hegel, G.W.F., 1986: Phänomenologie des Geistes (Hegel Werke Bd. 3). Frankfurt/M.

Honneth, Axel, 1985: Kritik der Macht. Reflexionsstufen einer kritischen Gesellschaftstheorie. Frankfurt/M.

Horkheimer, Max, 1970: Vernunft und Selbsterhaltung. Frankfurt/M.

Horkheimer, Max, 1985: Zur Kritik der instrumentellen Vernunft. Frankfurt/M.

Horkheimer, Max, 1985a: Gesammelte Schriften Band 12: Nachgelassene Schriften 1931-1949. Frankfurt/M.

Horkheimer, Max u. Adorno, Theodor W., 1984: Dialektik der Aufklärung. Frankfurt/M.

Kager, Reinhard, 1988: Herrschaft und Versöhnung. Einführung in das Denken Theodor W. Adornos. Frankfurt/M und New York.

Kunneman, Harry u. de Vries, Hent (Hrsg.), 1989: Die Aktualität der *Dialektik der Aufklärung*: zwischen Moderne und Postmoderne. Frankfurt/M und New York.

Lüdke, W. Martin, 1981: Anmerkungen zu einer "Logik des Zerfalls": Adorno-Beckett. Frankfurt/M.

Marx, Karl/Engels, Friedrich, 1985: Werke Bd. 13. Berlin.

Nietzsche, Friedrich, 1980: Sämtliche Werke. Kritische Studienausgabe in 15 Bänden. Bd. 1. Hrsg. von G. Colli u. M. Montinari. München.

Rath, Norbert, 1987: Rationalisierung und Naturbeherrschung. Zur Aktualität der 'Dialektik der Aufklärung'. Unveröff. Manuskript. Münster.

Schmid Noerr, Gunzelin, 1989: Unterirdische Geschichte und Gegenwart in der *Dialektik der Aufklärung*. In: Kunneman, Harry/de Vries, Hent (Hrsg.), 1989, 67-87.

Schmucker, Joseph F., 1977: Adorno, Logik des Zerfalls. Stuttgart-Bad Cannstatt.

Schnädelbach, Herbert, 1989: Die Aktualität der *Dialektik der Aufklärung*. In: Kunneman, Harry u. de Vries, Hent (Hrsg.) 1989, 15-35.

Weber, Max, 1920: Die protestantische Ethik und der Geist des Kapitalismus. In: ders. 1920a, 17-206.

Weber, Max, 1920a; Gesammelte Aufsätze zu Religionssoziologie 1. Tübingen.

Jessé de Souza

ÜBERLEBEN IM STAHLHARTEN GEHÄUSE
Eine häufig übersehene Seite
der Persönlichkeitsethik Max Webers

> "Aber so ist es ganz und gar nicht. Die Sache hat uns in der
> Hand. Man fährt Tag und Nacht in ihr und tut auch noch
> alles andere darin; man rasiert sich, man ißt, man liebt, man
> liest Bücher, man übt seinen Beruf aus, als ob die vier Wän-
> de stillstünden, und das Unheimliche ist bloß. daß die Wände
> fahren, ohne daß man es merkt, und ihre Schienen voraus-
> werfen, wie lange, tastend gekrümmte Fäden, ohne daß man
> weiß wohin." (R. Musil)

Daß Weber neben einer *Diagnose* auch eine *Therapie* moderner Verhältnisse
entworfen hat, hat in der Weber-Rezeption nur selten Beachtung gefunden.
Auch Habermas (1981,II: 477ff) konzentriert sich in seiner Explikation von
Webers Theorie der Moderne ausschließlich auf dessen Zeitdiagnose.[1] Die fast
durchgängige Vernachlässigung der in Webers Gegenwartskritik implizierten
therapeutischen Perspektive gründet sicher auch in der Eigenart der von Weber entworfenen "Therapie" selbst. Die Gesellschaft als ganze kann nach Weber nicht Gegenstand von Handlungsintentionen individueller Subjekte sein.
Eine "soziale Therapie" im Sinn einer völligen "Umgestaltung der Verhältnisse"
durch Revolution würde unabwendbar in eine Katastrophe führen. Die modernen Lebensverhältnisse haben sachliche Zwänge von solcher Gewichtigkeit
entstehen lassen, daß eine verantwortliche "Therapie" sich darauf beschränken

---

1   Habermas expliziert die Phänomene des Sinn- und des Freiheitsverlustes, die Webers
     zeitkritische Aufmerksamkeit auf sich gezogen haben, am Beispiel der Persönlichkeitsty-
     pen des "Fachmenschen" und des "Genußmenschen". Mir geht es hier um die Rekon-
     struktion der positiven Seite beider Gestalten, um so der bei Weber nur in Ansätzen
     ausgearbeiteten therapeutischen Perspektive nachzuspüren.

muß, den Handlungssubjekten individuelle und soziale Gestaltungsspielräume innerhalb prinzipiell unveränderlicher Grundtatsachen aufzuzeigen.

Webers Überlegungen zur Therapie moderner Lebensverhältnisse müssen vor dem Hintergrund seiner eigentümlich ambivalenten Gegenwartsdiagnose interpretiert werden: Die moderne kapitalistische Gesellschaft wird von Weber zugleich bejaht und abgelehnt. In der Bürokratie sieht Weber die rationalste Verwaltungs- und die effizienteste Herrschaftsform der Geschichte. Sein Vertrauen in die "regulativen Mechanismen" der Marktwirtschaft war enorm. Hinter diese Errungenschaften des okzidentalen Rationalisierungsprozesses gibt es für ihn kein Zurück. Die Modernisierung ist kein "Fiaker, aus dem man an der nächsten Ecke wieder aussteigen kann".

Auf der anderen Seite ist Webers Gegenwartskritik - zentriert um die komplementären Thesen des Sinn- und des Freiheitsverlusts - in ihrer Schärfe kaum zu überbieten. Unnachsichtig geißelt er die Sinnleere und "Stumpfheit des Alltags" in der modernen Gesellschaft, die als "Gehäuse der Hörigkeit" den einzelnen mit den "kalten Skeletthänden rationaler Ordnungen" (Weber 1988a: 561) im Würgegriff hält.

Die scheinbare Widersprüchlichkeit in der Gegenwartsdiagnose Webers zeigt einen bewußt vorgenommenen Perspektivenwechsel an. Maßstab zur Beurteilung moderner Lebensverhältnisse ist für Weber nicht nur die Zweckrationalität und Effizienz gesellschaftlicher Institutionen, sondern auch die Möglichkeit humaner Freiheit und Würde für den *einzelnen* in diesen Institutionen. Der einzelne beurteilt die moderne Gesellschaft nicht nach Kriterien der Effizienz, sondern der Menschenwürde. Er ist schmerzempfindlich geworden für die freiheitszerstörenden Zumutungen der kapitalistischen Fabrikorganisation, der rationalen Arbeitsorganisation, der Bürokratie, der Technik etc. Die Konstruktion des "stahlharten Gehäuses" erzwingt die "neue Hörigkeit" nicht nur als faktische Abhängigkeit, sondern auch als inneren, privaten Lebensvollzug. Der bürokratisch disziplinierende Mechanismus von Politik und Wirtschaft läßt den Menschen keinen "Raum für Kompromisse" (Hennis 1984: 43), er beschneidet zunehmend die Spielräume und Möglichkeiten des Handelns und nimmt den Menschen die Freiheit. Gleichzeitig mit dem Vordringen zweckrationaler Handlungsorientierungen raubt die zunehmende Erosion religiös-metaphysischer Weltbilder dem einzelnen die Möglichkeit, seiner persönlichen Lebensführung einen ethischen Gehalt und eine sinnhafte Orientierung zu geben. Freiheits- und Sinnverlust sind für Weber unentrinnbare und unumkehrbare Zumutungen der Modernität. Sie sind der Preis, den die Menschen für die zunehmende Effizienz der Mittel zu ihrer Lebenserhaltung zu entrichten haben. Die Siege über die "äußere Not" werden mit dem Anwachsen der "inneren Not" erkauft, das ist die Pointe der Gegenwartsdiagnose Max Webers, die die Zentralthese der "Dialektik der Aufklärung" von Horkheimer/Adorno vorwegnimmt.

Der Durchschnittsmensch scheint nach Webers pessimistischer Einschätzung kaum über die ethischen und geistigen Ressourcen zu verfügen, die notwendig wären für ein persönliches Gegenhalten gegen diese Zumutungen der Moderne. Er neigt dazu, sich widerstandslos der Routine und dem "Verflachenden" des Alltags zu überlassen oder sich im Konsumrausch zu betäuben. Der "Fachmensch ohne Geist" und der "Genußmensch ohne Herz" (Weber 1988a: 204), der geistlose Spezialist also und der Konsument, der sein Herz an materielle Güter hängt, das sind nach Weber die im Gehäuse der Hörigkeit spannungs- und widerstandslos eingehausten Sozialcharaktere.

Im folgenden soll der Frage nachgegangen werden, ob Weber es bei dieser trostlosen Perspektive bewenden läßt, oder ob er zumindest ansatzweise persönliche Ressourcen oder Tugenden namhaft macht, die den einzelnen befähigen würden, sich dem Sog des "stahlharten Gehäuses" zu entwinden. Anders gefragt: Wenn die zunehmende Rationalisierung der äußeren Lebensverhältnisse durch Wissenschaft, Technik, Bürokratie und industrielle Fabrikorganisation unentrinnbar zur Vernichtung des vollen Menschentums und zum Freiheits- und Sinnverlust für den einzelnen führt, kann es dann noch Auswege und Durchbrüche geben? Kann Weber den freiheitszerstörenden Tendenzen der Moderne nur das elitäre Pathos eines heroischen Widerstands entgegensetzen, oder benennt er auch kulturelle Traditionsbestände und institutionelle Ressourcen, auf die der einzelne zu seiner Selbstbehauptung zurückgreifen kann?

Die in Webers Werk enthaltenen - wenn auch nie systematisch ausgearbeiteten - Ansätze zu einer Persönlichkeitsethik, die die Möglichkeiten der Selbstbehauptung im Gehäuse der Hörigkeit namhaft machen, sind erst in jüngster Zeit zum Thema der Kommentatoren geworden.[2] Ich werde im folgenden versuchen, den Nachweis zu führen, daß Weber jenseits einer - bei ihm sicher auch angelegten - heroischen Elitenethik[3] durchaus auch kulturelle Bestände und soziale Handlungsmuster benennt, die dem einzelnen in der "normalen" Alltagspraxis ein Gegenhalten gegen die fatalen Zwänge formaler Rationalisierungsprozesse ermöglichen. Vor allem Webers religionssoziologische Texte enthalten m.E. sehr wohl Ansätze für eine Rekonstruktion der positiven Gegengestalten zu den systemkonformen Typen des "Fachmenschen ohne Geist" und des "Genußmenschen ohne Herz".

Ich will dies am Leitfaden des Weberschen Zentralbegriffs der "Lebensführung" explizieren. Die Frage nach dem wechselseitigen Kausalzusammenhang und der "Wahlverwandtschaft" zwischen verschiedenen Typen der Lebensführung und der Wirtschaftsorganisation bildet das organisierende Motiv und das systematische Gerüst für Webers gigantisches Projekt eines Vergleichs der Weltreligionen (vgl. Weber 1988a: 12). Ausgehend von der These, daß die Entstehung des ökonomischen Rationalismus im Okzident auf Seiten des Individuums die Herausbildung der Kompetenz zu einer "praktisch-rationalen Lebensführung" zur Voraussetzung hatte, spürt Weber in der "Protestantischen Ethik" sowie in der "Wirtschaftsethik der Weltreligionen" den religiösen Grundlagen eines solchen "Ethos" nach.

Bekanntlich führt Weber als konsequenteste Formen der religiösen Weltablehnung die beiden polaren Idealtypen der *Askese* und der *Mystik* ein (vgl. Weber 1988a: 538ff). Die aktive Askese ist eine Form der Weltentsagung, in der sich der Gläubige als *Werkzeug* Gottes vorstellt. Der Asket unterwirft sein Leben dem Zweck, die göttlichen Gebote auf Erden durchzusetzen. In der kontemplativen Mystik begreift sich der einzelne demgegenüber als *Gefäß* des Göttlichen, das Handeln in der Welt erscheint als Gefährdung des irrationalen und außerweltlichen Heilsbesitzes. Während der Asket die Bändigung des kreatürlich Verderbten durch Arbeit im weltlichen "Beruf" anstrebt, neigt der

---

2   Vgl. etwa Henrich u.a. 1988: 155ff.
3   Nur aristokratische Tugenden wie "Reife", "Kraft", "Anstand", "Größe" versetzen nach Weber den einzelnen in die Lage, sich mannhaft der Grundtatsache zu stellen, "daß er in einer gottfremden, prophetenlosen Zeit zu leben das Schicksal hat" (Weber 1988b: 610); vgl. hierzu Offe, in: Henrich 1988: 172/173.

Mystiker zur radikalen Weltflucht in der Kontemplation (vgl. Weber 1988a: 539).

Die nachstehenden Überlegungen stellen den Versuch dar, die von Weber zur "Therapie" moderner Lebensverhältnisse empfohlenen Lebensführungen und die korrespondierenden Persönlichkeitstypen als Säkularisate der beiden religionssoziologischen Idealtypen des Asketen und des Mystikers zu interpretieren. Die Tugenden und Ressourcen, die nach Weber zu einer humanen Bewährung *innerhalb* moderner Lebensverhältnisse und einer aktiven Selbstbehauptung *gegen* sie befähigen, lassen sich m.E. zu zwei polaren Persönlichkeitsmodellen bündeln, die als säkularisierte Formen des Asketen und des Mystikers die positiven Gegengestalten gegen das vom "stahlharten Gehäuse" erzwungene ethische "Nichts" des "Fachmenschen ohne Geist" und des "Genußmenschen ohne Herz" darstellen: den Fachmenschen *mit* Geist und den Genußmenschen *mit* Herz.

Um Mißverständnissen vorzubeugen: Keinesfalls soll hier die These vertreten werden, die von Weber für die Bewährung und Selbstbehauptung in der Moderne in Anschlag gebrachten Tugenden und Lebensstile seien nichts weiter als die Fortführung religiöser Vorstellungen und Weltbilder "mit anderen Mitteln". Eine unüberbrückbare Kluft trennt die religiöse von der säkularen Welt. Der Entzauberungsprozeß, der die moderne Welt als "kausalen Mechanismus" hervorgebracht hat, ist unumkehrbar. Es gibt kein Zurück zum Zaubergarten der Magie oder zum einheitsstiftenden religiös-metaphysischen Weltbild. Eben dieser "gottfremden und prophetenlosen Zeit" gilt es gewachsen zu sein. Die versachlichte, formal rationalisierte Welt der Moderne mit ihrem "Polytheismus der Werte" besitzt keinen Sinn "an sich", die Aufgabe, das eigene Leben und die Welt sinnhaft zu deuten, ist eine prinzipiell individuelle und einsame. Jeder muß[4] den Dämon finden und ihm gehorchen, der *seines* Lebens Fäden hält (vgl. Weber 1988b: 613).

Eine unabweisbare Bedingung für die Ausbildung von "Persönlichkeit" ist in der versachlichten Welt die Notwendigkeit der Spezialisierung. Dies hat

---

4 Dieses "muß" spricht die unabwendbare Verpflichtung jedes "Kulturmenschen" zur Klarheit und Konsequenz seines Lebensstils aus. Ebendas macht "Persönlichkeit" aus.

seinen Grund in der fortgeschrittenen, allgegenwärtigen Arbeitsteilung in der modernen Gesellschaft. Spezialisierung ist für Weber eines der zentralen Charakteristika unserer Zeit. Die Erkenntnis, daß in der modernen Welt die Beschränkung auf die spezialisierte Facharbeit unter Verzicht auf die "faustische Allseitigkeit des Menschentums" Voraussetzung für die Bildung von "Persönlichkeit" und "Lebensstil" ist, findet Weber auch im Werk Goethes formuliert (vgl. Weber 1988a: 203). Vor allem in der Figur des *Wilhelm Meister* sieht Weber das asketische Grundmotiv des bürgerlichen Lebensstils exemplarisch vorgezeichnet. Wilhelm Meister kommt schrittweise zu der schmerzlichen Einsicht, daß er in der bürgerlichen Welt seine Persönlichkeit nur entfalten kann, wenn er seine "natürliche Neigung" zu einer umfassenden Ausbildung (vgl. Goethe 1982: 291) unterdrückt und sich in "Tat" und "Entsagung" der spezialisierten Facharbeit widmet. Die Entwicklung zur "Persönlichkeit" - dies ist für Weber die zentrale Aussage Goethes - ist in der Moderne nur möglich, wenn dem aktiven "Handeln" der Vorzug vor dem kontemplativen "Sein" gegeben wird. "Handeln" bedeutet für Weber hier keineswegs das selbstbezogene Verfolgen subjektiver Zielvorstellungen, sondern Ergebenheit gegenüber den sachlichen "Forderungen des Tages" mit einem klaren Sinn für Realitäten. "Hingabe an eine Sache" definiert für Weber das, was "Persönlichkeit" ausmacht.

Daß die Verbindung von "Tat" und "Entsagung" und die leidenschaftliche Hingabe an eine überpersönliche Sache in der modernen Welt Voraussetzungen für die Ausbildung von "Persönlichkeit" und "Lebensstil", ja für wertvolles Handeln überhaupt sind, hat Weber in zwei Vorträgen aus dem Jahre 1919 an der Idee des "Berufes" entfaltet. Aus diesen beiden Vorträgen läßt sich m.E. das Modell eines Persönlichkeitstypus rekonstruieren, der sich durch die für die humane Bewährung in der modernen Welt erforderlichen Merkmale und Tugenden auszeichnet: des *Fachmenschen mit Geist*.

In "Politik als Beruf" entwirft Weber sein Ideal eines den Bedingungen der modernen Gesellschaft entsprechenden Berufspolitikers. Der "verantwortungsethisch" handelnde Politiker, dem Webers ganze Sympathie gehört, zeichnet sich durch die leidenschaftliche Hingabe an eine überpersönliche Sache aus. Dies unterscheidet ihn sowohl vom Beamten, dem Prototyp des "Fachmenschen ohne Geist", als auch vom Machtpolitiker, für den die Macht zum Selbstzweck geworden ist. Dem gesinnungsethisch geleiteten Politiker mangelt es demgegenüber zwar nicht an leidenschaftlicher Hingabe an eine Sache, doch fehlt es ihm an Augenmaß und Verantwortungsgefühl. Er erträgt die ethische Irrationalität der Welt nicht und verfolgt seine ethischen Ziele ohne Rücksicht auf mögliche Konsequenzen. "Verantwortlich" zeigt sich der Gesinnungsethiker nur dafür, "daß die Flamme der reinen Gesinnung ... nicht erlischt" (Weber 1988c: 552). Leidenschaft - im Sinne der Hingabe an eine *Sache* - , Verantwortungsgefühl und Augenmaß, diese drei Qualitäten sind nach Weber vornehmlich entscheidend für den Beruf des Politikers (vgl. 1988c: 545).

Die Forderung des leidenschaftlichen, entsagungsvollen Dienstes an der Sache gilt für Weber keineswegs nur für den Politiker, sie ist vielmehr der Kern der Berufsidee überhaupt. Auch für den Wissenschaftler gilt: "Persönlichkeit auf wissenschaftlichem Gebiet hat nur der, der *rein der Sache* dient" (Weber 1988b: 591). Die Berufsidee, wie sie Weber in den beiden Schriften "Politik als Beruf" und "Wissenschaft als Beruf" entfaltet, ist zentriert um Begriffe wie Dienst an der Sache, Entsagung und Selbstkontrolle, Distanz zu Dingen und Menschen. Diese Qualitäten stellen das Leben des einzelnen in den Dienst "sittlicher" Imperative und erlauben ihm so, "sich selbst Rechenschaft zu geben über den letzten Sinn seines eigenen Tuns" (Weber 1988b: 608). Sie sind damit die Grundlage von "Persönlichkeit", auch im außerberuflichen und privaten Bereich.

Entsagung, Selbstkontrolle und Hingabe an eine Sache, das sind exakt die Qualitäten, die Weber an der "methodischen Lebensführung" der Puritaner beeindruckt hatten. In Webers säkularisierter Fassung wird die Berufsidee jedoch aus ihrem religiösen Kontext befreit und mit den spezifisch modernen Werten des ethischen Individualismus und der persönlichen Verantwortung verknüpft. An die Stelle des naiven Glaubens des Puritaners tritt heute die selbstbewußte Stellungnahme zur Wirklichkeit, wie sie ist. Kern der säkularisierten Berufsidee ist für Weber die Vorstellung einer authentischen Lebensführung in der rationalisierten Welt.

Die von Weber in den beiden genannten Vorträgen entfaltete Berufsidee enthält also durchaus Hinweise auf Tugenden und Qualitäten, die - auch außerhalb der beruflichen Sphäre - dem einzelnen eine Bewährung und Selbstbehauptung innerhalb der modernen Lebensverhältnisse ermöglichen. Weber entwirft hier implizit den Typus eines "Fachmenschen *mit* Geist", in dem er offenbar den Helden unserer Zeit erblickt. Als säkulares Pendant zum religiösen Asketen verschafft sich der Fachmensch mit Geist durch rigorose Selbstdisziplinierung und bedingungslose Unterordnung unter eine selbstgewählte Aufgabe die psychischen Ressourcen und die innere Stabilität, die notwendig sind, um die ethische Irrationalität, die Konflikte und Paradoxien der modernen Welt zu ertragen und sich den freiheitszerstörenden Tendenzen des "stahlharten Gehäuses" entgegenzustemmen. Dieser Persönlichkeitstypus beantwortet die disziplinierenden Zwänge der Moderne mit Selbstdisziplinierung, er hält der Rationalität der Institutionen eine durch Gebote zur Konsequenz und Entsagung subjektiv völlig durchrationalisierte Lebensführung entgegen. Er macht gewissermaßen die Mimikry an die Zwänge des Systems zur Technik der Selbstbehauptung.

Weber traut offenbar der säkularisierten Berufsidee zu, die Antriebsenergien zu mobilisieren, die notwendig sind, um sich gegenüber der objektiven Rationalität der Institutionen zu behaupten. Das aufs Jenseits gerichtete religiöse Erlösungsinteresse nimmt in der säkularen Moderne die Gestalt einer innerweltlichen Rettung vor dem entfremdenden, unauthentischen Alltag an.

Webers Spätschriften enthalten darüberhinaus auch verstreute Hinweise auf ein weiteres denkbares Modell alternativer Lebensführung in der Moderne, hier in Anspielung auf Weber als "Genußmensch *mit* Herz" bezeichnet. Wie der *Fachmensch mit Geist* mobilisiert auch der *Genußmensch mit Herz* individuelle und kulturelle Ressourcen, die Produkte neuzeitlicher Differenzierungs- und Rationalisierungsprozesse, zugleich aber säkulare Entsprechungen ehemals religiös verankerter Lebensstile darstellen. In der Opposition beider Persönlichkeitsprofile spiegelt sich m.E. Webers Polarisierung von Askese und Mystik in den religionssoziologischen Schriften. Während der "Fachmensch mit Geist" - analog dem Puritaner in der aktiven "innerweltlichen Askese" - durch Selbstdisziplinierung und besonnene Pflichterfüllung im unabwendbaren Alltag seine Identität behauptet, sucht der "Genußmensch mit Herz" - dem weltflüchtigen Mystiker verwandt - in der Grenzenlosigkeit der erotischen Hingabe oder des ästhetischen Genusses der Stumpfheit des durchrationalisierten Alltags zu entrinnen.

In der modernen, funktional ausdifferenzierten Gesellschaft stehen, wie

Weber in der "Zwischenbetrachtung" zur "Wirtschaftsethik der Weltreligionen" beschreibt, die Wertsphären der Kunst und der Erotik in einem unauflösbaren Spannungsverhältnis zum rationalen Alltag (1988a: 555ff). Sie übernehmen die Funktion einer "innerweltlichen Erlösung vom Alltag und, vor allem, auch von dem zunehmenden Druck des theoretischen und praktischen Rationalismus" (1988a: 555). Mit diesem Anspruch treten sie in ein direktes Vertretbarkeits- und Konkurrenzverhältnis zur Erlösungsreligion, insbesondere zur mystischen Gottinnigkeit.

Vor allem der Erotik, der "größten irrationalen Lebensmacht", schrieb Weber am Ende seines Lebens die Kraft zu, den Fluchtweg zu weisen aus dem Gehäuse der Hörigkeit. Im Unterschied zum stark temperierten Eros der Antike bezieht die erst in der Moderne entstandene "reine Erotik" - dem "mystischen 'Haben'" verwandt - ihren Wertgehalt aus sich selbst: aus der Schönheit der bacchantischen Leidenschaft und der Grenzenlosigkeit der Hingabe an eine Person. Sie ist daher allem Sachlichen, Rationalen, Allgemeinen so radikal wie nur denkbar entgegengesetzt und erscheint den Menschen im rationalen Alltag als das einzige Band, das sie noch mit der "Naturquelle allen Lebens" verbindet.

"Gerade darin: in der Unbegründbarkeit und Unausschöpfbarkeit des eigenen, durch kein Mittel kommunikablen, darin dem mystischen 'Haben' gleichartigen Erlebnisses, und nicht nur vermöge der Intensität seines Erlebens, sondern der unmittelbar besessenen Realität nach, weiß sich der Liebende in den jedem rationalen Bemühen ewig unzugänglichen Kern des wahrhaft Lebendigen eingepflanzt, den kalten Skeletthänden rationaler Ordnungen ebenso völlig entronnen wie der Stumpfheit des Alltags". (Weber 1988a: 560f)

Keineswegs erweist sich Weber hier als Apologet einer völlig enthemmten, beliebig als Vergnügungs- und Trostmittel einsetzbaren Sexualität. In einer auf Konsum und schnelle Befriedigung angelegten Industriegesellschaft ist ja der jederzeit durch kleinste Bedürfnisimpulse stimulierbare Hedonist der systemkonforme Sozialcharakter. Er entspricht dem Weberschen Typus des "Genußmenschen ohne Herz". Der sexuelle Libertinismus hat in der hochindustriellen Gesellschaft seine emanzipatorische Sprengkraft verloren. Nicht dem selbstbezogenen, unkontrollierten Ausleben von Triebimpulsen, sondern der "alles rein Animalische der Beziehung verklärend umdeutenden erotischen Sensation"

(Weber 1988a: 560), der "Grenzenlosigkeit der Hingabe an eine Person", die den "direkten Durchbruch der Seelen von Mensch zu Mensch" zu gewähren scheint, traut Weber offenbar die Kraft einer innerweltlichen "Erlösung vom Rationalen" (1988a: 560) zu.

Disziplinierte *Hingabe an eine Sache* und orgiastische *Hingabe an eine Person* - diese beiden Möglichkeiten stehen nach Weber in der Moderne auch dem Durchschnittsmenschen zu Gebote, um sich die ehernen Zwänge des rationalen Alltags so weit vom Leibe zu halten, daß ein Leben in Freiheit und Würde möglich ist. Beide Möglichkeiten finden einen Rückhalt in kulturellen Ressourcen, die ihrerseits Säkularisate ehemals religiöser Orientierungsmuster, zugleich aber Produkte moderner Differenzierungs- und Rationalisierungsprozesse darstellen. Die Hingabe an eine Sache dient - als Erbe der puritanischen Berufsaskese - der Selbstbehauptung *im* rationalen Alltag, die erotische Hingabe an eine Person - als Erbe mystischer Gottinnigkeit - gewährt die Erlösung *vom* Rationalen. Daß Weber dem ersten der beiden Handlungsmuster weit größere Beachtung schenkte, hat seinen Grund in seiner entschiedenen Opposition zu jeder romantischen oder expressiven Persönlichkeitstheorie.[5] Gegen Ende seines Lebens scheint Weber jedoch den Eigensinn und die gerade in der Moderne unverzichtbare humane Potenz der Erotik zunehmend anerkannt zu haben, wie Gilcher-Holtey (vgl. 1988: 142ff) gezeigt hat.

Im Kontext der "Zwischenbetrachtung" ist die Erotik eine von mehreren ausdifferenzierten Wertsphären, die in einem unaufhebbaren Konkurrenz- und Spannungsverhältnis zueinander stehen. Keineswegs lassen sich daher die von Weber mit wertendem Pathos vorgetragenen Handlungs- und Orientierungsmodelle zur Bewährung und Selbstbehauptung im rationalen Alltag - asketische Selbstdisziplin, authentische ästhetische Erfahrung, grenzenlose Hingabe an eine Person - konfliktfrei miteinander harmonisieren und in einen konsistenten Lebensstil integrieren. Vielmehr verlangt der für die Moderne konstitutive "Polytheismus der Werte" dem einzelnen unabweisbar die bewußte Entschei-

---

5   Die Auseinandersetzung mit Knies (vgl. Weber 1988b: 42ff) ist in dieser Hinsicht sehr aufschlußreich. Webers Distanz zu jeder Form von ästhetizistischer und expressiver Gefühlskultur ist auch der Grund für sein höchst ambivalentes Verhältnis zu Georg Simmel; vgl. hierzu Scaff 1987.

dung zwischen kollidierenden Wertbezügen ab. In der modernen Welt ist für Weber letztlich das Leben insgesamt eine Kette letzter Wertentscheidungen, "wenn es nicht wie ein Naturereignis dahingleiten, sondern bewußt geführt werden soll" (Weber 1988b: 507).

Die von Weber ethisch ausgezeichnete Haltung der "bewußten Lebensführung", die völlige Klarheit über die unabwendbare Kollision der Werte wie über die Voraussetzungen und voraussichtlichen Folgen des eigenen Tuns verlangt, bezeichnet gewiß kein Durchschnittsverhalten im normalen Alltag. Die von der modernen Welt vorgezeichnete und prämierte Lebensart ist die "Hörigkeit", das bewußt- und distanzlose "Abgleiten" in die Alltagsroutine. Dennoch betritt Weber mit seiner pathetischen Forderung nach "bewußter Lebensführung" keineswegs das Hochseil eines grund- und bodenlosen heroischen Individualismus, der unvermittelt dem Kosmos von kulturellen Überlieferungen gegenübergestellt wird. Die jedem Kulturmenschen aufgegebene bewußte Distanznahme zum rationalen Alltag kann - wie gezeigt - auf kulturelle Ressourcen zurückgreifen, die Resultate des Rationalisierungsprozesses sind, zugleich jedoch die einzige Chance bieten, sich gegen ihn zu behaupten.

Literatur

Gilcher-Holtey, I., 1988: Max Weber und die Frauen, in: C. Gneuss/J. Kocka (Hg.) 1988.

Gneuss, C./Kocka, F. (Hg.), 1988: Max Weber - ein Symposion, München.

Goethe, J.W. von, 1982: Goethes Werke, Bd. VII, Hamburg.

Habermas, J., 1981: Theorie des kommunikativen Handelns, Bd. I/II, Frankfurt/M.

Hennis, W., 1984: Die Persönlichkeit und die Lebensordnungen, in: Zeitschrift für Politik, 31. Jg., H. 1.

Henrich, D. u.a., 1988: Max Weber und das Projekt der Moderne. Eine Diskussion, in: C. Gneuss/J. Kocka (Hg.) 1988.

Scaff, L.A., 1987: Weber, Simmel und die Kultursoziologie, in: Kölner Zeitschrift für Soziologie und Sozialpsychologie, 39. Jg. 1987, H. 2.

Weber, M., 1988a: Gesammelte Aufsätze zur Religionssoziologie I, 9. Auflage, Tübingen.

Weber, M., 1988b: Gesammelte Aufsätze zur Wissenschaftslehre, 7. Auflage, Tübingen.

Weber, M., 1988c: Gesammelte politische Schriften, 5. Auflage, Tübingen.

Georg Kneer

GELD, MACHT
UND DIE VERLORENE UNSCHULD
DER LEBENSWELT
Ungelöste Probleme der Kolonialisierungsthese
von Jürgen Habermas

Seit jeher bildet die Vermittlung zwischen subjektivistischen und objektivistischen Denkmodellen ein Kardinalproblem der sozialwissenschaftlichen Theoriebildung; folgt man Talcott Parsons' Rekonstruktion der soziologischen
Klassiker, die 1937 unter dem Titel 'The Structure of Social Action' veröf-
fentlicht wurde, so machte sich die moderne Soziologie bereits in ihrer Geburtsstunde, in den Arbeiten von Pareto, Durkheim und Weber auf den Weg,
eine gelungene Verknüpfung von idealistischen und utilitaristisch-positivisti-
schen Denkfiguren herbeizuführen (vgl. Parsons 1968). Die Diskussion um eine
geglückte Vermittlung zwischen subjektivistischen, vom einzelnen Akteur aus-
gehenden und objektivistischen, stärker an gesellschaftlichen Strukturen und
Relationen anknüpfenden Theorieansätzen ist seitdem freilich nicht verstummt;
stets wird dem Gegner in sozialwissenschaftlichen Auseinandersetzungen unterstellt, den tief in der Sozialtheorie verankerten Dualismus am Ende doch
wieder nach einer Seite hin aufzulösen. So konnten selbst Parsons gewaltige
Anstrengungen einer Weiterführung der voluntaristischen Handlungstheorie
nicht überzeugen; seine eigenen, systemtheoretischen Entwürfe wurden nun
ihrerseits verdächtigt, dem gesellschaftlichen Objekt einen (heimlichen) Vorzug
vor den handelnden Subjekten einzuräumen.

    Die Debatte um eine Vermittlung zwischen Subjektivismus und Objekti-
vismus, zwischen Idealismus und Materialismus hat in jüngster Zeit, angeregt
durch zahlreiche Publikationen, weiteren Auftrieb erhalten; gleich mehrfach ist,
auf zum Teil sehr lehrreiche und anregende Weise, der Versuch unternommen
worden, Einseitigkeiten und Reduktionismen älterer Theorieangebote zu vermeiden. In den USA hat sich Jeffrey C. Alexander, selbst noch stark der Tra-

dition Parsons' verhaftet, an die Ausarbeitung einer multidimensionalen Theorie gemacht; im Mittelpunkt seines vierbändigen, im Gespräch mit den Klassikern gewonnenen Werkes 'Theoretical Logic in Sociology' steht die Bemühung, durch die Konstruktion eines universalen Theoriemodells ältere Antinomien zu überwinden (vgl. Alexander 1982/83, I - IV). In die gleiche Richtung weist der Vorschlag des Engländers Anthony Giddens: In seinem Werk 'Die Konstitution der Gesellschaft' präsentiert er Grundzüge eines praxisphilosophischen Denkansatzes, der durch die geschickte Kombination handlungs- und strukturtheoretischer, mikro- und makrosoziologischer Theoriebausteine einen Ausweg aus dem Dilemma zwischen Subjektivismus und Objektivismus weisen soll. Beeinflußt durch die spezifisch französische Nachkriegsdiskussion, zielen die Überlegungen Pierre Bourdieus, der inzwischen durch seine kultursoziologische Untersuchung 'Die feinen Unterschiede' auch in der Bundesrepublik einem breiteren Publikum bekanntgeworden ist, in Auseinandersetzung mit Sartres subjektphilosophischer Existenzphilosophie einerseits und der strukturalistischen (und objektivistischen) Methode Levi-Strauss' andererseits auf die Konzeptualisierung einer ebenfalls praxisphilosophischen Sozialtheorie, in der der kreative und konstitutive Charakter des menschlichen Handelns gleichermaßen wie die einschränkende Gewalt vorhandener gesellschaftlicher Strukturen Berücksichtigung findet (vgl. Bourdieu 1987). Der an die Tradition kritischer Gesellschaftstheorie anknüpfende Jürgen Habermas schließlich, auf dessen Vorstellungen ich mich in meinen folgenden Ausführungen beschränken werde, entwirft in seiner 1981 erstmals veröffentlichten 'Theorie des kommunikativen Handelns' ein zweistufiges, die Paradigmen von Handlung und System miteinander verknüpfendes Gesellschaftskonzept (vgl. Habermas 1981, I,II). Dabei erschöpfen sich die Überlegungen von Habermas freilich nicht in grundlagentheoretischen Konstruktionen: Die Synthese handlungs- und systemtheoretischer Forschungskonzepte soll zugleich einen umfassenden Erklärungsansatz der "im Gefolge der kapitalistischen Modernisierung" (Habermas 1981, II: 449) auftretenden Sozialpathologien ermöglichen. Im Schlußkapitel der 'Theorie des kommunikativen Handelns' finden sich zeitdiagnostische Analysen, die die Pathologien der Moderne auf das Eindringen systemischer Imperative von Wirtschaft und Staat in kommunikativ strukturierte Handlungsbereiche der Lebenswelt zurückführen (These der Kolonialisierung der Lebenswelt).

Gegenüber dem Gegenwartsbild von Habermas sind, insbesondere von marxistischer Seite, zum Teil massive Vorwürfe erhoben worden. In seiner Theorie der Moderne haben sich, so vermuten die Kritiker, gegenüber der radikaldemokratischen und sozialistischen Tradition resignative, ja konservative Züge eingeschlichen. Mit der Integration systemtheoretischer Argumentationsfiguren in Zusammenhänge kritischer Gesellschaftstheorie habe sich Habermas, so lautet der zentrale, u.a. von Honneth und McCarthy erhobene Einwand, in eine unnötig defensive Position begeben, die ihn daran hindere, kapitalistische Ausbeutungs- und Verdinglichungsmechanismen in ihrer ganzen Breite zu erkennen (vgl. Honneth 1985 u. McCarthy 1986). Auf diese Vorwürfe hat Habermas mittlerweile reagiert, gleichwohl aber seinen, durch einzelne Klarstellungen und Berichtigungen korrigierten Erklärungsansatz moderner Sozialpathologien im wesentlichen aufrechterhalten (vgl. Habermas 1986).

In der Zwischenzeit hat sich die Situation insofern gewandelt, als aufgrund weiterer Veröffentlichungen von Habermas das Interesse seiner Kritiker und Rezipienten sich auf die Diskussion moralisch-praktischer und vernunftphilosophischer Fragen verschoben hat (vgl. Habermas 1983, ders. 1985 u. ders. 1988). Begründungsprobleme der Diskursethik und die Auseinandersetzung mit dekonstruktivistischen, radikalen Vernunftkritiken im Zuge der sogenannten Postmoderne-Debatte stehen derzeit im Mittelpunkt - eigentlich gesellschaftstheoretische Fragen sind damit aber in den Hintergrund verdrängt worden.

Im folgenden möchte ich auf die stärker sozialwissenschaftlich und zeitdiagnostisch ausgerichteten Überlegungen von Habermas noch einmal zurückkommen. M.E. sind die Auseinandersetzungen um diese Fragen zu früh abgebrochen worden: Wie ich zu zeigen versuche, verstrickt sich Habermas mit seinem Erklärungsansatz moderner Sozialpathologien, auch noch nach den in der 'Entgegnungsschrift' vorgenommenen Klarstellungen, Revisionen und Korrekturen, in gravierende Widersprüche und Inkonsistenzen. Diese Unstimmigkeiten resultieren aber gerade nicht aus dem Gebrauch der Systemanalyse in Zusammenhängen kritischer Gesellschaftstheorie - Vorwürfe dieser Art haben es Habermas leicht gemacht, sein Gegenwartsbild moderner Gesellschaften gegenüber allzu voreiligen Kritiken zu verteidigen.

Habermas benutzt das System-Umwelt-Modell zur Beschreibung der kapitalistischen Wirtschaft und der staatlichen Administration. Ein Blick auf die

Theorien von Marx, Adorno und Foucault lehrt freilich, daß auch konkurrieren-
de Ansätze kritischer Gesellschaftstheorie bei der Deskription moderner Gesellschaften auf funktionalistische und systemtheoretische Analysen zurückgreifen.[1] So folgt die Marxsche Kritik der Politischen Ökonomie über weite Passagen dem Systemparadigma: Marx untersucht die kapitalistisch-bürger-
liche Gesellschaft nicht aus der Perspektive der am Tauschprozeß beteiligten
Akteure, vielmehr wechselt er von der Teilnehmer- in die Beobachterperspektive und analysiert soziale Interaktionsvorgänge aus der Sicht des prozessieren-
den, sich selbst verwertenden Kapitals.[2] Adornos Diktum des geschlossenen
Verblendungszusammenhanges innerhalb der entwickelten Moderne folgt dem
Bild einer totalitären, systemischen Zwangsordnung;[3] Foucault schließlich greift
bei seinen zeitdiagnostischen Entlarvungen moderner Herrschafts- und Unter-
drückungsphänomene auf eine funktionalistische Machttheorie systemtheoretischer Provenienz zurück (vgl. Honneth 1985: 196ff).

   Ich sehe nun nicht, aus welchem Grunde eine kritische Gesellschaftstheorie sich funktionalistischen und systemtheoretischen Argumentationsfiguren von vornherein verschließen sollte. Entscheidende Schwachpunkte der

---

1   Es dürften insbesondere die Arbeiten von Dahrendorf und dem jungen Habermas selbst
    gewesen sein, die zu der verbreiteten Auffassung geführt haben, daß es sich bei kriti-
    scher Theorie und Systemanalyse um zwei konträre, einander ausschließende For-
    schungskonzepte handelt. Dahrendorf verwirft die Systemtheorie von Parsons als stati-
    sches Gleichgewichtskonzept, das bereits auf kategorialer Ebene Phänomene der Herr-
    schaft, des Ungleichgewichts und des Konflikts ausschließe (vgl. Dahrendorf 1986:
    213ff); der junge Habermas kritisiert die Luhmannsche Version der Systemtheorie als
    technologisches Steuerungskonzept (vgl. Habermas 1979: 142ff). Dagegen bin ich der
    Auffassung, daß in der Tradition kritischer Gesellschaftstheorie funktionalistische,
    strukturalistische und systemtheoretische Theoriebausteine durchaus eine gewichtige
    Rolle spielten.
2   Diese Auffassung vertritt auch explizit Alexander, der im Rückgriff auf die spezifisch
    amerikanische Diskussion betont, daß die Auffassungen von Marx und Parsons, trotz
    erheblicher ideologischer und politischer Divergenzen, bezüglich der Verwendung des
    System-Umwelt-Paradigmas konvergieren: "In the late 1960s und 1970s, some of the
    most distinguished Marxist theorists and critics, on the one hand, and a number of
    equally Parsonian "functionalists", on the other, have emphasized that while Marxist
    and Parsonian functionalist theory differ sharply on more general "epistemological"
    issues, and on more specific empirical and ideological as well, they are similarly
    committed, at the model level, to the systems conceptualization." (Alexander 1982, I:
    61)
3   Diese Deutung vertritt auch Breuer (vgl. Breuer 1987: 91ff); vgl. ferner den instrukti-
    ven Beitrag von Richard Gebauer in diesem Band.

Gegenwartsdiagnose von Habermas, die ihn schließlich zu den von Honneth und McCarthy beobachteten Mängeln treiben, vermute ich an anderer Stelle: Weder gelingt es Habermas, so meine Behauptung, die normativen Grundlagen der Kolonialisierungsthese systematisch zu begründen (II), noch kann er überzeugende Gründe für die starke These des nicht-pathologischen Entkoppelungsprozesses von System und Lebenswelt anführen (III). Zunächst möchte ich aber die grundlagentheoretischen Überlegungen von Habermas zumindest insoweit darstellen, daß sich sein Erklärungsansatz moderner Sozialpathologien in vagen Umrissen abzeichnet (I); am Ende werde ich dann die einzelnen Ergebnisse zusammenfassen (IV).

I.

Mit der 'Theorie des kommunikativen Handelns' möchte Habermas an ein zentrales Thema des westlichen Marxismus anknüpfen: Im Anschluß an Lukács einerseits, Horkheimer und Adorno andererseits versucht Habermas die Marxsche Kritik der Politischen Ökonomie so mit der Rationalisierungsthese von Max Weber zusammmenzudenken, daß es möglich wird, moderne Sozialpathologien in Begriffen der Verdinglichung zu formulieren. Der Paradigmenwechsel von der subjektzentrierten zur kommunikativen Vernunft (a) und die Einführung eines zweistufigen Gesellschaftsmodells (b) bilden die Ausgangspunkte dieses zweiten Anlaufes "einer Weberrezeption aus dem Geist des westlichen Marxismus" (Habermas 1981, II: 448); auf diese Weise hofft Habermas, konzeptuelle und kategoriale Schwächen in den gesellschaftstheoretischen Entwürfen seiner Vorgänger vermeiden und moderne Verdinglichungsphänomene unter dem Stichwort einer 'Kolonialisierung der Lebenswelt' zu einem empirisch erforschbaren Gegenstandsbereich erklären zu können (c) (vgl. Habermas 1981, II: 549).

a) Die Ersetzung des Paradigmas der Subjektphilosophie durch das Verständigungsparadigma bildet eines der Zentralmotive der Reformulierung kritischer Gesellschaftstheorie durch Habermas. An die Stelle des Subjektbegriffs rückt der der Intersubjektivität: Nicht die Vorstellungen und Bewußtseinsleistungen eines einsam erkennenden und handelnden Subjekts, sondern die sprachlich konstituierte Intersubjektivität dient als konzeptionelle Ausgangsbasis, um einen gegenüber der Bewußtseinstheorie *erweiterten Rationalitätsbegriff* zu explizieren. Habermas versucht im Rahmen des Verständigungsparadigmas, mit Hilfe der Nachkonstruktion des vortheoretischen Regelwissens von kompetent sprechenden und handelnden Subjekten, den Begriff einer umfassenden, *kommunikativen Vernunft* zu erläutern. Angeregt durch Überlegungen der modernen Sprachphilosophie (vor allem Wittgenstein, Austin und Searle), setzen die Rekonstruktionsversuche des intuitiven Wissens der kommunikativ Handelnden, die Habermas unter dem Titel der Universal- bzw. Formalpragmatik durchführt, bei elementaren sprachlichen Handlungseinheiten, den sogenannten Sprechakten an. Die formalpragmatische Analyse elementarer kommunikativer Sprechhandlungen führt zu der Behauptung von drei gleichwertigen Sprachfunktionen; neben der Darstellungsfunktion lassen sich mit der Herstellung intersubjektiver Beziehungen und der Expression eigener Erlebnisse zwei weitere, fundamentale Sprachfunktionen benennen.

Die sprechakttheoretische Bestimmung von drei gleichwertigen Sprachfunktionen bildet nun die Grundlage, um gegenüber dem eingeschränkten, auf eine Dimension begrenzten subjektphilosophischen Vernunftbegriff den Begriff einer komplexen, kommunikativen Rationalität zu explizieren. Entsprechend den drei fundamentalen Sprachfunktionen unterscheidet Habermas bei Sprechhandlungen, die in kommunikativer Absicht geäußert werden, drei Dimensionen, in denen - zumindest implizit - ein Anspruch auf die rationale Geltung der Aussage erhoben wird. Ein verständigungsorientiert handelnder Sprecher erhebt mit jedem gelungenen Sprechakt genau drei Geltungsansprüche; der kommunikativ Handelnde behauptet nicht nur die *Wahrheit* der Aussage, er erhebt zugleich den Anspruch auf die *Richtigkeit* des Sprechaktes in Bezug auf den normativen Kontext der Feststellung und unterstellt die *Wahrhaftigkeit* der geäußerten subjektiven Erlebnisse. Während im Rahmen des Paradigmas der neuzeitlichen Subjektphilosophie der Geltungsanspruch der Wahrheit (bzw. der Wirksamkeit) dominiert, legt die rationale Nachkonstruktion des intuitiven Regelwissens von kompetent sprechenden und handelnden Subjekten zwei 'verschüttete' Geltungsdimensionen frei: Normative Richtigkeit und subjektive Wahrhaftigkeit werden als wahrheitsanaloge Geltungsansprüche eingeführt und lassen Habermas von einem umfassenden, dreistrahligen Vernunftbegriff sprechen. Kommunikative Rationalität, verstanden als "das Explikat des in der Geltungsbasis der Rede verankerten Vernunftpotentials" (Habermas 1985: 366), bemißt sich an dem gelungenen Zusammenspiel des Kognitiv-Instrumentellen mit dem Moralisch-Praktischen und dem Ästhetisch-Expressiven.

b) Die gesellschaftstheoretischen Paradigmen von Lebenswelt und System werden zunächst als analytische Ordnungsbegriffe eingeführt (vgl. zum folgenden: Habermas 1986: 379ff). Einmal wird Gesellschaft aus der *Teilnehmerperspektive*, aus dem Selbstverständnis der handelnden Akteure, als *Lebenswelt einer sozialen Gruppe*, ein zweites Mal aus der *Beobachterperspektive als grenzerhaltendes System in einer Umwelt* erschlossen. Bei handlungs- und systemtheoretischen Ansätzen handelt es sich um unterschiedliche sozialwissenschaftliche Methodologien, die Phänomene des Sozialen aus divergierenden Perspektiven erschließen. Alle gesellschaftlichen Vorgänge lassen sich zunächst einmal "unter jedem der beiden Aspekte beschreiben, allerdings nicht mit gleicher Tiefenschärfe erklären" (Habermas 1986: 381). Handlungs- und Systemtheorie betrachten gesellschaftliche Phänomene nicht nur unter verschiedenen Aspekten und Blickwinkeln, sie erfassen soziale Ereignisse auch mit einer unterschiedlichen Adäquanz. Nach Ansicht von Habermas lassen sich Sozialzusammenhänge, in denen die Integration einzelner Handlungen über sprachliche Verständigungsprozesse, Werte und Normen verläuft, unter handlungstheoretischen, lebensweltlichen Aspekten besser erklären, während sich die systemtheoretische Analyse in sozialen Bereichen, die letztlich durch die funktionale Verknüpfung von Handlungsfolgen integriert werden, als die stärkere erweist.

Diese Schlußfolgerung macht sich Habermas bei der Beschreibung moderner Gesellschaften zunutze und gebraucht die Paradigmen von Lebenswelt und System hier in einem *essentialistischen Sinne*: D.h. die Begriffe Lebenswelt und System bezeichnen hier nicht mehr nur unterschiedliche Perspektiven der soziologischen Betrachtung, vielmehr verweisen sie auf zwei *unterschiedlich integrierte Handlungsbereiche* selbst.

Privatsphäre und politisch-kulturelle Öffentlichkeit bilden in modernen Gesellschaften die institutionellen Ordnungen der *Lebenswelt*. Wenngleich auch in diesen *lebensweltlichen, primär sozial integrierten* Handlungsbereichen nicht-intendierte Handlungsfolgen auftreten, so setzt die Verknüpfung der einzelnen Handlungen letztlich - so die Überzeugung von Habermas - an den Handlungsorientierungen der Akteure an. Aus diesem Grunde lassen sich Privatsphäre und Öffentlichkeit, die sich auf die *symbolische Reproduktion* der Lebenswelt spezialisiert haben, aus der Teilnehmerperspektive auf angemessene Weise erklären.

Kapitalistische Wirtschaft und staatliche Administration begreift Habermas als *mediengesteuerte Subsysteme*. In diesen *systemisch integrierten* Funktionszusammenhängen, die auf die *materielle Reproduktion* der Lebenswelt zugeschnitten sind, vollzieht sich die Handlungskoordination primär über die Steuerungsmedien Geld und Organisationsmacht. Die systemintegrativen Steuerungsmechanismen greifen "durch die Handlungsorientierungen hindurch und integrieren Handlungsfolgen (ob diese nun als Ergebnis intendiert waren oder sich als unbeabsichtigte Konsequenzen einstellen)" (Habermas 1986: 379f). Innerhalb der funktional ausdifferenzierten ökonomischen und administrativen Teilsysteme verläuft die Koordination der Einzelhandlungen 'hinter dem Rücken' der Akteure. Aus diesem Grunde können die komplexen, unübersichtlich gewordenen Prozesse der materiellen Reproduktion aus der Teilnehmerperspektive nicht mehr angemessen erfaßt, sondern unter dem "Systemaspekt besser erklärt werden" (Habermas 1986: 381).

c) Die Explikation des kommunikativen Vernunftbegriffs und die Einführung des zweistufigen Gesellschaftskonzeptes bilden die konzeptionelle Ausgangsbasis der Gegenwartsdiagnose der Theorie des kommunikativen Handelns'; Habermas verknüpft auf systematische Weise die beiden grundlagentheoretischen Überlegungen und gelangt so zu einem theoretischen Erklärungsansatz, der die Pathologien der Moderne auf die zunehmende Kolonialisierung der Lebenswelt zurückführt. In modernen Gesellschaften, so läßt sich die These der inneren Kolonialisierung zusammenfassen, dringen ökonomische und administrative Zwänge der kapitalistischen Wirtschaft und der staatlichen Verwaltung von außen in die Lebenswelt - "wie Kolonialherren in eine Stammesgesellschaft" (Habermas 1981, II: 522) - ein und deformieren das in der Alltagspraxis entfaltete kommunikative Vernunftpotential. Die mediengesteuerten Subsysteme von Ökonomie und politischer Administration entwickeln eine "unaufhaltsame Eigendynamik" (Habermas 1981, II: 488) und greifen schließlich destruktiv auf die Lebenswelt über; im Zuge des kapitalistischen Modernisierungsprozesses kommt es innerhalb derjenigen Handlungsbereiche, die auf die kulturelle Tradition, Sozialintegration und Sozialisation und damit auf die symbolische Reproduktion der Lebenswelt zugeschnitten sind, zu einem einseitigen Übergewicht des Kognitiv-Instrumentellen "über die unterdrückten Momente praktischer Vernunft" (Habermas 1985: 367). Private und öffentliche Sphären der kommunikativen Alltagspraxis werden *einseitig rationalisiert* und damit *verdinglicht*.

Die Zeitdiagnose der 'Theorie des kommunikativen Handelns' folgt über weite Passagen der These Max Webers vom Sinn- und Freiheitsverlust in modernen Gesellschaften. Aber anders als Weber versucht Habermas die Einsicht geltend zu machen, daß moderne Sozialpathologien nicht durch Rationalisierungsprozesse als solche verursacht sind, sondern aus dem widersprüchlichen Verlauf der kapitalistischen Modernisierung resultieren. Damit scheint Habermas zunächst einer Erklärung des Marxschen Typus zu folgen. Zugleich aber widerspricht Habermas der marxistischen Tradition an einer entscheidenden Stelle: Während Marx in der marktvermittelten Rationalität des Geldmediums jene eigensinnige Logik der Selbstverwertung des Kapitals aufspürt, die zu Verdinglichung, Ausbeutung und Entfremdung führt, dringt Habermas auf die Erkenntnis, daß moderne Gesellschaften auf ein hohes Niveau an ökonomischer und administrativer Systemrationalität angewiesen sind.

Die funktionale Entkoppelung von kapitalistischer Wirtschaft und modernem Staat aus alltagsweltlichen Handlungszusammenhängen habe sich - so versichert der Autor der 'Theorie des kommunikativen Handelns' eindringlich - "historisch betrachtet, keineswegs schmerzlos" (Habermas 1981, II: 474) vollzogen. Mit der Institutionalisierung des ökonomisch-administrativen Komplexes kommt es zur Zerstörung und Auflösung vormoderner Arbeits- und Lebensformen: Landflucht, Pauperisierung und massive soziale Verelendungsprozesse begleiten die Geburt der modernen Funktionssysteme. Ungeachtet dieser destruktiven Nebenwirkungen schreibt Habermas den mediengesteuerten Subsystemen einen "evolutionären Eigenwert" (Habermas 1981, II: 499) zu: Die funktionale Ausdifferenzierung von kapitalistischer Wirtschaft und moderner Administration aus der Lebenswelt wird, anders als in der marxistischen Tradition, zu einem historisch zwar schmerzvoll verlaufenden, letztendlich aber normalen, d.h. nicht-pathologischen Vorgang des Modernisierungsprozesses erklärt. Folgt

man der These der Kolonialisierung der Lebenswelt, so ergeben sich verdinglichende Effekte erst, wenn kapitalistische Markt- und administrative Sachlogik
nicht auf Handlungsbereiche beschränkt bleiben, die ökonomische und politische Aufgaben erfüllen, sondern auf die kommunikative Alltagspraxis übergreifen; monetäre und bürokratische Steuerungsmechanismen können Funktionen
der symbolischen Reproduktion der Lebenswelt nicht ohne pathologische Nebeneffekte erfüllen. "Nicht die Entkoppelung der mediengesteuerten Subsysteme, und ihrer Organisationsformen, von der Lebenswelt führt zu einseitiger
Rationalisierung oder Verdinglichung der kommunikativen Alltagspraxis, sondern erst das Eindringen von Formen ökonomischer und administrativer Rationalität in Handlungsbereiche, die sich der Umstellung auf die Medien Geld
und Macht widersetzen, weil sie auf kulturelle Überlieferung, soziale Integration und Erziehung spezialisiert sind und auf Verständigung als Mechanismus
der Handlungskoordinierung angewiesen bleiben" (Habermas 1981, II: 488).

      In den folgenden Abschnitten möchte ich mich auf zwei, m.E. entschei-
dende Begründungsprobleme der Kolonialisierungsthese konzentrieren: Einerseits muß Habermas zeigen, daß durch das Übergreifen monetärer und administrativer Steuerungsmechanismen auf die Lebenswelt die sozialpathologischen Phänomene des Sinn- und Freiheitsverlustes hervorgerufen werden, d.h.,
er muß den Nachweis erbringen, daß sich die Funktionen der kulturellen Tradition, Sozialintegration und Sozialisation nicht über systemische Steuerungsmechanismen erfüllen lassen (II). Will Habermas andererseits die These des
nicht-entfremdenden Entkoppelungsprozesses von System und Lebenswelt
aufrechterhalten und damit marxistische Grundannahmen über den widersprüchlichen Verlauf der kapitalistischen Modernisierung revidieren, so muß er
nachweisen, daß die erklärungsbedürftigen Paradoxien der Moderne keineswegs auf die funktionale Ausdifferenzierung der kapitalistischen Wirtschaft und
der politischen Verwaltung zurückgehen. Er muß zeigen, daß die materielle
Reproduktion der Lebenswelt, anders als die symbolische Reproduktion, "ohne
pathologische Nebeneffekte auf die Grundlagen systemischer Integration um-
gepolt" (Habermas 1981, II: 476f) werden kann (III).

      Der letzte Punkt scheint mir auch die eigentliche Streitfrage zwischen
Habermas einerseits, Honneth und McCarthy andererseits zu sein. Allerdings
begnügen sich die Kritiker, wie angedeutet, mit einer pauschalen Ablehnung

des System-Umwelt-Modells, ohne die eigentliche Begründungsfigur der Kolonialisierungsthese zu rekonstruieren. Dieses soll im folgenden geschehen.
Wie ich zeigen möchte, ist es Habermas bisher nicht gelungen, auf die beiden miteinander zusammenhängenden Begründungsprobleme seiner Verdinglichungstheorie auch nur annähernd zufriedenstellende Antworten zu geben.
Diese ungelösten Begründungsfragen betreffen aber zentrale Theoriebausteine der kritischen Gesellschaftstheorie von Habermas.

II.

Die These der inneren Kolonialisierung führt die Sozialpathologien des modernen Lebens auf die zunehmende Unterordnung der Lebenswelt unter systemische Imperative des ökonomisch-administrativen Komplexes zurück; in der entwickelten Moderne dringen Kommerzialisierungs- und Bürokratisie-
rungsprozesse in die kommunikative Alltagspraxis ein und instrumentalisieren
dort die eigensinnig strukturierten Gehalte der Lebenswelt. Die starke These
nun, daß mit dem Übergreifen der monetären und administrativen Steuerungsmechanismen auf die Bereiche der kulturellen Tradition, Sozialintegration und Sozialisation die erklärungsbedürftigen Phänomene des Sinn- und
Freiheitsverlustes hervorgerufen werden, hat Habermas damit zu begründen
versucht, daß sich die Funktionen der symbolischen Reproduktion *ausschließlich* über das Medium verständigungsorientierten Handelns erfüllen lassen. "Die symbolischen Strukturen jeder Lebenswelt reproduzieren sich nämlich in Formen der kulturellen Tradition, der sozialen Integration und der Sozialisation - und diese Prozesse können sich (...) *allein* über das Medium verständigungsorientierten Handelns vollziehen" (Habermas 1983: 112, Hervorhebung G.K; vgl. auch ders. 1981, II: 476 u. ders. 1984: 603). Weil die symbolische Reproduktion der Lebenswelt *allein* auf kommunikatives Handeln - so
die zentrale Behauptung von Habermas - angewiesen bleibt, müssen alle
Übergriffe von Wirtschaft und Staat auf die Alltagspraxis als sozialpatholo-
gisch erscheinen. Die Begründung der Kolonialisierungsthese basiert in entscheidendem Maße auf der eindeutigen Zuordnung eines bestimmten Handlungstypus (kommunikatives bzw. verständigungsorientiertes Handeln) zu einer

bestimmten gesellschaftlichen Reproduktionssphäre (Bereich der symbolischen Reproduktion der Lebenswelt). Damit ist aber die These der inneren Kolonialisierung auf die stark unrealistische Prämisse einer machtfreien Kommunikationssphäre konzeptuell angewiesen: Wenn allein verständigunsorientiertes Handeln innerhalb der Alltagspraxis für die Handlungskoordination sorgt, dann sind alle Formen der strategischen Einflußnahme und der direkten Machtausübung innerhalb lebensweltlicher Handlungsbereiche von vornherein ausgeschlossen.

Nun ist dieser Vorwurf gegenüber Habermas nicht unbedingt neu: Die eindeutige Zuordnung des kommunikativen Handlungstypus zu einem bestimmten gesellschaftlichen Reproduktionsbereich und die damit einhergehende Ausblendung aller Macht- und Herrschaftsphänomene innerhalb der Lebenswelt hat massive Kritik hervorgerufen (vgl. vor allem: Honneth 1985: 328ff, Bruckmeier 1988: 217ff, Berger 1983: 329ff u. Zimmermann 1985). Einwände dieser Art haben Habermas, wie bereits angedeutet, in der Zwischenzeit veranlaßt, sein Lebensweltkonzept noch einmal zu präzisieren (vgl. Habermas 1986: 377ff). Er unterscheidet nun zwischen einem formalpragmatischen und einem soziologischen Lebensweltkonzept.[4] Zunächst wird das Konzept der Lebenswelt als Komplementärbegriff zum kommunikativen Handeln eingeführt. Dieser allein auf verständigungsorientiertes Handeln zugeschnittene, *formalpragmatische* Lebensweltbegriff wird in einem anschließenden zweiten Schritt zu einem *soziologischen* Ordnungskonzept erweitert. Lebenswelt in diesem zweiten Sinne meint die aus der Teilnehmerperspektive vorgenommene Beschreibung privater und öffentlicher Handlungssphären der Alltagspraxis, die sich aber gegenüber anderen gesellschaftlichen Reproduktionsbereichen nicht durch einen bestimmten Handlungstypus abgrenzen lassen. Auch innerhalb der Lebenswelt treten kommunikative und strategische Handlungen auf. "Das Mißverständnis, ich sei kategorial genötigt, Dissens- und Machtphänomene aus der Lebenswelt auszuschließen, geht, wie ich vermute, wiederum auf die Verwechselung des formalpragmatischen mit dem soziologischen Lebens-

---

4   Es muß betont werden, daß dem Selbstverständnis von Habermas zufolge die Unterscheidung zwischen dem formalpragmatischen und dem soziologischen Lebensweltbegriff bereits der 'Theorie des kommunikativen Handelns' zugrunde liegt.

weltbegriff zurück." (Habermas 1986: 372) Und wenig später heißt es: "Da aber die Lebenswelt keineswegs das unschuldige Bild "machtfreier Kommunikationssphären" bietet, werden die Präsuppositionen der Verständigungsorientierung nur unter den unwahrscheinlichen Umständen nicht-repressiver Lebensformen vorbehaltlos, d.h. ohne Täuschung und Selbsttäuschung, erfüllt. Sonst vollzieht sich die soziale Integration über gewaltsublimierende Herrschaftsnormen und eine sprachliche Konsensbildung, die die Bedingungen latent strategischen Handelns erfüllt. Insoweit besteht auch aufseiten der sozialen Integration keine apriori Zuordnung zu einem bestimmten Handlungstypus." (Habermas 1986: 383)

Nun möchte ich gegenüber Habermas gar nicht bestreiten, daß unter methodologischen Gesichtspunkten sein Lebensweltkonzept breit genug angelegt ist. Der in der Tradition der phänomenologischen und hermeneutischen Soziologie ausgearbeitete Lebensweltbegriff, an dem Habermas - wenn auch kritisch - anknüpft, erlaubt die Berücksichtigung kommunikativer und strategischer Handlungsformen. Aber: Bei der Begründung der normativen Grundlagen der Kolonialisierungsthese greift Habermas nicht auf den soziologischen, sondern auf den formalpragmatischen Lebensweltbegriff zurück. Die These, daß kolonialisierende Übergriffe von Wirtschaft und Staat pathologische Effekte der Anomie, des Sinn- und Freiheitsverlustes in der Alltagspraxis auslösen, basiert in entscheidendem Maße auf der eindeutigen Zuordnung des kommunikativen Handlungstypus zum symbolischen Reproduktionsbereich. Am Ende der 'Entgegnungsschrift', nachdem Habermas den erweiterten, soziologischen Lebensweltbegriff eingeführt und über weite Passagen an ihm festgehalten hat, taucht bei der Begründung der Kolonialisierungsthese der eingeschränkte formalpragmatische Lebensweltbegriff wieder auf: "Strukturelle Unvereinbarkeiten ergeben sich erst zwischen mediengeleiteten Interaktionen und den Bedingungen, unter denen sich die symbolischen Strukturen der Lebenswelt reproduzieren müssen. Diese starke These habe ich (...) mit dem Argument begründet, (...) daß sich diese drei Funktionen (der kulturellen Tradition, Sozialintegration und Sozialisation, G.K.) nur übers Medium verständigungsorientierten Handelns, nicht über die Steuerungsmedien Geld und Macht erfüllen lassen:

Sinn läßt sich weder kaufen noch erzwingen." (Habermas 1986: 390)[5]

Um einem naheliegenden Mißverständnis vorzubeugen: Keineswegs möchte ich die besonderen Gefährdungslagen moderner Gesellschaften bestreiten, die durch das ungehemmte Wachstum verselbständigter, funktionaler Teilsysteme ausgelöst werden. Aber welcher ernstzunehmende sozialwissenschaftliche Beitrag leugnet diese Bedrohungen? Es trifft nicht zu, wie Habermas irrtümlich behauptet (vgl. Habermas 1981, II: 554), daß andere Forschungsansätze aus methodischen Gründen an den Pathologien der Moderne vorbeigehen: Bereits die klassische Soziologie (etwa Marx, Weber und Simmel) hat Modernisierung immer als einen hochgradig riskanten Entwicklungspfad betrachtet. Diese Erkenntnis sollte eigentlich nicht gegen Habermas eingeklagt zu werden brauchen. Aber auch die als konservativ gescholtene Systemtheorie kommt zu strukturell ähnlichen Ergebnissen wie die Kolonialisierungsthese: "Die derzeit wohl zentralen Probleme der modernen Gesellschaft liegen in den Rückwirkungen von Umweltveränderungen, die die Gesellschaft ausgelöst hat, auf die Gesellschaft selbst. Das gilt nicht nur für die physisch-chemisch-organische Umwelt; *das gilt ebensosehr für die psychische Umwelt des Gesellschaftssystems.* (...) Eine weitere Problemquelle liegt in der eigentümlichen Wachstumsdynamik der modernen Gesellschaft und in der Kanalisierung dieses Wachstums durch die einzelnen Funktionssysteme, insbesondere Wirtschaft, Wissenschaft, Erziehung und Politik. Alle diese Systeme sind strukturell auf Abweichung von gegebenen Zuständen eingestellt. Sie verfolgen Steigerungs- und Verbesserungsziele. Die gesellschaftsinternen Folgen dieser Dynamik sind kaum abzusehen." (Luhmann 1988: 169ff, Hervorhebung, G.K.)

Der erklärte Anspruch von Habermas geht gegenüber konkurrierenden Theorieansätzen freilich einen Schritt weiter: Die 'Theorie des kommunikativen Handelns' will nicht nur die Pathologien der Moderne benennen, sie will zu-

---

5   Den ersten Teil des Argumentes (daß sich das Medienkonzept nicht auf die Bereiche der kulturellen Tradition, Sozialintegration und Sozialisation übertragen läßt) habe ich nicht angeführt. Dieses Vorgehen erscheint mir insofern legitim, als sich diese Äußerung auf die Frage bezieht, ob sich das Medienkonzept (und damit die Systemanalyse) auch auf Bereiche der symbolischen Reproduktion übertragen läßt. Diese Frage berührt aber nur, in den Worten von Habermas, den deskriptiven Sinn der Systemanalyse, nicht den hier problematisierten kritischen Sinn.

gleich, mit der universalpragmatischen - Rekonstruktion kommunikativer Sprechhandlungen, die unbedingten, normativen Maßstäbe der Gesellschaftskritik ausweisen (vgl. Habermas 1981, I: 7). Dieses Projekt droht aber zu scheitern: Durch die eineindeutige Zuordnung verständigungsorientierter Handlungen zum symbolischen Reproduktionsbereich gelangt Habermas zu einem *normativ gehaltvollen Lebensweltbegriff*, mit dem Formen ökonomischer und bürokratischer Rationalität innerhalb alltagsweltlicher Handlungsbereiche als Ursache moderner Sozialpathologien diagnostiziert werden. Dieser normative Lebensweltbegriff scheint aber auf eigentümliche Weise überhöht und widerspricht so Kernaussagen der Gegenwartsdiagnose von Habermas selbst: Denn sobald die Überlegung, daß sich die Funktionen der kulturellen Tradition, Sozialintegration und Sozialisation allein über das Medium kommunikativen Handelns erfüllen lassen, als kritischer Maßstab der Kolonialisierungsthese fungiert, müssen sämtliche Formen der strategischen Einflußnahme innerhalb der kommunikativen Alltagspraxis - und nicht nur mediengeleitete Interaktionen - als Ursache pathologischer Folgewirkungen erscheinen. Diese Schlußfolgerung widerspricht aber der Aussage von Habermas, daß strategische, erfolgsorientierte Handlungsformen innerhalb der Lebenswelt keineswegs mit den gleichen verdinglichenden Effekten einhergehen wie mediengeleitete Interaktionen. Strategische Macht- und Herrschaftsformen rufen innerhalb moderner Lebenswelten, folgt man dem systematischen Gehalt der Kolonialisierungsthese, weit geringere Probleme hervor als die Medien Geld und Organisationsmacht. Während letztere die kommunikative Infrastruktur der Lebenswelt systematisch bedrohen, die "Fassungskraft der Lebenswelt (...) sprengen" (Habermas 1981, II:233) und so eine besondere Gefährdungslage posttradioneller Gesellschaften darstellen, scheinen erfolgsorientierte Interaktionen, die doch zu allen Zeiten und nicht erst in modernen Gesellschaften aufgetreten sind, keineswegs ein solch verdinglichendes Potential zu besitzen.

Der formalpragmatische gewonnene, normative Lebensweltbegriff widerspricht aber genau dieser zentralen Aussage der Gegenwartsdiagnose der 'Theorie des kommunikativen Handelns': Denn solange die Überlegung, daß die symbolische Reproduktion der Lebenswelt ausschließlich auf kommunikative Handlungen angewiesen ist, als kritischer Maßstab der Habermasschen Verdinglichungskonzeption fungiert, muß es so erscheinen, als ob sämtliche nicht-kommunikativen Interaktionen (in Sinne des anspruchsvollen, verständigungsorientierten Handlungsmodells von Habermas) innerhalb lebensweltlicher Handlungsbereiche die gleichen pathologischen Folgewirkungen hervorrufen wie mediengeleitete Interaktionen. Damit aber wird unklar, warum das Übergreifen systemischer Imperative auf die kommunikative Alltagspraxis überhaupt eine besondere Bedrohung moderner Lebenswelten darstellen soll. Denn die von strategischen, erfolgsorientierten Interaktionsformen ohnehin entstellten Handlungsbereiche würden so nur einer zusätzlichen, weiteren Belastung ausgesetzt; der Verblendungszusammenhang der kommunikativen Alltagspraxis würde durch mediengeleitete Interaktionen zwar verstärkt, aber nicht ursächlich hervorgerufen.

Diese Schlußfolgerung aber macht eine besondere Problematik der These der Kolonialisierung der Lebenswelt deutlich: Will Habermas an seiner Gegenwartsdiagnose festhalten, dann müßte er zeigen, daß zwischen strategischen, erfolgsorientierten Handlungsformen und mediengeleiteten Interaktionen ein kategorialer Unterschied derart besteht, daß allein letztere, allein symbolisch generalisierte Kommunikationsmedien innerhalb der kommunikativen Alltagspraxis ein negatives, verdinglichendes Potential entfalten. Der formalpragmatische Lebensweltbegriff leistet aber genau die Begründung einer solchen Differenz nicht, weil er erfolgsorientierte und mediengeleitete Interaktionen für die symbolische Reproduktion der Lebenswelt gleichermaßen disqualifiziert.[6] Damit ist es Habermas, entgegen seinem eigenen Selbstverständnis, bisher nicht gelungen, die normativen Prämissen seiner Gesellschaftskritik verbindlich auszuweisen.

---

6   Damit will ich keineswegs die negativen Auswirkungen strategischer Macht- und Herrschaftsbeziehungen innerhalb der Alltagspraxis leugnen. Aber: Die These der Kolonialisierung der Lebenswelt basiert in entscheidendem Maße auf der Differenz zwischen Herrschafts- und Verdinglichungsphänomenen. Nicht erfolgsorientierte Handlungen im allgemeinen, sondern mediengeleitete Interaktionen im besonderen bedrohen die kommunikative Infrastruktur der Alltagspraxis. Für diese zentrale Differenz aber, so versuche ich zu zeigen, bietet der formalpragmatische Lebensweltbegriff keine Handhabe.

III.

Die Konstituierung der kapitalistischen Produktionsweise und die Institutionalisierung des gewaltmonopolisierenden Steuerstaates markieren den Beginn der Moderne. Habermas beschreibt diesen Vorgang als Entkoppelung von System und Lebenswelt. Während in traditionalen Gesellschaften ökonomische und politische Vorgänge innerhalb lebensweltlicher Handlungszusammenhänge verbleiben, kommt es im Zuge des Modernisierungsprozesses zur funktionalen Ausdifferenzierung wirtschaftlicher und administrativer Teilsysteme. Die Lebenswelt zieht sich aus der materiellen Reproduktion in die Umwelt der hochkomplexen Funktionssysteme zurück. In posttraditionalen Gesellschaften "schrumpft die Lebenswelt zu einem Subsystem" (Habermas 1981, II:258).

Der Übergang zu modernen, funktional ausdifferenzierten Gesellschaften ist mit massiven Eingriffen in traditionale Arbeits- und Lebensformen verbunden. Für die betroffenen Akteure führt die Herausbildung des kapitalistischen Wirtschaftssystems, d.h. die Umstellung des Produktionsprozesses auf Lohnarbeit und die Institutionalisierung des modernen Steuerstaates zu gravierenden und einschneidenden Veränderungen eingelebter, alltagsweltlicher Handlungszusammenhänge.

Habermas ist sich, wie bereits angedeutet, der destruktiven Auswirkungen, die durch die Entkoppelung von System und Lebenswelt strukturell erzeugt werden, durchaus bewußt. Er spricht von "schmerzhaften Prozesse(n) der Auflösung und Abstraktion" (Habermas 1986: 385). Gleichwohl begreift er diese 'schmerzvoll erlebten' *Entkoppelungseffekte* als letztlich nicht-pathologische Modernisierungsphänomene. Der These der Kolonialisierung der Lebenswelt zufolge führt "nicht die Entkoppelung der mediengesteuerten Subsysteme (...), sondern erst das Eindringen von Formen ökonomischer und administrativer Rationalität" (Habermas 1981, II: 488) in die Lebenswelt zu den anomischen Zuständen des Sinn- und Freiheitsverlustes. Für die starke These nun, daß die materielle Reproduktion, anders als die symbolische Reproduktion "ohne pathologische Nebeneffekte" (Habermas 1981, II: 476f.) auf die Steuerungsmedien Geld und Organisationsmacht umgestellt werden kann, finden sich m.E. zwei unterschiedliche Begründungsfiguren. Es lassen sich bei Habermas eine strukturelle (a) und eine materielle Begründung unterscheiden (b).

a) Innerhalb des strukturellen Begründungsversuches lassen sich zwei Begründungsschritte erkennen: In einem ersten Schritt verweist Habermas auf die spezifische Art der Handlungen und Tätigkeiten, über die die materielle Reproduktion der Lebenswelt verläuft. Im Gegensatz zur symbolischen Reproduktion, die sich 'von Haus aus' auf einer interaktiven Ebene bewegt und auf Verständigungsprozesse angewiesen ist, vollzieht sich die materielle Reproduktion über teleologische, zielgerichtete Eingriffe in die objektive Welt. "Während für die symbolische Reproduktion der Lebenswelt am sozialen Handeln vor allem der *Aspekt der Verständigung* relevant ist, ist es der *Aspekt der Zwecktätigkeit* für die materielle Reproduktion. Diese vollzieht sich durch das Medium von zielgerichteten Eingriffen in die objektive Welt." (Habermas 1981, II: 348)

In einem anschließenden zweiten Schritt folgert Habermas, daß die über zielgerichtete, teleologische Handlungen verlaufende materielle Reproduktion ohne verdinglichende Nebenwirkungen auf die Steuerungsmedien Geld und Organisationsmacht umgestellt werden kann. Diese Umstellung hätte den zusätzlich positiven Effekt, so die weitergehende Behauptung, daß die kommunikative Alltagspraxis, "die sich nur einen begrenzten Koordinations- und Verständigungsaufwand leisten" (Habermas 1985: 405) kann, entlastet wird. Die Lebenswelt zieht sich aus ökonomischen und politischen Handlungszusammenhängen zurück; systemische Steuerungsmedien übernehmen innerhalb der materiellen Reproduktion Aufgaben der Handlungskoordination. "Für eine solche Entlastung (der Lebenswelt, G.K.) bieten sich insbesondere Funktionen der materiellen Reproduktion an, weil diese nicht per se durch kommunikative Handlungen erfüllt zu werden brauchen. Zustandsänderungen im materiellen Substrat gehen ja unmittelbar auf aggregierte Ergebnisse und Folgen von zielgerichteten Eingriffen in die objektive Welt zurück. Gewiß bedürfen auch diese teleologischen Handlungen der Koordinierung; sie müssen gesellschaftlich integriert werden. Aber die Integration kann nun über eine verarmte und standardisierte Sprache laufen, die funktionsspezifische Handlungen, beispielsweise die Herstellung und Verteilung von Gütern und Diensten koordiniert, ohne die gesellschaftliche Integration mit dem Aufwand riskanter und unökonomischer Verständigungsprozesse zu belasten und über das Medium der Umgangssprache mit Vorgängen der kulturellen Überlieferung und der Sozialisation rückzukoppeln. Diesen Bedingungen einer speziell vercodeten Steuerungssprache genügt offensichtlich das Medium Geld." (Habermas 1985: 406) Diese Überlegungen erscheinen wenig überzeugend. Wie ich im folgenden zeigen möchte, findet sich an entscheidender Stelle des strukturellen Begründungsversuches der Kolonialisierungsthese ein kategorialer Fehlschluß.

Unproblematisch an der Argumentation erscheint mir zunächst die These, daß die Funktionen der materiellen Reproduktion "nicht per se durch kommunikative Handlungen erfüllt zu werden brauchen" (Habermas 1985: 406). Die Überlegungen unter II haben freilich gezeigt, daß der gleiche Sachverhalt auch auf die Bereiche der symbolischen Reproduktion der Lebenswelt zutrifft. Die Funktionen der kulturellen Reproduktion, sozialen Integration und Sozialisation vollziehen sich keineswegs allein über das Medium verständigungsorientierten Handelns. Weder im Bereich der symbolischen Reproduktion, noch im Bereich der materiellen Reproduktion der Lebenswelt besteht, wie Habermas ja inzwischen bestätigt hat, eine "apriori Zuordnung zu einem bestimmten Handlungstypus" (Habermas 1986: 383).

Ebenfalls unbedenklich erscheint mir die These, daß die materielle Reproduktion über zielgerichtete, teleologische Eingriffe in die objektive Welt erfolgt. Mit dieser Aussage ist freilich allein, wie aus dem obigen Zitat noch einmal hervorgeht, nur die Handlungsstruktur der Einzelhandlung (zielgerichteter Eingriff des Aktors in die äußere Umwelt) beschrieben.

Unzutreffend und falsch erscheint mir hingegen der Versuch von Habermas zu sein, zwischen diesen beiden unterschiedlichen kategorialen Ebenen überhaupt einen Zusammenhang herstellen zu wollen. Aus der Überlegung, daß die materielle Reproduktion über zielgerichtete Eingriffe verläuft, glaubt Habermas folgern zu können, daß wirtschaftliche und politische Reproduktionsbereiche ohne verdinglichende Nebenwirkungen auf die Steuerungsmedien Geld und Organisationsmacht umgestellt werden können. Nun bewegt sich die erste Aussage auf der *Ebene der Handlungsstruktur der Einzelhandlung*, die zweite Aussage dagegen auf der *Ebene der Handlungskoordination* bzw. auf der *Ebene des gesellschaftlichen Integrationsmechanismus*. Oder mit anderen Worten: Habermas schließt von der *Art der Handlungsstruktur* (zielgerichtete, teleologische Eingriffe in die objektive Welt) auf die Art des *handlungskoordinierenden Mechanismus* (Steuerungsmedien Geld bzw. Organisationsmacht)[7]. *Daß aber zwischen diesen beiden unterschiedlichen Ebenen überhaupt ein direkter Zusammenhang derart besteht, daß von der Struktur der Einzelhandlung auf die entsprechende Form der Handlungskoordination geschlossen werden kann, ist nicht nur nicht ausgemacht, sondern widerspricht handlungstheoretischen Grundbegriffen von Habermas selbst.* Denn folgt man seinen handlungstheoretischen Grundbegriffen, so besitzen alle Handlungen eine teleologische, zielgerichtete Grundstruktur: "Insofern ist die teleologische Struktur für *alle* Handlungsbegriffe fundamental. Die Begriffe des sozialen Handelns unterscheiden sich aber danach, wie sie die *Koordinierung* für die zielgerichteten Handlungen verschiedener Interaktionsteilnehmer ansetzen. (...) In allen Fällen wird die teleologische Handlungsstruktur insofern vorausgesetzt, als den Aktoren die Fähigkeit zu Zwecksetzung und zielgerichtetem Handeln, auch das Interesse an der Ausführung ihrer Handlungspläne zugeschrieben wird." (Habermas 1981, I: 150f)

Das heißt aber, daß auch in denjenigen Handlungsbereichen, die vornehmlich Funktionen der symbolischen Reproduktion erfüllen, die Einzelhandlungen ebenfalls eine teleologische und zielgerichtete Struktur besitzen.

---

7   Entscheidend scheint mir zu sein, daß der Begriff der zielgerichteten, teleologischen Handlung nicht mit dem Begriff der erfolgsorientierten, strategischen Handlung verwechselt werden darf. Während der Begriff der zielgerichteten Handlung die *teleologische Struktur der Einzelhandlung* meint, bezieht sich der Begriff der erfolgsorientierten Handlung auf die *spezifische Art und Weise der Handlungskoordination.* Nun wird eine solche Verwechselung allerdings durch die unsaubere Begriffswahl nahegelegt. Um in Zukunft weitere Mißverständnisse zu vermeiden, möchte ich vorschlagen, auf der einen Seite von zielgerichteten bzw. teleologischen *Handlungen*, auf der anderen Seite aber von strategischen bzw. erfolgsorientierten *Interaktionen* zu sprechen. (Entsprechend müßte von kommunikativen bzw. verständigungsorientierten Interaktionen die Rede sein).
     Es liegt nahe, daß Habermas selbst die Begriffe verwechselt hat. Sollte Habermas die Aussage, daß die materielle Reproduktion allein über zielgerichtete, teleologische Eingriffe in die äußere Umwelt verläuft, so verstanden wissen, daß ausschließlich strategische, erfolgsorientierte Interaktionen innerhalb ökonomischer und politischer Sozialzusammenhänge auftreten, dann ist die Aussage eindeutig falsch. Auch auf seiten der materiellen Reproduktion, und diesen mußte Habermas inzwischen eingestehen, besteht keine eindeutige Zuordnung zu einem bestimmten *Interaktionstypus*: "Trotz der handlungstheoretischen Kennzeichnung von Steuerungsmedien lassen sich die mediengesteuerten Subsysteme von anderen Handlungsbereichen nicht nach Handlungstypen abgrenzen. Strategische Handlungen treten nicht nur hier auf; und hier treten nicht nur strategische Handlungen auf." (Habermas 1986: 388)

Während Habermas im Falle der symbolischen Reproduktion aber nicht auf die Idee kommt, von der teleologischen Grundstruktur der einzelnen Handlung ausgehend, zugleich die Frage der entsprechenden Form der Handlungskoordinierung aufklären zu wollen, begeht er im Falle der materiellen Reproduktion einen solchen Fehlschluß.[8]

Es sollte nicht unerwähnt bleiben, daß Habermas in der Zwischenzeit den strukturellen Begründungsversuch der Kolonialisierungsthese zurückgenommen hat, ohne freilich die Argumentation explizit als unzutreffend oder fehlerhaft zu bezeichnen.[9] "Mein weitergehender Versuch, diesen Umstand auch noch strukturell zu begründen (weil die materielle Reproduktion über die Ergebnisse und Folgen zielgerichteter Eingriffe in die objektive Welt laufen müsse) ist waghalsig, vielleicht falsch, jedenfalls überflüssig." (Habermas 1986: 404) Im Gegensatz zu Habermas' Selbstverständnis sollte die obige Rekonstruktion die Unhaltbarkeit des strukturellen Begründungszusammenhanges gezeigt haben. Aus der Überlegung, daß die materielle Reproduktion über zielgerichtete Eingriffe in die objektive Welt erfolgt, zugleich die weitergehende These abzuleiten, daß die materielle Reproduktion ohne pathologische Nebeneffekte auf die Steuerungsmedien Geld und Organisationsmacht umgestellt werden kann, ist m.E. unzulässig und widerspricht Grundannahmen seiner eigenen Handlungstheorie.

Entscheidend scheinen mir die Beweggründe zu sein, die Habermas dazu veranlassen, den strukturellen Begründungszusammenhang als 'überflüssig' zu bezeichnen. Überflüssig erscheint mir der strukturelle Grundlegungsversuch in dem Sinne, daß sich bei Habermas ein weiterer, materialer Begründungs-

---

8   Habermas hat in den letzten Jahren seine handlungstheoretischen Grundbegriffe häufig reformuliert. Möglicherweise erklärt sich der kategoriale Fehlschluß, der Habermas unterläuft, aus der Veränderung der handlungstheoretischen Grundbegriffe. So hat Habermas bereits in den sechziger Jahren zwischen zweckrationalem (Arbeit) und kommunikativem Handeln (Interaktion) unterschieden. Dieser alten Begrifflichkeit zufolge besitzen die beiden Handlungstypen durchaus auch eine unterschiedliche Grundstruktur (vgl. Honneth 1985: 316f). Dagegen bezeichnen die Begriffe strategisches und kommunikatives Handeln, d.h. die handlungstheoretischen Begriffe, wie sie in der 'Theorie des kommunikativen Handelns' verwendet werden, im strengen Sinne keine unterschiedlichen Handlungsformen, sondern unterschiedliche Interaktionstypen.

9   Meines Wissens nimmt Habermas diese Behauptung zurück, ohne daß diese These bisher überhaupt auf Widerspruch gestoßen und entsprechend diskutiert worden ist.

versuch findet. Oder sollte Habermas davon ausgehen, daß bereits die Überlegung, daß sich pathologische Effekte erst einstellen, wenn die eigensinnig
strukturierten Gehalte der symbolischen Reproduktion deformiert werden, die
weitergehende These des nicht-pathologischen Entkoppelungsprozesses von
System und Lebenswelt rechtfertigt?[10] Nun möchte ich den ersten Teil dieser
Überlegung gar nicht bestreiten. In der Tat: "Strukturelle Unvereinbarkeiten
ergeben sich erst zwischen mediengeleiteten Interaktionen und den Bedingungen, unter denen sich die symbolischen Strukturen der Lebenswelt reproduzieren müssen." (Habermas 1986: 390) Für eine kommunikationstheoretisch ansetzende *Verdinglichungstheorie* scheint diese Überlegung sogar zwingend
notwendig zu sein. Von einer *Verdinglichung* kann ja im strengen Sinne erst
die Rede sein, wenn die symbolischen Strukturen der Lebenswelt instrumentalisiert und entstellt werden. Freilich darf aus dieser Überlegung nicht der weitergehende Schluß gezogen werden, daß die materielle Reproduktion ohne
pathologische Nebenwirkungen auf systemische Steuerung umgestellt werden
kann. Eine solche Schlußfolgerung ist nur haltbar, wenn eindeutig gezeigt
werden kann, daß die Umstellung ökonomischer und politischer Handlungsbereiche auf die Steuerungsmedien Geld und Organisationsmacht nicht per se
mit kolonialisierenden Eingriffen in die symbolischen Reproduktionsbereiche
einhergeht. Habermas muß den Nachweis erbringen, daß die funktionale Ausdifferenzierung mediengesteuerter Subsysteme nicht immer schon mit so tiefgreifenden Eingriffen in die Lebenswelt verbunden ist, so daß man nicht umhin kann, von einer Verdinglichung der kommunikativen Alltagspraxis zu sprechen. Diesen Nachweis zu erbringen ist m.E. aber genau die Absicht des materialen Begründungszusammenhanges der Kolonialisierungsthese.

b) Die These der Kolonialisierung der Lebenswelt erklärt die Paradoxien,
die im Gefolge des Modernisierungsprozesses auftreten, mit dem Eindringen
systemischer Imperative in die kommunikative Alltagspraxis. Zugleich versucht
Habermas die These aufrechtzuerhalten, daß wirtschaftliche und politische
Handlungszusammenhänge auf systemische Integrationsmechanismen umge-

---

10   Für diese Vermutung scheint zu sprechen, daß Habermas in der 'Entgegnungsschrift'
     den von mir so bezeichneten 'materialen Begründungszusammenhang nicht wieder
     aufnimmt.

stellt werden können, ohne daß sich Phänomene des Sinn- und Freiheitsverlustes einstellen. Diese weitergehende Überlegung ist aber nur haltbar, wenn es zu zeigen gelingt, daß zwischen denjenigen strukturellen Eingriffen in die Lebenswelt, die sich als Folge des Entkoppelungsprozesses notwendigerweise einstellen einerseits und pathologischen Deformationen der Lebenswelt andererseits ein kategorialer Unterschied besteht.

Wie ich im folgenden deutlich machen möchte, findet sich in der Tat am Ende der 'Theorie des kommunikativen Handelns' ein solcher, weitergehender Grundlegungsversuch der Kolonialisierungsthese: *Habermas versucht eine kategoriale Schwelle zwischen Entkoppelungseffekten und Verdinglichungsphänomenen zu bezeichnen.* Und Habermas verfügt auch über entsprechende Begriffe, um die seines Erachtens gut zu unterscheidenden Einwirkungen und Eingriffe in die kommunikative Alltagspraxis zu bezeichnen. Unter dem Begriff der *Mediatisierung der Lebenswelt* faßt er Veränderungen der lebensweltlichen Handlungsbereiche, die sich als Folge des Entkoppelungsprozesses strukturell einstellen.[11] Dagegen begreift er pathologische Deformationen der kommunikativen Alltagspraxis, wie gesehen, mit dem Terminus der *Kolonialisierung der Lebenswelt.*

Mit den zwei Begriffen der Mediatisierung und der Kolonialisierung der Lebenswelt ergibt die Rekonstruktion des Habermasschen Erklärungsansatzes moderner Verdinglichungsphänomnene folgendes Bild: Im Zuge des Modernisierungsprozesses werden mediengesteuerte Subsysteme aus der Lebenswelt ausdifferenziert; es kommt zur Monetarisierung und Bürokratisierung derjenigen Handlungsbereiche, die die materielle Reproduktion der Lebenswelt erfüllen. In kapitalistischen Gesellschaften regulieren systemische Steuerungsmechanismen wirtschaftliche und staatliche Zusammenhänge. Die Umstellung der materiellen Reproduktion auf die Steuerungsmedien Geld und Organisations-

---

11　Mir ist durchaus bekannt, daß Habermas den Begriff der Mediatisierung keineswegs einheitlich verwendet. Wenn diesem Ausdruck an manchen Stellen scheinbar auch die gleiche Bedeutung wie dem Terminus der Kolonialisierung der Alltagspraxis zukommt (vgl. etwa Habermas 1981, II: 491), so gebraucht er den Begriff der Mediatisierung freilich in den allermeisten Fällen in der obengenannten Weise (vgl. ebenda: 293, 452 u. 471). Aber nur in dieser zweiten, oben genannten Verwendungsweise kommt dem Begriff der Mediatisierung, wie ich im folgenden noch zeigen möchte, ein eigenständiger und systematischer Gehalt zu.

macht ist für die betroffenen Akteure mit weitreichenden und schmerzhaften Prozessen verbunden. Die Lebenswelt wird aus ökonomischen und politischen Interaktionszusammenhängen in die Umwelt der modernen Funktionssysteme verdrängt, und diesen Vorgang erfahren die Betroffenen als eine "Entzweiung und Versachlichung der gewohnten traditionalen Lebensformen" (Habermas 1986: 385). Die Lebenswelt wird mediatisiert. Freilich begreift Habermas die Mediatisierung der Lebenswelt, die sich ja mit der Entkoppelung von System und Lebenswelt notwendig einstellt, als einen normalen Bestandteil des Modernisierungsprozesses; pathologische Effekte stellen sich erst ein, wenn die Steuerungsmedien Geld und Organisationsmacht nicht auf die materielle Reproduktionssphäre beschränkt bleiben, sondern auf Bereiche der symbolischen Reproduktion übergreifen. "Am Ende verdrängen systemische Mechanismen Formen der sozialen Integration auch in jenen Bereichen, wo die konsensabhängige Handlungskoordinierung nicht substituiert werden kann: also dort, wo die symbolische Reproduktion auf dem Spiel steht. Dann nimmt die *Mediatisierung* der Lebenswelt die Gestalt einer *Kolonialisierung* an." (Habermas 1981, II: 293)

Zugleich läßt sich die besondere Schwierigkeit, in die Habermas mit seiner kommunikationstheoretisch reformulierten Verdinglichungskonzeption gerät, genauer fassen: Sofern Habermas die umstrittene These des nicht-pathologischen Entkoppelungsprozesses aufrechterhalten will, ist er konzeptuell gezwungen zu zeigen, daß *die Mediatisierung der Lebenswelt nicht per se deren Kolonialisierung bewirkt.* Mit anderen Worten: Habermas muß nachweisen, daß zwischen der Mediatisierung und der Kolonialisierung der Lebenswelt ein kategorialer Unterschied besteht. M.E. läßt sich die gesamte Schlußbetrachtung der 'Theorie des kommunikativen Handelns', insbesondere aber die Auseinandersetzung von Habermas mit Marx, als Versuch lesen, "die Schwelle", wie es bei ihm selber heißt, "an der *die Mediatisierung der Lebenswelt in eine Kolonialisierung umschlägt*" (Habermas 1981, II: 471), systematisch zu bestimmen.[12]

Um die Schwelle zwischen Entkoppelungseffekten und Verdinglichungs-

---

12   Diesen sogenannten materialen Begründungszusammenhang der Kolonialisierungsthese habe ich ausführlich rekonstruiert in: Kneer 1990: v.a. 147ff.

phänomenen zu ermitteln, präzisiert Habermas in einem ersten Schritt die zwischen System und Lebenswelt existierenden Austauschbahnen. Zwischen Wirtschafts- und Verwaltungssysstem auf der einen Seite, Privatsphäre und Öffentlichkeit als den institutionellen Ordnungen der Lebenswelt auf der anderen Seite lassen sich vier unterschiedliche Austauschkanäle benennen. "Das Wirtschaftssystem tauscht Lohn gegen Arbeitsleistungen (als Faktoreingabe) sowie Güter und Dienstleistungen (als Ausgabe eigener Produkte) gegen die Nachfrage von Konsumenten. Die öffentliche Administration tauscht Organisationsleistungen gegen Steuern (als Faktoreingabe) und politische Entscheidungen (als Ausgabe eigener Produkte) gegen Massenloyalität." (Habermas 1981, II: 472) Die Interaktionen zwischen System und Lebenswelt vollziehen sich über die beiden Medien Geld und Organisationsmacht. Das Geldmedium reguliert den Austausch des Wirtschaftssystems mit den privaten Arbeitnehmer- und Konsumentenhaushalten; der Verkehr der staatlichen Administration mit der Öffentlichkeit verläuft über monetäre und bürokratische Kanäle (vgl. Habermas 1981, II: 473, Schaubild Fig. 39). Bei den systemintegrativen Steuerungsmedien Geld und Organisationsmacht handelt es sich um *intersystemische Austauschmedien*[13] (vgl. Habermas 1981, II: 256). Sie regulieren in modernen, kapitalisti-

---

13   Spätestens an dieser Stelle wird deutlich, daß Habermas' Aneignung der Systemtheorie über weite Passagen dem Konzept *offener* Systeme von Parsons verpflichtet ist. Kapitalistische Wirtschaft und staatliche Verwaltung werden als *offene* Subsysteme moderner Gesellschaften begriffen, die über ihre systemischen Steuerungsmedien Geld und Organisationsmacht im direkten Austausch mit ihren jeweiligen gesellschaftlichen Umwelten stehen. Folgt man dagegen dem Paradigma *geschlossener, autopoietischer* Systeme, so stellt sich der gleiche Sachverhalt unter einem veränderten Blickwinkel dar. Dieses u.a. von Maturana und Varela ausgearbeitete Konzept des selbstreferentiellen, autopoietischen Systems hat Niklas Luhmann für die sozialwissenschaftliche Diskussion fruchtbar zu machen versucht (vgl. Luhmann 1984); inzwischen hat er dieses Konzept erfolgversprechend auf das moderne Wirtschaftssystem übertragen (vgl. Luhmann 1988). Dirk Baecker ist ihm in dieser Hinsicht gefolgt (vgl. Baecker 1988). Danach wird die moderne, kapitalistische Wirtschaft als geschlossenes, autopoietisches System bestimmt. Monetäre Zahlungen bilden die Basiselemente der Wirtschaft, die allein im ökonomischen System auftreten. Es gibt weder Input noch Output der Systemelemente. Als autopoietisch werden Systeme bezeichnet, die die Elemente (in diesem Fall: Zahlungen) aus denen sie bestehen, durch ihre Elemente selbst herstellen. Das heißt freilich nicht, daß keine Beziehungen (etwa Informations- und Energieflüsse) zwischen Wirtschaftssystem und seiner inner- und außergesellschaftlichen Umwelt bestehen, aber diese Beziehungen werden durch den geschlossenen, autopoietischen Reproduktionsprozeß erst konstituiert.

schen Gesellschaften den Verkehr zwischen System und Lebenswelt. D.h. aber: Mit der Entkoppelung von System und Lebenswelt kommt es zugleich zur Einrichtung mediengeleiteter Austauschbeziehungen.

Auf die Institutionalisierung mediengeleiteter Austauschbahnen reagiert die Lebenswelt auf charakteristische Weise - die kommunikative Alltagspraxis stellt sich auf den mediengeleiteten Verkehr mit Wirtschaft und Staat ein. Denn der Austausch zwischen System und Lebenswelt kann sich nur in dem Maße über monetäre und administrative Steuerungsmechanismen vollziehen, wie die Leistungen, Produkte und Ausgaben der Lebenswelt eine solche Form annehmen, daß sie gegen Geld und Macht getauscht werden können. "Die Medien Geld und Macht können nur in dem Maße die Austauschbeziehungen zwischen System und Lebenswelt regulieren, wie die Produkte der Lebenswelt *mediengerecht* zu Faktoreingaben für das entsprechende Subsystem, das sich zu seinen Umwelten nur über das eigene Medium in Beziehung setzen kann, abstrahiert worden sind." (Habermas 1981, II: 476)

So kann die menschliche Arbeitskraft nur gegen Geld getauscht werden, wie die Arbeit in Form der modernen Lohnarbeit verrichtet wird. Die funktionale Ausdifferenzierung des kapitalistischen Wirtschaftssystems bedeutet aus der Perspektive der kommunikativen Alltagspraxis die Umstellung des Produktionsprozesses auf Lohnarbeit. Mit der Institutionalisierung des geldvermittelten Austausches zwischen ökonomischem Subsystem und privater Sphäre der Lebenswelt kommt es zur Konstituierung der sozialen Rolle des lohnabhängigen Arbeitnehmers. Die menschliche Arbeitskraft wird *monetarisiert*, sie wird, in der Sprache von Marx, zur Ware.

Die Konstituierung der Beschäftigtenrolle bildet freilich nur ein Beispiel für den allgemeineren Sachverhalt, daß sich im Zuge des Modernisierungsprozesses die lebensweltlichen Produkte auf mediengeleitete Austauschbeziehungen einzustellen haben. Entsprechend der vier Kanäle unterscheidet Habermas vier soziale Rollen, die sich um diese Austauschbahnen kristallisieren. Mit der funktionalen Ausdifferenzierung mediengesteuerter Subsysteme kommt es auf Seiten der Lebenswelt zur Herausbildung der sozialen Rollen des Beschäftigen, des Konsumenten, des Klienten und des Staatsbürgers. Der abhängig beschäftigte Arbeitnehmer tauscht seine Arbeitskraft gegen Lohn, der Konsument erhält für sein Geld Güter und Dienstleistungen, der Klient wird für die Zahlung von Steuern mit Organisationsleistungen versorgt, und der politische Staatsbürger tauscht Loyalität gegen politische Entscheidungen (vgl. Habermas 1981, II: 472ff, insbesondere: 473, Schaubild Fig. 39).

Diese Vorgänge dürften sich zunächst einmal unter dem Stichwort einer *Mediatisierung der Lebenswelt* beschreiben lassen. Die Entkoppelung von sozial und systemisch integrierten Handlungsbereichen führt zu tiefgreifenden Abstraktionsprozessen innerhalb der kommunikativen Alltagspraxis. Die Lebenswelt muß sich im Austausch mit Wirtschaft und Staat auf monetäre und administrative Steuerungsmechanismen einstellen, sie muß ihre Ausgaben und Produkte mediengerecht umgestalten. In modernen Gesellschaften geschieht dieses, wie gesehen, über die sozialen Rollen des lohnabhängig Beschäftigten, des Konsumenten, des Klienten und des Staatsbürgers.

Andererseits erfüllen nun aber die gleichen Phänomene die Bedingungen einer *Kolonialisierung der Lebenswelt*: Die Umstellung und Transformation der eigensinnig strukturierten Gehalte der Lebenswelt in mediengerechte Produkte bedeutet die Instrumentalisierung der kommunikativen Alltagspraxis. Private Lebensführung und politisch-kulturelle Öffentlichkeit müssen sich auf den mediengesteuerten Austausch mit den formal organisierten Funktionssystemen einstellen, von nun an unterliegen sie Weisungen und Zwängen des ökonomisch-administrativen Komplexes. Als Folge der Entkoppelung von System und Lebenswelt werden Bestandteile von Privatsphäre und bürgerlicher Öffentlichkeit "durch die monetäre Umdefinition von Zielen, Beziehungen und Diensten, von Lebensräumen und Lebenszeiten sowie durch die Bürokratisierung von Entscheidungen, Pflichten und Rechten, Verantwortlichkeiten und Abhängigkeiten aus den symbolischen Strukturen der Lebenswelt herausgebrochen" (Habermas 1981, II: 476). Die kommunikative Alltagspraxis wird monetarisiert und bürokratisiert und damit verdinglicht.

D.h. aber: Mit der Präzisierung der mediengeleiteten Austauschbahnen zwischen System und Lebenswelt ist es Habermas keineswegs gelungen, eine kategoriale Schwelle zwischen Entkoppelungseffekten und Kolonialisierungsphänomenen zu bestimmen. Im Gegenteil: Die bisherige Rekonstruktion des materialen Begründungszusammenhanges der Kolonialisierungsthese legt die Vermutung nahe, daß im Zuge des Entkoppelungsprozesses die kommunikative Alltagspraxis nicht nur mediatisiert, sondern zugleich kolonialisierenden

Eingriffen von Wirtschaft und Staat ausgesetzt wird. Dieser Schlußfolgerung kann sich auch Habermas nicht entziehen. "In dem Maße wie der Produktionsprozeß auf Lohnarbeit umgestellt und der Staatsapparat über das Steueraufkommen der Beschäftigten mit der Produktion rückgekoppelt worden ist, haben sich komplementäre Umwelten gebildet. Auf der einen Seite wurde der Staatsapparat von einem mediengesteuerten Wirtschaftssystem abhängig; das führt unter anderem dazu, daß amts- und personengebundene Macht an Geld assimiliert worden ist. Auf der anderen Seite lösten sich traditionale Arbeits- und Lebensformen unter dem Zugriff der betriebsförmig organisierten Erwerbsarbeit auf. Die Plebejisierung der Landbevölkerung und die Proletarisierung der vielfach in den Städten konzentrierten Arbeiterschaft wurde zum ersten exemplarischen Fall einer *systemisch induzierten Verdinglichung der Alltagspraxis.*" (Habermas 1985: 407, Hervorhebung G.K.)

Dieses Eingeständnis von Habermas überrascht: Mit der These der Kolonialisierung der Lebenswelt versucht er die Einsicht geltend zu machen, daß nicht bereits die Entkoppelung von System und Lebenswelt, sondern erst das Eindringen systemischer Imperative in die kommunikative Alltagspraxis sozialpathologische Phänomene hervorruft. Die bisherige Rekonstruktion der Kolonialisierungsthese hat aber gezeigt, daß Habermas, nachdem er die mediengeleiteten Austauschbeziehungen zwischen system- und sozialintegrativen Handlungsbereichen bestimmt hat, nicht umhin kann, einzugestehen, daß zugleich mit der funktionalen Ausdifferenzierung von Wirtschaft und Staat systemisch induzierte Verdinglichungsphänomene auftreten. Trotz dieses Zugeständnisses glaubt Habermas aber die ursprüngliche Behauptung aufrechterhalten zu können, daß die materielle Reproduktion letztlich ohne verdinglichende Nebeneffekte auf die Steuerungsmedien Geld und Organsiationsmacht umgestellt werden kann. Zu diesem Zweck reformuliert er die anfängliche Fassung seiner Verdinglichungskonzeption. Er argumentiert nun, daß die im Zuge des Entkoppelungsprozesses auftretenden kolonialisierenden Phänomene in der entwikkelten Moderne ihre krankmachenden und pathologischen Züge verlieren und spätkapitalistische Gesellschaften es stattdessen mit Verdinglichungseffekten eines anderen Typus zu tun haben. "Mich interessiert vielmehr, wie ein neuer Typus von klassenunspezifisch ausgelösten Verdinglichungseffekten entsteht und warum sich diese Effekte, gewiß durch das Muster sozialer Ungleichheiten gefiltert und differentiell gestreut, heute vor allem in den kommunikativ strukturierten Handlungsbereichen durchsetzen." (Habermas 1981, II: 513)

Nun ist schon diese erste Überlegung wenig überzeugend. Denn keineswegs entstehen im Zuge des Entkoppelungsprozesses allein klassenspezifisch ausgelöste Verdinglichungsphänomene. Wenn diese Auffassung im Falle der Monetarisierung der Arbeitskraft auch teilweise ihre Berechtigung findet, so trifft diese Argumentation auf die Bürokratisierung der politischen Lebensbereiche freilich nicht zu. Die funktionale Ausdifferenzierung der modernen Administration aus lebensweltlichen Interaktionssphären bedeutet die Institutionalisierung von mediengeleiteten Austauschbahnen zwischen Staat und politisch-kultureller Öffentlichkeit. Der Austausch zwischen dem Verwaltungssystem und den in lebensweltlichen Handlungszusammenhängen verstrickten Akteuren verläuft über das Steuerungsmedium Organisationsmacht. Die öffentliche Administration, so heißt es in der Sprache von Habermas, tauscht politische Entscheidungen gegen Massenloyalität (vgl. Habermas 1981, II: 472). Aus der Perspektive des politischen Systems bedeutet dieses die weitgehende Abkoppelung von politisch-diskursiven Willensbildungsprozessen der Lebenswelt (vgl. Habermas 1981, II: 509); aus der Sicht der kommunikativen Alltagspraxis kristallisiert sich die moderne Staatsbürgerrolle, und d.h. die Rolle des politischen Wählers, um die Austauschbahnen zwischen Staat und Öffentlichkeit. Der Verkehr zwischen dem Verwaltungssystem und der Öffentlichkeit vollzieht sich nicht über kommunikativ-diskursiv strukturierte Interaktionsprozesse, sondern über politische Wahlentscheidungen. Habermas faßt diese - in den Worten von Marx - Realabstraktion folgendermaßen: "Dem entspricht die *Segmentierung der Wählerrolle* auf die die politische Teilhabe im allgemeinen eingeschränkt ist. Die Wahlentscheidung hat im allgemeinen nur Einfluß auf die Rekrutierung des Führungspersonals und ist in ihren Motiven dem Zugriff diskursiver Willensbildung entzogen." (Habermas 1981, II: 510) Wie sich mit der funktionalen Ausdifferenzierung des kapitalistischen Wirtschaftssystems die Akteure auf das Steuerungsmedium Geld und d.h. auf die Rolle des lohnabhängigen Arbeitnehmers einzustellen haben, so müssen sich die politisch Handelnden mit der Ausgliederung des administrativen Subsystems auf das Steuerungsmedium Organisationsmacht und d.h. auf die Rolle des wählenden Staatsbürgers umstellen. Es kommt zur Bürokratisierung der politisch-kulturellen Öffentlichkeit: Die Beschränkung der politischen Teilhabe auf einige wenige (Wahl-) Funktionen und die damit einhergehende administrative Reglementierung der politischen Mitbestimmung läßt sich m.E. als ein Fall einer klassenunspezifisch ausgelösten Verdinglichung der kommunikativen Alltagspraxis begreifen.[14] Dabei darf freilich nicht vergessen werden, daß es sich bei dem Vorgang der Institutionalisierung der Wählerrolle, ähnlich wie bei dem Vorgang der Konstituierung der Lohnarbeiterrolle, um einen höchst ambivalenten Prozeß handelt. Dies betont auch Habermas: "Die Durchsetzung politischer Grundrechte im Rahmen der Massendemokratie bedeutet einerseits die Universalisierung der Staatsbürgerrolle; andererseits auch die Segmentierung dieser vom Entscheidungsprozeß, die Reinigung der politischen Teilhabe von partizipatorischen Gehalten." (Habermas 1981, II: 514)

Nun möchte ich diesen Vorwurf (daß im Zuge des Entkoppelungsprozesses immer schon, und nicht erst in spätkapitalistischen Gesellschaften, klassenunspezifisch ausgelöste Verdinglichungseffekte entstehen) nicht weiter verfolgen, möglicherweise führt die Diskussion dieses Kritikpunktes in die falsche Richtung. Vielmehr möchte ich versuchen, die restlichen Bestandteile des materialen Begründungszusammenhanges zu rekonstruieren. Obwohl Habermas, wie gesehen, zunächst durchaus zugesteht, daß die Entkoppelung von System und Lebenswelt verdinglichende Effekte erzeugt, behauptet er nun, daß dieser Vorgang in der entwickelten Moderne seine pathologischen Züge verliert. Zwar spricht er von einem entfremdenden Modus der Arbeit und der Mitbestimmung (vgl. Habermas 1981, II: 515), aber damit ist nun gemeint,

---

14   Diese aufgrund der Institutionalisierung der Wählerrolle auftretenden Realabstraktionen nimmt auch Claus Offe, der sich in einer aufschlußreichen Arbeit darum bemüht, den 'philosophischen' Lebensweltbegriff von Habermas stärker sozialwissenschaftlich fruchtbar zu machen, in den Blick: "Praktisch folgenreiche Motive der Gerechtigkeit und Solidarität werden unter den institutionellen Kontextbedingungen der politischen oder verbandlichen Öffentlichkeit herausgefordert, während sie unter den Bedingungen des politischen Wahlaktes in der Parteiendemokratie in geradezu idealer Weise neutralisiert und als unerheblich behandelt werden. (...) Die soziale, zeitliche und sachliche "Realabstraktion", die den Wähler überdies von den gewählten Personen, den von ihnen zu entscheidenden Streitfragen und den während der Laufzeit des Mandats auftretenden zukünftigen Aktualitäten abtrennt, tut ein übriges zur Etablierung eines "Spiels", das die Fähigkeit des Wählers, bei seiner Wahlentscheidung moralische Gesichtspunkte zu beachten, individuell unterfordert und deswegen kollektiv entmutigt." (Offe 1989: 767)

daß die Organisation und Strukturierung der Arbeit innerhalb des kapitalistischen Betriebes sich ebenso gegenüber den kommunikativ-diskursiven Willensbildungsprozessen der Lebenswelt verselbständigt haben wie die Steuerung der staatlichen Administration. Wirtschaft und Staat haben sich ja laut Habermas im Zuge des Modernisierungsprozesses aus lebensweltlichen Handlungszusammenhängen und damit von Motiven, Wertorientierungen und Einstellungen der Beschäftigten und Wähler weitgehend entkoppelt; in diesem Sinne weisen Arbeit und Mitbestimmung für Habermas auch in der entwickelten Moderne eine entfremdende Struktur auf. Diesen entfremdeten Modus von Arbeit und Mitbestimmung begreift er nun aber gerade nicht als Modellfall von Verdinglichungsphänomenen in spätkapitalistischen Gesellschaften, da sie seiner Meinung nach nur in der Arbeitswelt und in der politischen Administration und damit allein in der materiellen Reproduktionsspähre negative Auswirkungen hervorrufen. Der These der Kolonialisierung der Lebenswelt zufolge treten aber pathologische Effekte erst auf, wenn systemintegrative Mechanismen in diejenigen Bereiche der Lebenswelt eindringen, die sich auf die symbolische Reproduktion spezialisiert haben. Aus diesem Grunde rechnet Habermas in der entwickelten Moderne mit systemisch induzierten Verdinglichungsphänomenen nicht über die Kanäle des Beschäftigten und des Wählers, sondern allein über die Rollen des Konsumenten und des Klienten. Der moderne Wohlfahrtsstaat fängt den entfremdeten Modus von Arbeit und Mitbestimmung mit sozialstaatlichen Vergütungen auf; diese systemkonformen Entschädigungen dringen über die Rollen des Konsumenten und des Klienten in die Alltagspraxis ein und erzwingen eine Ausrichtung der kommunikativ strukturierten Lebenswelt an monetäre und administrative Steuerungsmechanismen. Die kommunikative Alltagspraxis wird kolonialisiert: "Nach den Grundannahmen unseres Modells werden über diese beiden Kanäle (Konsumenten- und Klientenrolle, G.K.) die Kompensationen abgewickelt, die der Sozialstaat für die Pazifizierung der Arbeitswelt und die Neutralisierung der rechtlich eingeräumten Teilhabe an politischen Entscheidungsprozessen bereitstellt. Wenn man von den krisenhaften Systemungleichgewichten, die in administrativ bearbeiteter Form an die Lebenswelt weitergegeben werden, absieht, löst das kapitalistische Wachstum Konflikte innerhalb der Lebenswelt vor allem infolge der Ausdehnung und Verdichtung des monetär-bürokratischen Komplexes aus, und zwar *zunächst* dort,

wo sozialintegrierte Lebenszusammenhänge über Konsumenten- und Klienten-
rollen umfunktioniert und an systemisch integrierte Handlungsbereiche assimiliert werden." (Habermas 1981, II: 516)

Diese Konzeption greift aber, wie ich im folgenden zeigen möchte, gleich
in mehrfacher Hinsicht zu kurz. Zunächst: Die Prozesse der Entfremdung der
Arbeit und der Mitbestimmung bleiben, entgegen der Einschätzung von Habermas, nicht auf diejenigen Sphären begrenzt, in denen sie verursacht werden;
die Monetarisierung der Beschäftigtenrolle und die Neutralisierung der Staatsbürgerrolle lösen nicht nur in der Arbeitswelt und in der politischen Verwaltung deformierende Prozesse aus. Die Arbeit wird genauso wenig von 'Haus
aus' in Form der Lohnarbeit verrichtet wie politisch-kulturelle Meinungen von
'Haus aus' in Form von Wahlentscheidungen geäußert werden. Die Umstellung
der Arbeit auf Lohnarbeit und die Konstituierung der modernen Wählerrolle
fordern gerade aber auch in Privatsphäre und Öffentlichkeit, also dort, wo die
symbolische Reproduktion stattfindet, ihren Preis. Die *private* Lebensform muß
sich auf ein organisiertes Lohnarbeitsverhältnis ebenso einstellen wie die poli-
tisch-öffentliche Lebensform auf die Rolle des Wählers. Auf diese Weise werden freilich "Bestandteile der privaten Lebensführung und einer kulturell-politi-
schen Lebensform durch die monetäre Umdefinition von Zielen, Beziehungen
und Diensten, von Lebensräumen und Lebenszeiten sowie durch die Bürokratisierung von Entscheidungen, Pflichten und Rechten, Verantwortlichkeiten und
Abhängigkeiten" (Habermas 1981, II: 476) instrumentalisiert. Kurz: Es treten
exakt diejenigen Phänomene auf, die Habermas mit der These der Kolonial-
sierung zu erklären sucht. Und: Diese pathologischen Effekte lassen sich auch
nicht als kurzfristige, klassenspezifisch ausgelöste Verdinglichungsphänomene
beschreiben, die allein in dem kurzen Zeitraum entstehen, in der die materielle Reproduktion auf systemintegrative Steuerungsmechanismen umgestellt wird.
Vielmehr sind kolonialisierende Effekte immer schon Bestandteil des kapitalistischen Modernisierungsprozesses, weil ihr Auftreten in der Funktionslogik der
mediengesteuerten Subsysteme selbst begründet liegt. Der Kapitalismus bedarf
der nichtökonomischen Privatsphäre ebenso wie der gewaltmonopolisierende
Staatsapparat der nicht-staatlichen Öffentlichkeit, da die modernen, formal
organisierten Teilsysteme *strukturell* auf Zufuhren und Produkte ihrer sozialen,

kommunikativ-strukturierten Umwelten angewiesen sind.[15] Mit der funktionalen Ausdifferenzierung des ökonomisch-administrativen Komplexes haben sich Privatsphäre und Öffentlichkeit zwangsläufig auf systemische Steuerungsmedien einzustellen. Die kapitalistische Verwertungslogik läßt sich ebensowenig auf das Wirtschaftssystem begrenzen wie die administrative Systemfunktionalität auf die moderne Bürokratie. Als direkte Folge des Entkoppelungsprozesses hat sich die Privatsphäre auf die Imperative des Beschäftigungssystems einzustellen und zugleich wird die politisch-kulturelle Öffentlichkeit nach den Zwängen des Staates ausgerichtet. Es existiert keine Schwelle, an der die Entkoppelung in eine Kolonialisierung umschlägt.

Am Ende der 'Theorie des kommunikativen Handelns' kommt Habermas m.E. in die Nähe der hier vorgetragenen Einwände, ohne freilich die umstrittene These des nicht-pathologischen Entkoppelungsprozesses explizit zurückzunehmen. Habermas versucht die vor allem Ende der siebziger, Anfang der achtziger Jahre auftretenden neuen sozialen Bewegungen als Widerstandsgruppen gegenüber kolonialisierenden Eingriffen in die kommunikative Alltagspraxis zu begreifen. So heißt es bei ihm: "Die neuen sozialen Konflikte entstehen also an den Nahtstellen zwischen System und Lebenswelt. Oben habe ich dargestellt, wie der Austausch zwischen privater und öffentlicher Sphäre auf der einen, Wirtschafts- und Verwaltungssystem auf der anderen Seite über die Medien Geld und Macht abläuft, und wie er in den Rollen des Beschäftigten

---

15   Habermas versucht seine Konzeption an einer Stelle mit der Überlegung zu retten, daß sich zwischen Effektivitätssteigerungen und Kolonialisierungsphänomenen eine Art 'Verrechnung' durchführen lasse. Danach sollen Kolonialisierungseffekte erst auftreten, "wenn die Zerstörung traditionaler Lebensformen nicht mehr durch die effektivere Erfüllung gesamtgesellschaftlicher Funktionen ausgeglichen werden kann." (Habermas 1981, II: 476). So werden im Falle der Umstellung der materiellen Reproduktion auf systemische Steuerungsmechanismen keine verdinglichende Nebeneffekte auftreten, weil mediengesteuerte Subsysteme Aufgaben der materiellen Reproduktion weitaus leistungsfähiger erfüllen als ihre traditionellen Vorgängerinstitutionen.
Letztlich führt sich dieser Versuch aber selber ad absurdum. Habermas verliert mit dieser Konzeption jede Möglichkeit einer begründeten Kritik an spätkapitalistischen Verdinglichungsphänomenen überhaupt. Denn die Steuerungsmedien Geld und Organisationsmacht erfüllen nicht nur Aufgaben der materiellen Reproduktion effektiver, sie erweisen sich auch in den Bereichen von Freizeit, Kultur, Erholung, Bildung und Tourismus, d.h. in denjenigen Handlungssphären, die sich auf die symbolische Reproduktion spezialisiert haben, weitaus leistungsfähiger als traditionale Vergesellschaftungsformen.

und des Konsumenten, des Klienten und des Staatsbürgers institutionalisiert wird. Genau diese Rollen sind Zielscheiben des Protestes. Die alternative Praxis richtet sich gegen die gewinnabhängige Instrumentalisierung der Berufsarbeit, gegen die marktabhängige Mobilisierung der Arbeitskraft, gegen die Verlängerung von Konkurrenz- und Leistungsdruck bis in die Grundschule. Sie zielt auch gegen die Monetarisierung von Diensten, Beziehungen und Zeiten, gegen die konsumistische Umdefinition von privaten Lebensbereichen und persönlichen Lebensstilen." (Habermas 1981, II: 581) Damit scheint Habermas aber einzugestehen, daß kolonialisierende Übergriffe sich nicht nur über die Rollen des Konsumenten und des Klienten, sondern ebenso über die Kanäle des Beschäftigten und des Staatsbürgers vollziehen. Denn warum sollten sich die Widerstandsbewegungen, deren Protest doch gegen die zunehmende Kolonialisierung gerichtet ist, überhaupt gegen die Instrumentalisierung von Arbeit und Mitbestimmung wenden, wenn doch verdinglichende Effekte allein über die Rollen des Konsumenten und des Klienten zu erwarten sind.

IV.

In der 'Theorie des kommunikativen Handelns' unternimmt Habermas den Versuch, die normativen Grundlagen einer kritischen Gesellschaftstheorie aufzuklären. Es bleiben Zweifel, ob Habermas dieses Ziel erreicht hat.[16] Mit der

---

16   Dieses konstatiert bereits H. Schnädelbach in seiner vielbeachteten Rezension 'Transformation der Kritischen Theorie' aus dem Jahre 1982. Die Einwände Schnädelbachs richten sich gegen den Versuch, die *unbedingten* Maßstäbe kritischer Gesellschaftstheorie allein auf dem Wege einer *hypothetischen* Regelrekonstruktion zu gewinnen. "Daß in kommunikativem Handeln unbedingte Ansprüche erhoben werden, mag ja der Fall sein, aber dies qualifiziert sie noch nicht dazu, kritische Theorie zu fundieren; dazu müßten sie selbst kritisch beurteilbar sein, d.h. der Theoretiker müßte die unbedingten Maßstäbe der Kritik unbedingt schon mitbringen, und er wird sie niemals auf dem Wege der hypothetischen Regelrekonstruktion seinem Gegenstand entnehmen können." (Schnädelbach 1986: 34) Dieser Überlegung von Schnädelbach (und letztlich auch von Apel) möchte ich gar nicht widersprechen: Fundamentale, unbedingte Maßstäbe der Kritik scheinen ohne Letztbegründung nicht zu haben zu sein. Damit ist freilich die Frage noch nicht geklärt, ob endliche, geschichtlich bedingte Menschen solch letztbegründeter Maßstäbe überhaupt habhaft werden können. Ein Rückblick auf die Philosophiegeschichte dürfte zeigen, daß sämtliche früheren Versuche dieser Art gescheitert

universalpragmatischen Rekonstruktion des verständigungsorientierten Sprachgebrauchs hofft er allgemeine Bedingungen der kommunikativen Alltagspraxis normativ so auszeichnen zu können, daß Eingriffe der systemischen Steuerungsmedien Geld und Organisationsmacht als Ursache moderner Sozialpathologien erscheinen. Als kritischer Maßstab fungiert dabei ein formalpragmatischer Lebensweltbegriff, der auf der eineindeutigen Zuordnung des kommunikativen Handlungstypus zum symbolischen Reproduktionsbereich basiert. Der formalpragmatisch gewonnene Lebensweltbegriff kann aber nicht leisten, so habe ich in der obigen Rekonstruktion zu zeigen versucht, was er eigentlich leisten soll: die normativen Prämissen der Kolonialisierungsthese zu begründen. Denn nun muß es so erscheinen, als ob sämtliche nicht-kommunikativen Handlungsformen innerhalb der symbolischen Reproduktionsbereiche mit sozialpathologischen Nebenwirkungen einhergehen. Dann aber stellt sich die Frage, aus welchem Grunde das Übergreifen systemischer Imperative auf die Alltagspraxis überhaupt eine besondere Bedrohung posttradionaler Lebenswelten darstellen soll. Der formalpragmatische Lebensweltbegriff erweist sich als zu eng, das normative Fundament der These der Kolonialisierung zu liefern.

Eine weitere Unzulänglichkeit des in der 'Theorie des kommunikativen Handelns' vorgetragenen Erklärungsansatzes moderner Sozialpathologien fällt ins Auge: Habermas gelingt es nicht, überzeugende Argumente für die starke These des nicht-pathologischen Entkoppelungsprozesses von System und Lebenswelt anzuführen. Im Gegenteil: Es spricht viel für die u.a. bereits von Marx formulierte Erkenntnis, daß mit der funktionalen Ausdifferenzierung des kapitalistischen Wirtschaftssystems und des modernen Staates sich deformierende und entfremdende Effekte per se einstellen. Bedeutet diese Einsicht aber nicht umgekehrt, daß, um auch nur den kleinsten Schritt zur Befreiung zu ermöglichen, die systemischen Steuerungsmechanismen vollständig durch transparente

---

sind: Die als fundamental angenommenen apriorischen Kategorien und Maßstäbe haben sich schließlich im 'Reich der Kontingenzen' wiedergefunden. Dagegen scheinen mir die Überlegungen von A. Wellmer eine fruchtbare Alternative darzustellen: Kritische Theorie muß sich, will sie nicht in Scientismus und schlechter Geschichtsphilosophie enden, in einem noch stärkerem Maße als Habermas dies tut, mit einem fallibilistischen Selbstverständnis begnügen, ohne damit zugleich in die Fänge des Kuhnschen Paradigmenrelativismus zu gelangen (vgl. Wellmer 1986). Auch die Maßstäbe und Metanormen, die der kritische Gesellschaftstheoretiker mitbringt, sind der Korrektur bedürftig.

Kommunikationsprozesse ersetzt, die funktionalen Teilsysteme von Wirtschaft und Staat niedergerissen und das 'Projekt der Moderne' insgesamt revidiert werden müssen? Ich denke, nein. Möglicherweise ist es eine der tiefsten Einsichten, die wir Max Weber verdanken, daß das Leben unter Bedingungen der Modernität ein Mehr an Effektivität und Rationalität, zugleich aber auch ein Mehr an Disziplinierung und Reglementierung bedeutet, es gleichwohl zu der Moderne keine echte Alternative gibt. Das heißt aber nicht, daß innerhalb hochkomplexer moderner Gesellschaften praktisch-politische Veränderungen von vornherein ausgeschlossen sind. Gefordert ist ein verändertes Verhältnis, und an dieser Stelle stimme ich mit Habermas überein, zwischen lebensweltlichen Interaktionsbereichen und den funktionalen Teilsystemen. Allerdings gibt es kein ideales Ergänzungsverhältnis zwischen System und Lebenswelt - wie Habermas anzunehmen scheint - in dem Sinne, daß sich monetäre und administrative Steuerungsmechanismen auf die materielle Reproduktionssphäre beschränken lassen und die symbolische Reproduktion allein durch kommunikative Handlungen erfüllt wird. Die Frage nach der 'vernünftigen' Gewichtung zwischen System und Lebenswelt ist eine *praktische Frage*, die der Soziologe Habermas nicht allein beantworten kann, sondern die den Handelnden selbst überlassen bleiben muß. In der Tat: In einem Aufklärungsprozeß, so hatte der junge Habermas selbst notiert, gibt es nur Beteiligte.

Literatur

Alexander, C.J., 1982/83: Theoretical Logic in Sociology, Bd. I - IV, Berkeley, Los Angeles.

Bader, V.M., 1983: Schmerzlose Entkoppelung von System und Lebenswelt? Engpässe der Theorie des kommunikativen Handelns von Jürgen Habermas, in: Kennis en methode, Meppel, Amsterdam, Jg. 7, H. 4, S. 329ff.

Baecker, D., 1988: Information und Risiko in der Marktwirtschaft, Frankfurt/M.

Berger, J., 1986: Die Versprachlichung des Sakralen und die Entsprachlichung der Ökonomie, in: Honneth/Joas 1986: 255ff.

Breuer, St., 1987: Adorno, Luhmann. Konvergenzen und Divergenzen von kritischer Theorie und Systemtheorie, in: Leviathan, H. 3, S. 91ff.

Bourdieu, P., 1987: Sozialer Sinn. Kritik der theoretischen Vernunft, Frankfurt/M.

Bruckmeier, K., 1988: Kritik der Organisationsgesellschaft, Münster.

Dahrendorf, R., 1986: Pfade aus Utopia, München.

Giddens, A., 1988: Die Konstitution der Gesellschaft. Grundzüge einer Theorie der Strukturierung, Frankfurt/M - New York.

Habermas, J., 1976: Zur Rekonstruktion des historischen Materialismus, Frankfurt/M.

Habermas, J., 1979: Theorie der Gesellschaft oder Sozialtechnologie? Eine Auseinandersetzung mit Niklas Luhmann, in: Habermas/Luhmann 1979: 142ff.

Habermas, J., 1981: Theorie des kommunikativen Handelns, Bd. I/II, Frankfurt/M.

Habermas, J., 1983: Kommunikatives Handeln und Moralbewußtsein, Frankfurt/M.

Habermas, J., 1984: Vorstudien und Ergänzungen zur Theorie des kommunikativen Handelns, Frankfurt/M.

Habermas, J., 1985: Der philosophische Diskurs der Moderne. Zwölf Vorlesungen, Frankfurt/M.

Habermas, J., 1986: Entgegnung, in: Honneth/Joas 1986: 327ff.

Habermas, J., 1988: Nachmetaphysisches Denken, Frankfurt/M.

Habermas, J./Luhmann, N., (Hrsg.), 1979: Theorie der Gesellschaft oder Sozialtechnologie - Was leistet die Systemforschung? Frankfurt/M.

Honneth, A., 1985: Kritik der Macht, Frankfurt/M.

Honneth, A./Joas, H. (Hrsg.), 1986: Kommunikatives Handeln. Beiträge zu Jürgen Habermas' "Theorie des kommunikativen Handelns", Frankfurt/M.

Honneth, A., u.a. (Hrsg.), 1989: Zwischenbetrachtungen. Im Prozeß der Aufklärung, Frankfurt/M.

Kneer, G., 1990: Die Pathologien der Moderne. Zur Zeitdiagnose in der "Theorie des kommunikativen Handelns" von Jürgen Habermas, Opladen.

Luhmann, N., 1984: Soziale Systeme. Grundriß einer allgemeinen Theorie, Frankfurt/M.

Luhmann, N., 1988: Die Wirtschaft der Gesellschaft, Frankfurt/M.

McCarthy, Th., 1986: Komplexität der Demokratie - die Versuchungen der Systemtheorie, in: Honneth/Joas 1986: 177ff.

Offe, C., 1989: Fessel und Bremse. Moralische und institutionelle Aspekte "intelligenter Selbstbeschränkung", in: Honneth 1989: 739ff.

Parsons, T., 1968: The Structure of Social Action, New York.

Schnädelbach, H., 1986: Transformation der Kritischen Theorie, in: Honneth/Joas 1986: 15ff.

Wellmer, A., 1986: Ethik und Dialog, Frankfurt/M.

Zimmermann, R., 1985: Utopie - Rationalität - Politik, Freiburg - München.

Armin Nassehi

HABERMAS, LYOTARD UND DIE
SUCHE NACH DEM
AUSGESCHLOSSENEN DRITTEN

I.

Kontextualismus vs. Universalismus, kleine Geschichten vs. große Erzählungen, lokale Wahrheiten vs. veritas substantialis, überschaubare Praxis vs. universale Pragmatik, Vielheit der Vernunft vs. Vernunft der Vielheit. In diesen grobschlächtigen Komplementärbegriffen spiegelt sich die gegenwärtige philosophische und gesellschaftstheoretische Auseinandersetzung um jene Schlagworte wider, die als *Moderne* und *Postmoderne* sowohl die Feuilletons bildungsbürgerlicher Periodika füllen als auch den Streit um den analytischen Ansatzpunkt zeitdiagnostischer und -therapeutischer Abhandlungen mitbestimmen. Mir wird es im folgenden jedoch nicht um eine systematisierende Gegenüberstellung beider "Lager" gehen.[1] Vielmehr werde ich unter folgenden zwei Voraussetzungen ein wenig Konturenschärfe in die bisweilen sehr groben Grenzziehungen zu bringen versuchen:

1) Um die Konturen in einem ersten Schritt zumindest sichtbar werden zu lassen, muß von Konzepten und Personen, von Autoren gesprochen werden. Gewählt werden Jürgen Habermas' "Konsensustheorie" und Jean-François Lyotards "Postmodernes Wissen" und "Widerstreit". Dies nicht, weil sie womöglich die bekanntesten und prominentesten Vertreter ihrer Lager sind, auch nicht weil sie so unterschiedlich argumentieren, daß schon a priori ausgemacht wäre, wer *Klotz* ist und wer *Keil*. Habermas und Lyotard bieten sich gerade deshalb an, weil sie auf den ersten Blick von sehr ähnlichen und deshalb ver-

---

1   Einen solchen Versuch unternimmt unter der Prämisse der Bedeutung der Postmoderne als Gesellschaftstheorie Douglas Kellner (1988: 239ff.), in ganz anderer Weise Wolfgang Welsch (1987) und Manfred Frank (1983).

gleichbaren Voraussetzungen ausgehen.

Einen der prominentesten Vergleiche zwischen Habermas und Lyotard hat Manfred Frank vorgelegt. Er geht von einer grundlegenden Gemeinsamkeit zwischen beiden aus: "... wir müssen uns verständigen, nicht obwohl, sondern weil wir auf kein vorab schon bestehendes Allgemeines und Verbindliches zurückgreifen können, d.h. weil wir miteinander nicht-identische Einzelne sind, deren Interpretationen der Welt in keiner prästabilierten Harmonie und in keinem archimedischen Ort außerhalb des Diskurses koinzidieren. Insofern Habermasens Konsensustheorie diese postmetaphysische Bedingung als ihre Ausgangssituation anerkennt (...), ist er nicht minder postmodern als Lyotard." (Frank 1988: 66). Diese Positionsbestimmung von Habermas und Lyotard enthält bereits mehrere Informationen über beide Autoren. Das Diktum, wir müßten uns "verständigen", verweist auf den sprachanalytischen Bezugspunkt. Damit ist natürlich noch nicht ausgemacht, was "Sprache" im einzelnen hier bedeutet, ein Zeichensubstrat, einen Kosmos von Bedeutungen, ein subjektives Vermögen, eine (quasi-)transzendentale Bedingung der Möglichkeit sozialer Ordnung, einen Programmiercode, oder gar etwas, das sprachlich gar nicht benennbar ist, dessen Bedeutungsgenerator ein Nicht-Sprachliches ist. Zumindest scheint Sprache einen Bezug zu einer Allgemeinheit und Verbindlichkeit zu haben, deren außersprachliches Fehlen sprachliche Verständigung allererst erforderlich macht. Denn, so Frank, wir müssen uns verständigen, "nicht obwohl, sondern weil" die Welt einer "prästabilierten Harmonie" verlustig gegangen ist. Näher bezeichnet wird diese Situation durch den Terminus "postmetaphysische Bedingung". Sie ist also ein historisches Datum, dessen Bedingungen dadurch konstituiert werden, daß es kein metaphysisches Einheitsdenken, keine Totalerklärungen von Welt und Sinn gibt, in denen das, worüber heute wir uns erst verständigen müssen, schon immer aufbewahrt ist. Nicht, daß es unter metaphysischen, sagen wir besser: prä-post-metaphysischen Bedingungen keine Verständigung, keine Notwendigkeit sprachlicher Übereinkunft und Auflösung von Konflikten gegeben habe. Dies ist nicht der entscheidende Differenzpunkt. Frank spezifiziert vielmehr, daß der archimedische Ort *außerhalb* des Diskurses fehlt, der jene prästabilierte Harmonie spendet, deren Absenz sprachliche Verständigung aufwertet: gleichsam zu einem Substitut der All-Einheit. *Différend* und *Konsens, la condition post-*

moderne und Projekt der Moderne sind laut Frank zwei mögliche Antworten auf ein und dieselbe Antezedenzbedingung: das Fehlen außersprachlicher Gewißheiten und Wahrheiten.

Zugleich gibt uns Frank eine erste Bestimmung des Begriffs "postmodern" an die Hand. Er identifiziert ihn mit einer posttraditionalen, jeglicher Instanz der Repräsentation der - um mit Niklas Luhmann zu sprechen - Gesamtselektivität der Welt entbehrenden Lebensform, in der die Sprache zum wesentlichen Wahrheitsvehikel aufgestiegen ist.

Ferner enthält Franks Präjudiz die Annahme, Verständigung sei möglich. Es wird also keineswegs eine mythische Totalität - "universaler Verblendungszusammenhang" - angenommen, die als ursprünglich kontingenzlose Determinante die Entwicklungslogik totaler Negativität (Adorno), absoluter Macht (Foucault) oder planetarischer Seinsvergessenheit (Heidegger) jede innerweltliche, historische Kontingenz abschneiden würde. Eine solche würde es verbieten, Bedingungen für das Gelingen oder Mißlingen von Verständigung anzugeben, was immer unter diesem Begriff hier schon verstanden werden soll.

Es wird zu prüfen sein, ob Franks These einer Konvergenz der Perspektiven, Interessen und Fragestellungen der beiden Autoren tatsächlich trifft und ob sich ein Vergleich der beiden Positionen mit Gewinn auf diese Grundannahme gründen läßt.

2) Die zweite Voraussetzung resultiert aus der Suche nach einem Gegenstand bzw. Inhalt der Kommunikation, anhand dessen exemplarisch die Differenz der verschiedenen Ansätze plausibilisiert werden kann. Dieser Gegenstand müßte formal die Bedingung erfüllen, daß er kommunikabel ist, d.h. daß er eine Problemstellung für den Sprecher enthält, in dem das Postulat der Verständigung eingelöst werden kann. Ferner sollte er semantisch so beschaffen sein, daß seine thematische Substanz eine Anforderung an Kommunikation und Sprache stellt und so die beiden Ansätze dergestalt fordert, daß ihre Möglichkeiten und Grenzen zumindest in Konturen sichtbar werden.

Diese Voraussetzungen erfüllt das Todesproblem. Formal gesehen, formuliert es immer schon ein Problem für den Sprecher, die eigene zukünftige Nicht-Existenz als Existierender zu antizipieren; und semantisch verlangt es darum Sprecher und Sprache einiges ab. Denn: Wir wissen nicht, worüber wir *sprechen, wenn wir vom Tod sprechen.* "Der Todesbegriff ist eigentlich ein *leerer* Begriff, ein Begriff, dem keine Anschauung korrespondiert." (Macho 1987: 181) In wittgensteinscher Manier müssen wir, "nach der *Bedeutung* des Todesbegriffs gefragt, (...) schweigen." (a.a.O.) Dennoch können wir über den Tod nicht schweigen. Seine Kommunikabilität ist schon deshalb erforderlich, weil wir über seine Bedeutung, ich füge hinzu: seine *wahre* Bedeutung, schweigen müssen. Kommunikabel ist der Tod - wie jeder Gegenstand - nur als *Begriff.* Als *Begriff ohne Anschauung* ist er aber nur als *Metapher* zugänglich. Als *Metapher* korrespondiert er nicht mit einem außersprachlichen Gegenstand, sondern wird lediglich "zur Sprache gebracht".[2] Sprachlich wiederum ist er eingebettet in einen Bedeutungszusammenhang, der der Rede vom Tod, über den wir nichts sagen können, einen Sinn verleiht.[3] Die Kommunikabilität des Todes verweist damit auf die eigentümliche Bindung, auf die Konvergenzen und Differenzen zwischen Sprecher und Sprache.

Gleichsam von selbst erschließt sich: Das Todesproblem kann für das hier zugrundeliegende Thema auch deshalb so gut als *semantischer Verstärker* dienen, weil es - wie kaum ein anderes - selbst von den gleichen Bedingungen betroffen wird, die nach meiner ersten Voraussetzung mit Frank eine der Anfangsbedingungen für die "postmoderne" Lebensform konstituieren: das Fehlen einer metaphysischen Totalerklärung, einer prästabilierten Harmonie, eines archimedischen Ortes, eines Zentrums der gesellschaftlichen Sinnverwaltung und -distribution. Die *Sinngebung des Todes* bildete stets eine der zentralen Aufgaben gesellschaftlicher und kultureller Zentralorgane, Sinngebungsinstanzen und Wissensvorräte. Sie stand im Zentrum der *Sinngebung der Welt*, in der Regel der religiösen Codierung dessen, was *die Welt im Innersten zusammenhält*. Sinngebung der Welt und Sinngebung des einzelnen fielen zusammen, zumindest was die zentralen Fragen des menschlichen Daseins

---

2   Thomas H. Macho (1987: passim, v.a. 234ff. und 327ff.) unternimmt einen glänzenden Versuch, Todesmetaphern zu interpretieren und ihre historische und kulturelle Herkunft transparent zu machen. Dabei geht er nicht nur auf die "Monopolmythen" gesellschaftlicher Sinndistributoren ein, sondern auch auf untergründige, alltägliche Metaphern, die sich historisch z.T. über lange Zeit bis in die Moderne erhalten haben.

3   Die Unsagbarkeit des Todes ist an anderer Stelle unter dem von Georg Scherer (1979: 194ff.; 1985: 47ff.) stammenden Begriff der "Verhülltheit des Todes" behandelt worden, vgl. dazu Nassehi/Weber 1989: 423ff.

anging. Dies galt selbstverständlich nur auf der Ebene gepflegter, "offizieller" Semantiken, nicht jedoch als gesellschaftliche Totalität; dennoch: Der Tod als *Kommunikationsunterbrecher* und als unvermeidliche Diskontinuität - sowohl was das Kontinuum des individuellen Lebens als auch der Gruppe angeht - konnten so sinnhaft kontinuiert werden. Der Kommunikationsunterbrecher wurde also mit Referenz auf ein vermeintlich Außersprachliches und -weltliches - nämlich überlieferten Sinn - kommunikabel gemacht. Das heißt nicht, daß der Tod als Gegenstand erfahrbar war, er ist und war immer - soweit man anthropologische Präjudize fällen darf - "keine Erfahrungsgrenze, sondern eine Grenze, um die man weiß" (Luckmann 1985: 33). Sagbar war das Unsagbare, das der Tod mangels Anschauung und Anschaubarkeit ist, durch Bezug zu Sinn, und zwar solchem, der als existent gedacht wurde, bevor menschliche Sprache überhaupt in die Geschichte trat. Sagbar war es aber dennoch nur in *Metaphern*, denn: "Sie sind konstitutiv für den unanschaulich-anschaulichen Begriff des Todes." (Macho 1987: 189) Der Bezug der Metapher aber war ein Bezug zu einem archimedischen Punkt, der in der Kommunikation über den Tod immer schon vorausgesetzt wurde, als eigenständige, außersprachliche Seinssphäre. Daß der Tod "der Sünde Sold", das "eigentliche Leben", "Ziel des Lebens", "Befreiung der Seele" oder "Tor zu neuem Leben" war - um nur einige gängige Metaphern anzudeuten -, geht weder auf Anschauung zurück, noch auf eine sprachlich hergestellte Verständigung. Seine Sinngebung war exklusiv, so exklusiv, daß Zweifler an ihr schneller einer Anschauung des Todes zugeführt wurden, als ihnen lieb sein konnte.

Der "postmoderne" Tod dagegen, besser: der Tod unter Bedingungen des Fehlens einheitsstiftender und somit Alternativen erschließender Metaphern, kann, legt man Franks Diktum zugrunde, offenbar nicht unter Rekurs auf Einheitsmetaphern versprachlicht werden. Sein Begreifen, will heißen: seine Erfassung in kommunikable Metaphern, bedarf des sprachlichen Mediums der Verständigung, um das Unsagbare sagbar zu machen. Der "postmoderne" Mensch muß also, spricht er über den Tod, v.a. *seinen* Tod, die Todesmetaphern, mit denen er kommuniziert, allererst herstellen.

Von den beiden hier grob skizzierten Voraussetzungen ausgehend, wird im folgenden versucht, die beiden Ansätze konturierend zu vergleichen. Es geht dabei *nicht* um einen Vergleich der beiden Werke in toto, sondern um eine Annäherung an den Gegenstand des Streites um *Moderne* und *Postmoderne*. Noch weniger aber geht es um eine Behandlung und Analyse der Kommunikabilität des Todes unter "postmodernen" Bedingungen. Das Todesproblem dient hier nur als konstruierter "Testfall", der bisweilen die Struktur der behandelten Ansätze exemplifizieren soll. Ihm wird keine systematische Bedeutung beigemessen, sondern er wird lediglich mäeutisch in Dienst genommen.

Im einzelnen wird zunächst Habermas' Argumentation immanent nachzuvollziehen sein (II.), um daran Lyotards kritische Einwände anzuschließen (III.). Dabei wird höchst selektiv verfahren, indem nur die Werkteile ausführlicher zur Sprache gebracht werden, die für den konturierenden Vergleich vonnöten sind. Diese allerdings werden interpretierend dargelegt, erläutert und in Erinnerung gerufen. Eine erschöpfende Einführung in die Hauptwerke der beiden Autoren kann und soll hier jedoch nicht erfolgen. Als conclusio (IV.) wird schließlich auf die Konvergenzen und Divergenzen der beiden Argumentationslinien und nicht zuletzt auf die Struktur bisheriger Vergleiche zwischen Habermas und Lyotard einzugehen sein. Es wird sich dann zeigen, ob sich Franks Konvergenzthese halten läßt oder ob seine Grundannahme einen blinden Fleck aufweist, den zu sehen es womöglich anderer points of view bedarf, die hier nur ansatzweise angedeutet werden können. Der konstruierte "Testfall" - die Kommunikabilität des Todes - wird dabei nur sporadisch in die Darstellung und Kritik der beiden Ansätze einfließen.

II.

Jürgen Habermas' sprachpragmatischer Ansatz steht und fällt bekanntlich mit der Annahme, daß der *substantielle Begriff der Einheit der Vernunft* nicht vollständig in den Orkus der Weltgeschichte abgetaucht ist, nachdem die Geschichte der Moderne vordergründig von der einheitsstiftenden Kraft der Vernunft nur noch technische, ökonomische und bürokratische Rationalität übriggelassen hat. Habermas bleibt dem "unvollendeten Projekt" (1981b: 444) nach wie vor verpflichtet. Die entscheidende Frage des philosophischen Diskurses der Moderne lautet bisher, "ob sich aus Subjektivität und Selbstbewußtsein Maßstäbe gewinnen lassen, die der modernen Welt entnommen sind und gleichzeitig zur Orientierung in ihr, das heißt aber auch: zur Kritik einer mit sich selbst zerfallenden Moderne taugen" (Habermas 1985a: 31). Habermas nimmt diese Fragestellung auf und verändert sie an entscheidender Stelle, um das "Projekt der Moderne" zu befördern.

Vernunft, wie sie in Max Horkheimers und Theodor W. Adornos "Dialektik der Aufklärung" nur als verdinglichende, instrumentelle Vernunft und absolute Negativität gedacht werden kann, versucht Habermas auf ihren eigenen vernünftigen Kern zurückzuführen, um die Aporien der frühen Kritischen Theorie und ihre geschichtsphilosophischen Selbstbeschneidungen zu vermeiden. In Horkheimers und Adornos "Selbstdementierung der Vernunft" (Habermas 1985b: 177), aber auch in Max Webers Diktum vom "Verlust der substantiellen Einheit der Vernunft" zugunsten eines "Polytheismus miteinander ringender Glaubensmächte (...), deren Unversöhnlichkeit in einem Pluralismus unvereinbarer Glaubensmächte wurzelt" (Habermas 1981a,I: 339), sieht Habermas jene Selbstbeschränkung der Rationalitäts- und Modernitätskritik symbolisiert, die es gleichsam unmöglich macht, eine Theorie und Kritik der Moderne zu formulieren, die sowohl positive als auch negative Stränge - sowohl die Kosten als auch die Gewinne und Investitionsmöglichkeiten - von Modernisierungsstrategien zu integrieren vermag. Habermas versucht, die Selbstbeschränkungen der Rationalitäts- und Modernitätskritik durch den Nachweis aufzuheben, daß durch Modernisierung nicht nur instrumentelle Vernunftkategorien freigesetzt worden sind, sondern daß eine "Versöhnung der mit sich selbst zerfallenden Moderne" gedacht werden muß, "die Vorstellung also, daß man ohne Preisgabe der Differenzierungen, die die Moderne (...) möglich gemacht haben, Formen des Zusammenlebens findet, in denen wirklich Autonomie und Abhängigkeit in ein befriedetes Verhältnis treten" (Habermas 1985b: 202). Hier gibt Habermas genau den Sachverhalt wieder, den Frank - wie oben zitiert - als gemeinsamen Ausgangspunkt mit Lyotard beschreibt: die Dezentrierung von Weltbildern. Dieser führt Habermas auch direkt zur sprachpragmatischen Grundlegung seiner Gesellschaftstheorie, die unter dem Stichwort des *Paradigmenwechsels von der subjektzentrierten zur kommunikativen Rationalität* figuriert.

Konnte die *Subjektphilosophie*, etwa Kantscher Provenienz, noch einen eindeutigen metaphysischen Bezugspunkt als "Faktum der Vernunft", also als "Sein" voraussetzen, so kann die nachmetaphyische Bewußtseinsphilosophie Vernunft entweder gar nicht mehr positiv bestimmen oder aber nur die Faktizität einer sich selbst entfremdeten Vernunft anerkennen. "Alle diese Versuche, die Vernunft zu detranszendentalisieren, verfangen sich noch in den begrifflichen Vorentscheidungen der Transzendentalphilosophie, denen sie verhaftet bleiben. Die falschen Alternativen entfallen erst mit dem Übergang zu einem neuen Paradigma, dem der Verständigung." (Habermas 1988: 51) Dieses neue Paradigma tritt an die Stelle früherer philosophischer Hintergrundüberzeugungen, so an die Stelle des Kantschen "Bewußtseins überhaupt", das durch seine metaphysische Fundiertheit eine intersubjektive Geltung der Erkenntnis schon immer voraussetzt, "das regulative Prinzip der kritischen Konsensbildung in einer, in der realen Kommunikationsgemeinschaft allererst herzustellenden, idealen Kommunikationsgemeinschaft", wie Karl-Otto Apels (1976: 354f.) schon klassische Formulierung lautet. Der Sprache als Medium kommt in einer solchen Argumentation folgerichtig die Position eines Nachlaßverwalters der alten Vernunft zu. In der Sprache selbst sieht Habermas - schon in seiner Frankfurter Antrittsvorlesung von 1965 explizit dargelegt und ex post als Motto seiner seitdem 25-jährigen Arbeit erscheinend - ein quasi-transzendentales Telos angelegt, das in ihrer Struktur a priori mitgegeben sei: "Mit dem ersten Satz ist die Intention eines allgemeinen und ungezwungenen Konsensus unmißverständlich ausgesprochen." (Habermas 1968: 163) Wenn später formuliert wird, "Verständigung" wohne "als Telos der menschlichen Sprache inne" (Habermas 1981a,I: 387), so bedeutet dies nicht, Sprache sei ein Medium, das eine vorgefertigte Vernunft "versprachliche", also in sprachliche Zeichen codieren könne. Vielmehr verkörpert Sprache selbst die Vernünftigkeit der Verständigung, da der performative Sinn einer Sprechhandlung auf eine außersprachliche Wirklichkeit, auf *Welt* im weitesten Sinne verweist.

Als *erstes Ergebnis* kann festgehalten werden: Als philosophische Antwort auf das Fehlen einheits- und sinnspendender Basissätze figuriert Sprache tatsächlich als der Ort, an dem die Geltung von Aussagen, Behauptungen und Wirklichkeit aufbewahrt ist. Nun erschöpft sich Habermas' Sprachtheorie aber keineswegs in einem sprachlichen Objektivismus. Äußerungen haben nicht einfach Geltung oder nicht, sondern sie formulieren lediglich Geltungs*ansprüche*, deren performativer Gehalt in verständigungsorientiertem, kommunikativem Handeln erst erhoben werden kann.

Bevor auf die Struktur und die Differenzierung von Geltungsansprüchen eingegangen werden kann, sind zunächst noch einige Bemerkungen zum Problem der Geltung und Bedeutung von Sätzen vonnöten. Sätze haben keine apriorische Funktion, sie sind keine Entäußerungen eines intelligiblen Reiches sui generis. Das Reich des Intelligiblen trachtet Habermas vielmehr zu "detranszendentalisieren", indem er "in den unvermeidlichen pragmatischen Voraussetzungen der Sprechakte, also im Herzen der Verständigungspraxis selber, die idealisierende Kraft der Antizipation aufdeckt" (Habermas 1988: 88). Diese idealisierende Kraft, mit der Sprache ausgestattet ist, wird durch zwei Voraussetzungen - eine subjektive und eine intersubjektive - schon im Medium der natürlichen Sprache grundiert.

Die *subjektive* Voraussetzung ist eine spezifische Sprachkompetenz, "über die die Sprecher in der Form eines impliziten Wissens vorreflexiv verfügen" (Habermas 1988: 89).[4] Sie ermöglicht es ihnen, das der Sprache immer schon innewohnende Rationalitätspotential auszunützen, in praxi anzuwenden und so ihren Sprechakten rational strukturierten und zugänglichen Gehalt zu verleihen.

Die *intersubjektive* Voraussetzung liegt in der Fundiertheit kommunikativen Handelns in einer sprachlich strukturierten Lebenswelt.[5] Sie ist sprachlicher und sozialer Erfahrungsraum, der bereits sinnhaft vorstrukturiert ist. Sie ist so zugleich *Boden* und *Horizont* jedes Sprechhandelns. Intersubjektive Verstehbarkeit, vermittelt durch die doppelte Bedeutung der Lebenswelt als "Bo-

---

4   Dieses vorreflexive Wissen ist Ergebnis eines sozialisatorischen Prozesses, der den Sprecher in der Lebenswelt über die Stufen präkonventioneller und konventioneller kognitiver Strukturen zu einem postkonventionellen Niveau führt, das eine der modernen Lebensform angemessene Sprachkompetenz erst ermöglicht. Die Adaption von Jean Piagets Theorie der kognitiven Entwicklung und von Lawrence Kohlbergs Theorie der Stufen moralischen Urteilens, die Habermas u.a. zu seiner Theorie der Sprachkompetenz geführt hat, muß hier nicht weiter expliziert werden. Vgl. dazu Habermas 1976

5   Auf die zweistufige Konzeption von Habermas' Gesellschaftsmodell in *Lebenswelt* und *System* braucht hier nicht näher eingegangen zu werden, da sie für den Kontext der weiteren Argumentation nicht relevant ist. Zu Begründungsfigur und Begründungsproblemen vgl. Georg Kneer in diesem Band.

den (=Woher) und *Horizont* (=Woraufhin) aller Sinnbildung" (Waldenfels 1985: 17), bildet gleichsam die Bedingung der Möglichkeit sprachlicher Verständigung.

Das *Woher* wird durch die Sicherheiten und Gewißheiten gespeist, die das Eingebettetsein des Sprechers in einer sinnhaft strukturierten Lebenswelt begleiten. "Das meiste von dem, was in der kommunikativen Alltagspraxis gesagt wird, bleibt unproblematisch (...), weil es vom Geltungsvorschuß vorgängig konsentierter, eben lebensweltlicher Gewißheiten lebt." (Habermas 1988: 89). Die "erfahrungsnahe Kontingenzeindämmung" (Habermas 1988: 93), die die *Boden*funktion der Lebenswelt mit ihrem *Geltungsvorschuß* bewirkt, sorgt dafür daß jeder Sprecher mit der *subjektiven* pragmatischen Voraussetzung der Sprachkompetenz auch *intersubjektive semantische Gehalte* kennt, auf deren *Boden* jedes Sprechhandeln erst sinnvoll wird. *Inter*subjektiv ist Lebenswelt deshalb strukturiert, weil sie niemals nur Privatwelt ist, sondern *geteilte* Wirklichkeit. Sprecher und Hörer identifizieren sich gegenseitig als solche nur aufgrund der reziproken Unterstellung der *gemeinsamen* Zugehörigkeit zu einer *gemeinsamen*, beiden virtuell bekannten, sprachlich vorstrukturierten Welt. Bevor überhaupt je ein Konsens sprachlich erzielt werden muß, also bevor ein Konflikt Konfligierendes als Differenz identifiziert, besteht schon ein vorgängiger Konsens über die geteilte Welt. Die daraus zu erschließende Annahme, daß der Konsens als quasi-transzendentale Bedingung der Möglichkeit für Konsentierung fungiert, verliert ihren auf den ersten Blick paradoxen Aufbau, wenn man folgendes bedenkt: "Sprechhandlungen interpretieren sich selbst; sie haben nämlich eine selbstbezügliche Struktur." (Habermas 1988: 65) Indem eine Sprechhandlung ausgeführt wird, gibt man auf dem Boden eines sprachlich fundierten Vorverständnisses der gemeinsamen Lebenswelt nicht nur den performativen Sinn der Rede wieder, sondern auch die Intention des Sprechers sowie den Verwendungskontext des Sprechaktes. Die Selbstbezüglichkeit eines jeden Sprechaktes besteht also darin, daß jede sprachliche Äußerung während der Rede selbst ihren performativen Sinn und ihre illokutionären Bestandteile mitliefert und daß dies nur auf dem Boden einer bereits sprachlich vorstruktuierten *Lebenswelt* geschehen kann. "Man muß dieselbe Sprache sprechen und gleichsam in die von einer Sprachgemeinschaft intersubjektiv geteilte Lebenswelt eintreten, um aus der eigentümlichen Reflexivität der natürlichen Sprache Vorteil zu ziehen und die Beschreibung einer mit Worten ausgeführten Handlung auf das Verständnis der impliziten Selbstkommentierung dieser Sprechhandlung zu stützen." (Habermas 1988: 65) Die Lebenswelt mit ihrem bereits in der natürlichen Sprache angelegten Potential des vorgängigen Verständigtseins wird somit als das *Woher* aller Sinnbedeutung zum "transzendentalen Ort", an dem sich Sprecher und Hörer begegnen und an dem sie sich über etwas verständigen (vgl. Habermas 1981a,II: 192).

Zugleich ist sie aber auch das *Woraufhin* sinn-, bedeutungs-, wirklichkeits- und konsensstiftender Rede. Denn der lebensweltliche Sprecher ist nicht nur "*Produkt* von Überlieferungen", die sich in der kulturellen Semantik und in gesellschaftlichen Normierungen zu einer Lebensform verdichten; er ist auch "*Initiator* zurechenbarer Handlungen" (Habermas 1981a,II: 204). *Woraufhin* sich der Sprecher entwirft, welche *Horizonte* er absteckt, hängt untrennbar von dem mit dem Hörer gemeinsamen *Woher* sprachlicher Bedeutungen und sinnhafter Geltungen als *Boden* des Sprechhandelns ab. Auch hier wird deutlich: Verständigung über ein *Woraufhin* und sprachliche Horizontbildung ist vom "Geltungsvorschuß vorgängig konsentierter Gewißheiten" abhängig. Etwa die Frage: *Wo finde ich, bitte, die nächste Telefonzelle?* ist von verschiedenen Voraussetzungen abhängig: Läßt man die Grundbedingung der verständlichen Äußerung - der Hörer muß mich hören können, ich muß den Satz in grammatisch korrekter Weise ausführen - beiseite, muß der Sprechakt zunächst *verstehbar* sein. "Wir verstehen einen Sprechakt, wenn wir wissen, was ihn akzeptabel macht." (Habermas 1981a,I: 400) Das Wissen um seine Akzeptabilität wiederum ist aber keineswegs intuitiv, zufällig, kontingent. Es wird vielmehr durch den gemeinsamen Boden und Horizont der geteilten Welt bestimmt. Ich muß wissen, daß es Telefonzellen gibt; und ich muß wissen, daß "man" weiß, daß es welche gibt. Ferner muß ich wissen, daß es in einem bestimmten sozialen setting - z.B. auf der Straße - akzeptabel ist, einen Fremden fragend anzusprechen. Desweiteren muß ich davon ausgehen, daß der Hörer den illokutionären Charakter der Rede als Frage versteht und daß er selbst in der Lage ist, konstativ - "Gleich um die Ecke!" - oder expressiv -"Es tut mir sehr leid, ich würde Ihnen gerne weiterhelfen, aber ich weiß es auch nicht!" - darauf zu antworten.

Um die Fundiertheit der Rede in pragmatische und semantische Gemeinsamkeiten, die dieses Beispiel aufzeigen soll, noch zu verdeutlichen, stelle man sich vor, die Frage nach der Telefonzelle werde im Busch von Papua-Neuguinea einem zufällig begegnendem Angehörigen einer Stammesgesellschaft gestellt. Läßt man das Sprachproblem unberücksichtigt, ist zu vermuten, daß die Bedeutung des Begriffs "Telefonzelle" im Dunkeln bleibt, wenn nicht sogar das gesamte soziale setting, einem unbekannten Hörer eine Frage zu stellen, zumindest Unverständnis verursacht.

Voraussetzung für verständigungsorientierte Kommunikation ist also eine Welt gemeinsamer Erfahrung. Diese Erfahrung muß nicht der eine konkrete Sprecher mit dem einen konkreten Hörer gemacht haben. Sie muß aber zumindest im Umgang mit alter ego gelernt werden. Habermas formuliert, z.T. in Heideggerschen Begriffen: "Die *Zeugwelt* und die pragmatischen Bewandtniszusammenhänge konstituieren sich im hantierenden Umgang mit Dingen und Ereignissen; die *Solidarwelt* und die historischen Sinnzusammenhänge bilden sich im Rahmen von Kooperations-, das andere im Rahmen von Sprachgemeinschaften." (Habermas 1988: 94) Der "hantierende" und der "interaktive" Umgang mit der lebensweltlichen Umgebung läßt Sprecher und Hörer sich auf die *universale* Lebenswelt beziehen. Sie eröffnet Horizonte, die konkrete Sprachspiele, unmittelbare Interaktionen und konkrete Personen in Richtung einer universalen Lebensform transzendieren. Kommunikativ Handelnde können so gegenüber der Lebenswelt "ebensowenig eine extramundane Stellung einnehmen wie gegenüber der Sprache als dem Medium der Verständigungsprozesse" (Habermas 1981a,II: 191).

Bisher war, im strengen Sinne, nur von der Fundiertheit der natürlichen Sprache in einer sprachlich vorkonsentierten Lebenswelt die Rede. Sie bildet das Fundament des kommunikativen Handelns, das - so der mit Frank formulierte Ausgangspunkt - zum einzigen Ort wird, an dem der Zerfall substantieller, universaler und mit ontologischer Würde versehener Rationaliäten aufgefangen wird. Wohlgemerkt, eine solche philosophische Formulierung symbolisiert zugleich den soziologischen Sachverhalt des Zerfalls von verbindlichen Weltbildern und der Marginalisierung ehemals universaler Sinntotalitäten. "Wahrheiten" müssen prozedural hergestellt werden; der Geltungsvorschuß der modernen Lebenswelt geht nicht so weit wie die vormoderne Sicherheit über die "Gesamtselektivität" der Welt.

Der Ort der Vernunft ist die Sprache, und hier in besonderem Maße sprachlich formulierte "Geltungsansprüche", die in argumentativer Rede erhoben werden. Die Geltung eines Satzes kann nicht als Problem des Verhältnisses von Sprache und Seiendem begriffen werden, das von Kommunikation losgelöst zu betrachten wäre. Denn sowohl die lebensweltliche Vorstrukturiertheit der Geltung verweist auf ihren sprachlichen Ursprung, als auch die Notwendigkeit, die Geltung allererst sprachlich herzustellen. Also kann eine Geltung weder allein auf das Sein des kommunizierten Seienden bezogen bleiben, noch als synthetische Leistung eines Sprechers als vernünftigem Subjekt angesehen werden. "Die konsequente Durchführung der pragmatischen Wende macht demgegenüber die *Geltungsansprüche* zum Statthalter einer Rationalität, die sich als struktureller Zusammenhang von Gültigkeitsbedingungen, darauf bezogenen Geltungsansprüchen und Gründen für die Einlösung der Geltungsansprüche präsentiert." (Habermas 1988: 124, Hervorh. A.N.) Diese Geltungsansprüche - dies darf als wichtigste Erweiterung der Sprachpragmatik durch Habermas angesehen werden - rekurrieren nicht nur auf die *Wahrheitssemantik* propositionaler Sprechakte. Noch John Searle ist an der illokutionären Kraft der Sprache gescheitert, weil er die Geltung von Sprechakten allein auf deren *propositionalen* Gehalt reduziert hat. Die Geltung etwa einer *normativen* oder *ästhetischen* Illokution läßt sich nicht auf den Bezug der Sprache zur *objektiven Welt* einlösen. Das Sein kann weder ein Sollen noch einen ästhetischen Wert zur Geltung bringen. Aus diesem Grunde löst Habermas das Problem der Geltungsansprüche von der Exklusivität der Wahrheitssemantik. "Damit verlagert sich der Sitz der Rationalität aus dem propositionalen in den illokutionären Bestandteil; zugleich löst sich die Fixierung der Gültigkeitsbedingung an die Proposition. So entsteht Platz für die Einführung von Geltungsansprüchen, die *nicht* auf Wahrheitsbedingungen, also auf das Verhältnis der Sprache zur objektiven Welt zugeschnitten sind." (Habermas 1988: 125) Um die Lebenswelt als sprachlich konturierte, produzierte und zu reproduzierende Lebensform konzeptualisieren zu können, muß neben der *objektiven Wahrheitsgeltung* Platz für andere Geltungssphären bleiben. Habermas nennt sie *wahrheitsanaloge Bedingungen* (vgl. Habermas 1988: 125) für sprachliche Geltungsansprüche: *subjektive Wahrhaftigkeit* und *normative Richtigkeit*.

Diesen drei Geltungssphären korrespondieren bekanntlich drei formale

Weltbegriffe *objektive, soziale* und *subjektive Welt* (vgl. Habermas 1981a,I: 115ff.). Den drei Typen von Geltungsansprüchen und formalen Welten lassen sich wiederum drei Typen von Sprechhandlungen zuordnen:

- *Konstative* Sprechhandlungen *behaupten* ein konstatierbares Faktum in der *objektiven Welt* und erheben einen Geltungsanspruch auf *Wahrheit*.
- *Normenregulierte* Sprechhandlungen oder *Regulativa* vermitteln unter dem Geltungsanspruch der *normativen Richtigkeit* praktische Imperative in der *sozialen Welt*.
- *Dramaturgische* Sprechhandlungen repräsentieren die individuelle Gefühls- und Wunschdisposition des Sprechers; sie erheben in der *subjektiven Welt* einen Geltungsanspruch auf *subjektive Wahrhaftigkeit*.

Als "Statthalter" der Rationalität, eingebettet in eine rationalisierte Lebenswelt, *garantieren* Geltungsansprüche und ihre kommunikative Einlösung selbstverständlich keine nach dem Modell reinen kommunikativen Handelns aufgebaute Lebenswelt. Dennoch ist es Habermas nicht nur um eine Kommunikationsregel für Diskussionszirkel und begrenzte Diskursgemeinschaften zu tun. Für ihn hat die rationale Kraft argumentativer Rede und diskursiver Konsensstiftung sehr wohl die Funktion, eine herrschaftsfreie *Lebensform* zu antizipieren (vgl. Habermas 1985a: 377), ohne dabei aber - das muß betont werden - eine prozedurale Regel für die Erzeugung von "Sinn" und lebensformspendender Sicherheit in den "letzten Dingen" anzubieten. Habermas läßt die kommunikative Vernunft keineswegs als Sinnspenderin für die Totalität von Lebensformen auftreten; "sie enthält nicht mehr, aber auch nicht weniger, als die *formale* Charakterisierung notwendiger Bedingungen für nicht antizipierbare Formen eines nicht verfehlten Lebens" (Habermas 1988: 186; Hervorh. A.N.).

Jenseits lebensweltlicher, hier besser: alltagsweltlicher Kommunikationen kommt dem *vernünftigen Diskurs* eine besondere Bedeutung zu. Auch er basiert - wie argumentative, verständigungsorientierte Rede schlechthin - auf dem lebensweltlichen Rationalitätspotential. In ihm muß es allen Mitgliedern möglich sein, rational kritisierbare, mit Gründen versehene und verständliche Geltungsansprüche der Wahrheit, Richtigkeit und Wahrhaftigkeit zu erheben. Die Unzulänglichkeit ontologischer Wahrheitsbegriffe überwindend, stellt die *Konsensustheorie der Wahrheit* und - wie man hinzufügen muß - der *wahrheitsanalogen Geltungsbereiche* als einzige "Bedingung für die Wahrheit (scil. Richtigkeit und Wahrhaftigkeit, A.N.) von Aussagen (...) die potentielle Zustimmung aller anderen" (Habermas 1971: 124), die nur diskursiv einzuholen ist. In der Idealität herrschaftsfreier Kommunikation und symmetrisch verteilter Dialogrollen, in der sogar die Geltungsansprüche und Sprechakte selbst reflektiert und problematisiert werden und in der allein der "eigentümlich zwanglose Zwang des besseren Argumentes" (Habermas 1971: 137) zählt, soll Wahrheit, Richtigkeit und - in Ansätzen - Wahrhaftigkeit konsensuell erzeugt werden. So erzielter Konsens kann durch den "vernünftigen" Charakter des Verfahrens und der "vernünftig" eingesetzten Sprache eo ipso intersubjektive Gültigkeit beanspruchen - jedoch nicht als ontologisches, zeitloses Dogma ex cathedra verkündet, sondern nur, bis neuer Konsens hergestellt wird. Habermas' Konsenstheorie ist in diesem Sinne kognitivistisch: Er hält - wie etwa Kant - an der Substantialität vernünftiger Urteile fest. Der Ort der Vernunft ist jedoch nicht mehr ein *Reich des Intelligiblen* und die *transzendentale Subjektivität des Subjekts*, sondern die *Sprache* mit den ihr innewohnenden Bindekräften.

Es ist nun an dem konstruierten Testfall zu prüfen, wie sich die Kommunikabilität des Todes im Lichte der Konsenstheorie darstellt. Konsequent zu Ende gedacht müßte auf den ersten Blick die *vernünftige Rede über den Tod*, d.h. ein unter diskursiv-vernünftigen Antezedenzbedingungen vorgetragenes *memento mori*, in der Lage sein, die verlorengegangenen identitätsstiftenden traditionalen Deutungen des Todes und dessen Sinngebung zu substituieren - nicht im Sinne eines "Weltbildersatzes", sondern als *funktionales Äquivalent* - oder zumindest eine Kommunikabilität des je eigenen Todes zu erlauben. Zumindest ergibt sich eine solche - gewiß überzeichnete - Fragerichtung dann, wenn Franks Annahme stimmt, daß der philosophische Rekurs auf die Sprache und den Verständigungsbegriff als Reaktion auf den Verlust einer "prästabilierten Harmonie" des Seins gelesen werden kann. Denn wenn man prinzipiell davon ausgeht, daß Geltungsansprüche rational argumentativ entscheidbar sind, müßte es gelingen, über den Tod und seine Folgeprobleme sinnhaft zu "entscheiden". Diese Annahme werde ich zunächst anhand der Konsenstheorie prüfen. Erst danach kann sich erweisen, ob ein solcher Anspruch an die Konsenstheorie überhaupt angemessen ist.

Zunächst die Frage nach den Kategorien *objektiver Wahrheit*. Mit Thomas H. Macho wurde behauptet: Wir wissen nicht, worüber wir sprechen, wenn

wir vom Tod sprechen. Als existierender Sachverhalt scheint der Tod also aus-
zufallen, denn Konstativa wie *"Der Tod ist x"* können keinen eindeutigen propositionalen Gehalt haben. Gleichwohl sind hier sehr wohl Tatsachen- und
Wahrheitsaussagen möglich, etwa über die biologische Bedeutung des Todes,
über medizinisch-theoretische Fragen der Definition des Todes (Hirntod), über
empirisch-psychologische Erkenntnisse über Bewältigungsstrategien und Erleb-
nisdispositionen und über sozialstatistische Erhebungen über Einstellung zum
und kognitive Präsenz des Todes. Solche Topoi können problemlos einer
kommunikativen Prozedur unterzogen werden.

Zum zweiten die Frage nach der *sozialen Welt*. Ich gehe dabei von einem Diktum Karl-Otto Apels aus: Danach liegt dem Programm einer Univer-
salethik eine Handlungsstrategie zugrunde, die die Verwirklichung des Überlebens der Gattung, also der *realen* Kommunikationsgemeinschaft, als notwendige Bedingung für die Verwirklichung der *idealen* Kommunikationsgemeinschaft ansieht (vgl. Apel 1976: 431). Angesichts globaler Bedrohung durch
atomaren Holozid und fortschreitende Umweltzerstörung erscheint Apel die
Überlebensfrage als vordringlichste Aufgabe der realen Kommunikationsgemeinschaft. Wo das Überleben der Gattung Gegenstand der Kommunikation
ist, ist der Tod als reale Möglichkeit auch Gegenstand argumentativer Rede.
Doch dieser Tod ist nicht der Todesfall, den Heidegger als die "eigenste und
unbezügliche Möglichkeit" bezeichnet hat, sondern - so Hans Ebeling - der
"allgemein" gewordene Tod. "Das Fundament ist nicht mehr der Tod, der her-
einbricht, sondern der Tod, der nicht hereinbrechen muß. Nicht die Sicherheit
des Untergangs, sondern die Unsicherheit des Überlebens bestimmt die Subjektivität des Subjekts" (Ebeling 1979: 137f.), mithin also auch die vernünftige
Rede. Gegenstand des Diskurses - aber auch des lebensweltlichen kommunikativen Handelns zur Herstellung moralisch-praktischen Konsenses - hat also
dieser allgemeine, die Art und das Subjekt als Art betreffende Tod zu sein.

Sprechakte beziehen sich immer auf etwas in der objektiven, der sozialen und der subjektiven Welt. Der geschilderte Fall läßt sich nur mit dem Geltungsanspruch auf *normative Richtigkeit* verhandeln.[6] Hier wissen wir zumeist,

---

6   Diese strikte Scheidung der Geltungssphären, die hier vorgenommen wird, ist rein
     heuristischer Natur. Sprechakte beziehen sich nämlich gleichzeitig auf alle drei Welten.

wovon wir reden, wenn wir vom Tod sprechen, nämlich vom vermeidbaren Tod, von dem, dessen gesellschaftliche Produktion verhindert werden soll. Nicht eigentlich der Tod ist hier Gegenstand. Es soll vielmehr das Unsagbare erst gar nicht eintreten.

Gleichwohl kann der Tod in der sozialen Welt auch unmittelbar versprachlicht werden. Es ist an moralisch-praktische Fragen des Umgangs mit Sterbenden, Toten und Angehörigen zu denken, aber auch an Organisationsfragen -· etwa die Gestaltung von Krankenhäusern und Sterbekliniken oder die Ausbildung medizinisch-pflegerischen Personals. Was moralisch-praktischer Konsens explizit *nicht* zu leisten vermag, ist das Spenden von Trost und Sinn, von Sicherheit über das *richtige* Handeln in der existentiellen Dimension. Dies betont *Habermas* explizit (vgl. Habermas 1988: 185f.). Auch moralisch-praktische Geltungsansprüche finden laut Habermas ihre Vernünftigkeit nicht im Gehalt ihrer Semantik, sondern in den *formalen Bedingungen* vernünftiger Rede.

Franks Annahme lautet, daß Verständigung unter "postmodernen" Bedingungen so etwas wie ein funktionales Äquivalent für das Fehlen identitätsverbürgender Deutungsmuster darstelle. Stellt man - ob legitim oder nicht, muß sich noch erweisen - tatsächlich die Forderung an Habermas, das Modell kommunikativer Rationalität müsse eine herrschaftsfreie *Lebensform* prozedural ermöglichen, reicht die Vermittlung von "Sein" und "Sollen" nicht aus. Wie kann - so die daraus resultierende Frage - eine Sinngebung des Todes durch kommunikatives Handeln erreicht werden? Geltungsansprüche der Wahrheit fallen ohnehin aus, da sie keinen Bezug zum *Sinn* des Todes haben, der sich nur in Metaphern erschließt. Objektive Wahrheit fragt: *Was kann ich wissen?* Geltungsansprüche der normativen Richtigkeit können ebenfalls nicht auf die sinnhafte Verstehbarkeit des Todes verweisen. Ihre Domäne ist moralisch-praktischer Konsens über die Frage: *Was soll ich tun?* An sie die Forderung zu

---

Eine Argumentation über politische Überlebensstrategien bezieht sich neben der *sozialen Welt* gleichzeitig auf die *subjektive Welt* der Sprecher mit ihren Gefühls- und Wunschdispositionen als auch auf die *objektive Welt* existierender Sachverhalte, hier etwa Truppengrößen, Waffenverteilung oder Konflikttheorien. Jedoch sind die jeweiligen Geltungsansprüche klar nach ihrem Weltbezug differenziert. Ein Sein kann kein Sollen begründen, wie ein Wollen/Fühlen kein Sein begründen kann.

stellen, eine *moralisch richtige*, universale Deutung des Todes zu stellen, bedeutete entweder einen rationalistischen Konsenszwang oder einen Rückfall in panmoralistische Romantik. Zumindest aus epistemologischen Gründen - "*Wir wissen nicht, worüber wir sprechen, wenn wir vom Tod sprechen*" - scheint der Tod aus dem Modell rationaler Argumentation herauszufallen.

Das kognitivistische Paradigma der Theorie des kommunikativen Handelns legt nahe, daß Verständigung über Wahrheit und Richtigkeit durch die rationale Struktur der Lebenswelt mitgegeben ist, sofern der Sprecher sich an die Regeln des kommunikativen Handelns hält. Ihre *Stärke* liegt in der Möglichkeit, Topoi in der *objektiven* und der *sozialen Welt* kritisierbar versprachlichen zu können und den kritischen Maßstab dafür auszuweisen. Der vielgescholtene Kognitivismus weist - zumindest hier - zu Recht die Bedingungen der Möglichkeit für rationale Verständigung in der öffentlich-politischen Lebenswelt aus. Ihre *Schwäche* liegt jedoch darin, Gegenstände, die sich einer solchen Rationalisierbarkeit entziehen, quasi einen *defizienten Modus* zuzuschreiben, ohne sie dadurch zu negieren. Dies wird für die *subjektive Welt* zu prüfen sein.

Die Voraussetzungen scheinen hier besser zu sein. Ein *Geltungsanspruch* über die *Sinngebung des Todes*, über das je eigene Verhältnis zum notwendigen Lebensende und über den Verlust signifikanter anderer spricht eher die individuelle *Wunsch- und Gefühlsdisposition* der Person an als Kriterien objektiver Wahrheit und normativer Richtigkeit. Gleichwohl haben auch Geltungsansprüche der subjektiven Welt - wie oben gezeigt - Anteil an der vorgängigen Rationalität sprachlichen Handelns.[7] Rational nennt Habermas aus der Perspektive der subjektiven Welt eine Person, "die ihre Bedürfnisnatur im Lichte kulturell eingespielter Wertstandards deutet; aber erst recht dann, wenn sie eine reflexive Einstellung zu den bedürfnisinterpretierenden Wertstandards selbst einnehmen kann" (Habermas 1981a,I: 41). Neuerdings spricht Habermas

---

7   Dies ist für Habermas keineswegs nur ein Zugeständnis an den "Rest" möglicher Argumente, der übrig bleibt, wenn man objektive und moralische Geltung abgezogen hat. Seine implizite *Vernunftkritik* als Kritik des abendländischen Logozentrismus richtet sich gerade dagegen, daß die Hypertrophie der Geltung von Wahrheitsfragen Gerechtigkeitsfragen und Geschmacksurteile *und* Fragen der wahrhaftigen Selbstdarstellung aus dem "Logos" ausgegrenzt werden, mithin also als *irrational* gelten läßt (vgl. Habermas 1988: 59).

von einer "Bürgschaft, die ich im Lichte eines überlegten individuellen Lebensentwurfs für die Kontinuität meiner Lebensgeschichte bewußt übernehme" (Habermas 1988: 226).

Er grenzt also die Dimension existentieller Reproduktion keineswegs aus, terminiert sie aber doch in der subjektiven Welt, der quasi eine Art defizienter Modus von Rationalität zukommt. Weder lassen sich auf die subjektive Welt bezogene Geltungsansprüche universalisieren, noch verfügt sie über den gleichen Stellenwert wie die beiden anderen Welten. "Gewiß gehören auch Kognitionen wie Meinungen und Absichten zur subjektiven Welt; diese stehen aber in einer internen Beziehung zur objektiven Welt" (Habermas 1981a,I: 137f.) und - wie man hinzufügen muß - zur sozialen Welt. *Als* subjektive kommen Topoi aber erst dann zu Bewußtsein, "wenn ihnen in der objektiven Welt kein existierender (...) Sachverhalt entspricht" (Habermas 1981a,I: 138), wenn sie also *nur* der subjektiven "Innenwelt" angehören. Dies gilt insbesondere für Wünsche und Gefühle und die gesamte Bedürfnisdisposition der Person. Geht es nur um bloße Meinungen oder Absichten, ist die Frage der Wahrhaftigkeit recht eindeutig zu klären. "Bei Wünschen und Gefühlen ist das nicht immer der Fall. (...) Oft fehlen uns die Worte, um zu sagen, was wir fühlen; und das wiederum rückt die Gefühle selbst in ein fragwürdiges Licht", sagt Habermas (1981a,I: 139). "(...) manche Erfahrungen sprengen *jedes* Sprachspiel und verschwinden in der Zone des Unsagbaren", meint Macho (1987: 227). Für den Tod fehlen uns tatsächlich die Worte, und gleichzeitig kulminiert in ihm geradezu die *subjektive Welt*, da es für ihn kein Korrelat in der Außenwelt gibt: Einsamkeit (vgl. Macho 1987: 327).

Fragwürdig erscheint Habermas das Unsagbare, weil es aus der Sphäre des Rationalen herausfällt. Denn wenn der Ort der Vernünftigkeit die Sprache ist und das Unsagbare aus der Sprache herausfällt, fällt auch der Tod als Topos rationaler Argumente aus.

Gleichwohl sprechen wir über den Tod: in Metaphern. Metaphern aber spiegeln nichts anderes als *kulturelle Werte*, die zwar durchaus kommunikabel sind, aber nur für Zustimmung "kandidieren" und "nicht wie Handlungsnormen mit Allgemeinheitsanspruch" (Habermas 1981a,I: 40f.) auftreten. Todesmetaphern - verstanden als Versuche individueller Sinnsuche - sind demnach einer prozeduralen kommunikativen, argumentativen Kritik zugänglich,

jedoch nicht universalisierbar wie theoretisches Wahrheitswissen und prakti-
sches Handlungswissen.

Es kann begründet konstatiert werden: Das *Problem des Todes* als konkrete Bedrohung des *je eigenen Subjekts* entzieht sich einer rein kognitiv-ra-
tionalen kommunikativen Behandlung. Seine Kommunikabilität scheint aus dem
Habermasschen Kommunikationsmodell weitgehend herauszufallen und allein
dem Subjekt in innerer Reflexion zugänglich zu sein. Damit könnte weiter behauptet werden: Auf dem Boden der Konsenstheorie ist *keine* diskursive Versprachlichung des memento mori denkbar, das nach seiner prozeduralen "Rationalisierung" in der Lage sein könnte, die verlorengegangenen identitätsstiftenden traditionalen Deutungen des Todes in einer der Moderne angemessenen Weise zu substituieren. Die kommunikative Einlösung der Frage der
Sinngebung des Todes bleibt unmöglich, sie entzieht sich dem diskursiv-vernünftigen Verfahren.

Daraus zu folgern, in Habermas' Konsenstheorie liege ein immanenter
Fehler vor, weil sie nicht in der Lage sei, dem Verlust übergreifender Sinntotalitäten gerecht zu werden, scheint jedoch ein Kurzschluß zu sein. Um das
zu begründen, muß - wie oben angekündigt - die Legitimität der Frage nach
der kommunikativen Prozeduralisierung des Problems der Sinngebung des
Todes geprüft werden.

Zunächst ist einzuräumen, daß Habermas dem Diskursmodell zwar zu-
traut, "das Universum einer gemeinsamen Lebensform" (Habermas 1985: 377)
zu eröffnen, zugleich aber an anderer Stelle betont, daß die konkrete "Substanz einer Lebensweise (...) niemals unter universalen Gesichtspunkten ge-
rechtfertigt werden" (Habermas 1984: 234) kann. Den starken Kognitivismus
seiner früheren Versuche zwar nicht zurücknehmend, betont Habermas neuerdings explizit, die Intersubjektivität sprachlicher Verständigung sei "von Haus
aus porös" (Habermas 1988: 56). Die absolute Verschiedenheit und Unvertret-
barkeit - man könnte hinzufügen: die strukturelle Einsamkeit und Unvertretbar-
keit der Sinngebung des Todes gerade angesichts fehlender kultureller Todes-
deutungen - läßt sich auch mit Hilfe der kommunikativen Prozedur nicht auf-
lösen und überwinden. "So bleibt in der kommunikativen Alltagspraxis jenes
verletzbare, objektivierend immer wieder verstellte Nicht-Identische, das durch
das Netz der metaphysischen Grundbegriffe stets hindurchfiel, auf eine triviale

Weise zugänglich." (Habermas 1988: 57) Kommunikative Vernunft und ihre philosophische Reflexion können weder trösten, noch Erlösungsversuche einlösen, sie muß sogar mit religiösen Deutungsmustern koexistieren, solange sie "für das, was Religion sagen kann, keine besseren Worte findet" (Habermas 1988: 185). Man solle sich davor hüten - und ich werde den Eindruck nicht los, Habermas übe mit dem Folgenden *auch* eine therapeutische Selbstkritik -, in transzendentalphilosophische Letztbegründungsebenen zurückzufallen. Dies drohe v.a. dann, "wenn die alltagspraktisch vorausgesetzte Totalität des lebensweltlichen Hintergrundes zur spekulativen Idee des Einen und Allen oder zur transzendentalen Idee der geistigen Spontaneität, die alles aus sich hervorbringt, hypostasiert wird" (Habermas 1988: 183). Diese Selbstbescheidung der kommunikativen Rationalität als *Kritik der kommunikativen Vernunft* - Kantanaloge Frage: *Wie und worüber können wir uns verständigen?* - kann durchaus als Reaktion auf kritische Stellungnahmen zum *theoretischen* Verlust "prototypischer Erfahrungen" (Waldenfels 1985: 115; auch Gamm 1987: 55ff.) und zur szientistischen Vereinseitigung der kommunikativen Vernunft (vgl. Wellmer 1986: 170f.) gelesen werden. Es gelingt Habermas, die *Grenzen* rationaler Verständigung, besser: die Grenzen der Universalisierung und Kontingenzeindämmung durch kommunikative Rationalität und prozedurale Diskursivität auszuweisen. Angesichts dieser - neuen? - Argumentationslage bei Habermas scheint die oben an die Adresse der Konsenstheorie gerichtete Frage nach der Substitution *evidenter* Todessinngebungen durch *kommunikativ erzeugte* theorieimmanent tatsächlich *nicht* legitim zu sein. Sie weist aber die Grenzen des Konsenses und der kommunikativen Vernünftigkeit aus.

Gleichwohl sprechen wir über den Tod; müssen wir uns über ihn "verständigen". Ist der konsenstheoretischen Sprachpragmatik die Begründungslast einer *vernünftigen* Sinngebung des Todes abgenommen, kommt sie auch hier wieder zur Geltung. Denn auch Geltungsansprüche auf Wahrhaftigkeit, vorgetragen zur Frage der Verstehbarkeit des eigenen Endes, müssen sehr wohl mit *guten Gründen* versehen sein, wenn ihre Geltung auch nicht wie propositionale und normative Geltung Zeiten und Räume konkreter Interaktion transzendiert. Sie gelten hier und jetzt, v.a. aber, da zur subjektiven Welt gehörig, nur für mich (oder dich). Trotzdem haben wir es mit verständigungsorientiertem Handeln zu tun, das nur den *eigentümlich zwanglosen Zwang des*

besseren Argumentes gelten lassen will, der in den illokutionären Bindungs-
kräften der Sprache und im Horizont einer geteilten Lebenswelt sich eröffnet.
Nur: das *bessere Argument* kann angesichts der radikalen Intimität des Tode-
sthemas hier nur eines der wahrhaftigen Expression sein, nicht eines des propositionalen und normativen Gehaltes des Sprechaktes. Daß Verständigung
nicht über die Einsamkeit des Sterblichen hinweghilft, spricht nicht gegen die
Verständigung. Und daß "die Frage nach der *legitimen* Todesvorstellung, nach
der *wahren* Ansicht, (...) sich nicht entscheiden" (Macho 1987: 150) läßt,
spricht auch nicht dagegen, im Gegenteil, gerade deshalb tut Verständigung
not. Was wir dazu vielleicht brauchen, ist der "Geltungsvorschuß vorgängig
konsentierter (...) Gewißheiten" (Habermas 1988: 89), einen möglichst weitgehend kommunikativ erzielten Konsens über die objektive und soziale Welt und
die lebensweltliche Lebensform. Erst auf diesem Boden, nicht *trotz*, sondern
weil es ein Universum *identischer Bedeutungen* idealiter immer schon gibt,
kann "metaphorischer Vieldeutigkeit" (Habermas 1988: 180) zu ihrem Recht
verholfen werden. Wenn heute Habermas von der "Einheit der Vernunft in der
Vielheit ihrer Stimmen" spricht, so zieht er Grenzen: zwischen Gebrauchskon-
text und universalem Geltungsanspruch und zwischen Universalisierbarkeit und
metaphorischer Vielheit. Macho benennt diese Grenze der Todessemantik -
wie Kant - als Differenz von *Glauben* und *Wissen*. Es bedarf explizit *keiner*
theologischen Konnotation, um diese Intuition zu verstehen.

III.

Das Verständigungsproblem - so Franks Behauptung - verbindet Habermas
und Lyotard. Anders als Habermas ist es Lyotard jedoch nicht darum zu tun,
einen Begriff der Einheit der Vernunft als *Bedingung der Möglichkeit sprachlicher Verständigung* einzuführen, der ein formales und universalistisches Prinzip der Sprachregulierung anbietet. Legt Habermas Wert auf die Betonung der
Einheit, in der sich die Vielheit ereignet, beabsichtigt Lyotard, der Vielheit als
Vielheit und nicht als Konstituens der Einheit zu ihrem Recht zu verhelfen. Er
versucht, den unvereinbaren, partikularen und nicht auf quasi-metaphysischer
Substantialität gründenden Geltungen, deren "Widerstreit" nicht aufhebbar ist,

nachzuspüren. In seiner 1979 fertiggestellten "Gelegenheitsschrift" über die Wissensformen der fortgeschrittenen, i.e. *postmodernen* Gesellschaften "La condition postmoderne" (dt. Das postmoderne Wissen) versucht er zu zeigen, daß jeder Versuch einer *prinzipiellen*, d.h. auf universalistischen Präsuppositionen basierenden Argumentation dem Anspruch der einzelnen und vielen notwendig Gewalt antut. Modernes Wissen, so Lyotard, zeichnet sich durch die Betonung der *Einheit* aus, während *postmodernes* Wissen diese vorgestellte Einheit als Selbsttäuschung oder Gewaltakt decouvriert.

Man kann Lyotard sicher nicht vorwerfen, eine "Ursprungsphilosophie" der Sprache oder des Wissens konzipiert zu haben. Dazu fehlt ihm schon eine angemessene Begründung für den Referenten "Sprache" - ich komme darauf zurück. Aber er beschreibt ein quasi "ursprüngliches" Wissen, dessen Form zumindest für traditionale Wissensformen konstitutiv ist: *narratives Wissen* (vgl. Lyotard 1986: 67). Es zeichnet sich dadurch aus, daß es zugleich sehr begrenzt und grenzenlos ist. *Begrenzt* wird es durch seine partikulare Geltung für jene, die am Sprachspiel teilhaben. Es beansprucht nicht, den eigenen Sprechraum und die eigene Sprechzeit zu transzendieren, sondern ist gewissermaßen selbstgenügsam, es legitimiert sich aus sich selbst heraus, und es legitimiert denn auch nur sich selbst und sonst nichts. Damit spricht Lyotard dem narrativen Wissen ein Legitimationsproblem schlichtweg ab. Das Traditionen, Bräuche, partikulare Besonderheiten und unmittelbare Primärerfahrungen versprachlichende narrative Wissen ist bereits dadurch legitimiert, daß es existiert oder besser: daß es ausgesprochen wird. Deshalb bedürfen traditionale Kulturen auch "keiner besonderen Prozeduren, ihre Erzählungen zu autorisieren" (Lyotard 1986: 74). Auf eine Formel gebracht: *Die Legitimation der Erzählung ist das Erzählen der Erzählung.*

Grenzenlos ist das narrative Wissen dagegen in der Hinsicht des Aussagengebrauchs. Es beschränkt sich nicht auf eine bestimmte Aussagenklasse oder Sprachspielregel - wie etwa die Wissenschaft auf denotative Aussagen, die Ethik auf normative und die Ästhetik auf expressive. "Es handelt sich also um eine Kompetenz, die über die Bestimmung und Anwendung des einzigen Wahrheitskriteriums hinausgeht und sich auf jene der Kriterien von Effizienz (technische Qualifikation), Gerechtigkeit und/oder Glück (ethische Weisheit), klanglicher und chromatischer Schönheit (auditive und visuelle Sensibilität) usw. ausdehnt." (Lyotard 1986: 64f.) In neuem Gewand scheint hier - entgegen allem Selbstverständnis - der Traum von der "Gemeinschaft" gegen die umfassende und differenzierte "Gesellschaft" auf, die zugleich überschaubarer Lebensraum und unendlicher Kosmos *gemeinsamer* Bedeutungen gewesen sein soll.

Kurzum: Bis zur Entstehung der europäischen Moderne waren kulturelles Wissen und gesellschaftliche Ordnung in narrativen Wisensformen aufbewahrt und hatten sich in praxi je neu zu bewähren. Am Beispiel des Status wissenschaftlichen Wissens zeigt Lyotard, daß sich mit der Moderne nicht nur einfach Sprachspiele voneinander abgegrenzt haben - etwa durch regionale Unterschiede oder kulturelle Traditionen -, sondern daß sich nun Aussageklassen voneinander ausdifferenzieren. Diese "Ausdifferenzierung von Wertsphären" (Weber) - eine wahrlich nicht mehr originelle Erkenntnis - führt zu einer neuen Legitimationsproblematik. "Das wissenschaftliche Wissen kann weder wissen noch wissen machen, daß es das wahre Wissen ist, ohne auf das andere Wissen - die Erzählung - zurückzugreifen, das ihm das Nicht-Wissen ist; andernfalls ist es gezwungen, sich selbst vorauszusetzen, und verfällt so in das, was es verwirft, die Petitio principii, das Vorurteil." (Lyotard 1986: 90f.) Das wissenschaftliche Wissen, das durch seine Institutionalisierung in der Moderne "die Totalität der Sprachspiele in die zwei Welten des bloß narrativen Wissens und des wahren Wissens" (Honneth 1984: 896) aufspaltet, wie Honneth treffend bemerkt,[8] muß sich aber wegen seiner mangelnden Selbstgenügsamkeit seinerseits auf eine außerhalb seiner selbst liegende Wissensform beziehen, die ihre Legitimation aus sich selbst heraus schöpft. Dieses Wissen ist laut Lyotard narratives Wissen. Die Rolle des Narranten als Legitimator für wissenschaftliches Wissen spielen *Legitimationsdiskurse* oder *Metadiskurse*, die sich in der europäischen Moderne als *Philosophie* verdichtet haben (vgl. Lyotard 1986: 13). Ihre Aufgabe ist es, die narrative Grundlage für die Legitimation nicht-narrativer Aussageklassen zu liefern, also etwa für die denotativen Aussagen der Wissenschaft, für die moralisch-praktischen der Ethik und die äs-

---

8 Streng genommen, haben wir es nicht mit einer Doppelung, sondern mit einer vielschichtigeren Differenzierung von Sprachspielen zu tun, da die Wissenschaft nicht die einzige Wissensform ist, die sich von den multiplen Narrationen ausdifferenziert hat.

thetischen der künstlerischen Welterfahrung. Selbstverständlich sind solche Metadiskurse keine Narrationen im "ursprünglichen", unmittelbar lebenspraktischen Sinne wie die Narrationen vormoderner Vergesellschaftungsformen, in denen ein gesamter Kosmos von kulturellen und gesellschaftlichen Vorerfahrungen, Bedeutungsstrukturen und Sinnentwürfen implizit und explizit festgeschrieben ist. Mit einer solchen quasi natürlichen Sittlichkeit des "Volksgeistes" verbindet sie aber ihre sprachliche Struktur als Narration. Ihre Verwandtschaft besteht darin, *daß auch für die Metadiskurse die Legitimation schlicht dadurch gegeben ist, daß sie existieren.*

Als Beispiele für solche modernen Denkgebäude führt Lyotard die "großen Erzählungen" der idealistischen Philosophie und der europäischen Aufklärung an, nämlich das "spekulative Dispositiv" (Lyotard 1986: 105) des deutschen Idealismus und das "Dispositiv der Emanzipation" (Lyotard 1986: 117) der Aufklärung. Die erste der beiden Diskursarten charakterisiert Lyotard folgendermaßen: "Der deutsche Idealismus beruft sich auf ein Metaprinzip, das zugleich die Entwicklung der Erkenntnis, der Gesellschaft und des Staates begründet, in der Erfüllung des 'Lebens' eines *Subjekts*, welches Fichte *'göttliches Leben'* nennt und Hegel *'Leben des Geistes'*. In dieser Perspektive findet das Wissen zunächst seine Legitimität in sich selbst, und es ist das Wissen, das sagen kann, was der Staat und die Gesellschaft sind." (Lyotard 1986: 105) Solche Metadiskurse oder *große Erzählungen*, wie Lyotard auch formuliert, sind es, die die Moderne zu einem *Zeitalter des Prinzipiellen* machen. Philosophisches und gesellschaftstheoretisches Denken der Moderne zeichnet sich aus dieser Perspektive dadurch aus, daß es zur Legitimation seiner eigenen Aussagen von einem unbezweifelbaren Denk-Grund auszugehen habe, von dem her Aussagen über die Vielheit der Erscheinungen in der Welt entscheidend präjudiziert sind - im Falle Habermas' nennt Lyotard die Perpetuierung der Gültigkeit der Emanzipationserzählung, im Falle Luhmanns die Hypostasierung der "großen Erzählung" *System als Mechanismus zur Reduktion von Weltkomplexität*. Neben dieser binnenstrukturellen Charakterisierung des modernen Diskurses kommt es Lyotard hauptsächlich auf dessen Außenwirkung und gesellschaftliche Funktion an. Ob von der Annahme eines vernunftgeleiteten Konsenses ausgegangen wird oder von der informationsverarbeitenden Reduktion und Herstellung von Komplexität, die das Konstitutivum des Gesellschaftlichen sei, Lyotard nennt beide Denkmöglichkeiten "terroristisch". Denn durch die Eingrenzung von Sprachspielen in die Regeln *einer* konkreten Diskursrationalität bzw. in die Erfordernisse von Systemrationalitäten werden andere Sprachspiele nicht nur ausgegrenzt und in ihrem Wahrheitsgehalt bezweifelt, sondern sogar mit Eliminierung bedroht. "Wir verstehen unter Terror die durch Eliminierung oder Androhung der Eliminierung eines Mitspielers aus dem Sprachspiel, das man mit ihm spielte, gewonnene Wirkung. Er wird schweigen oder seine Zustimmung geben, nicht weil er widerlegt, sondern weil er bedroht wurde, des Spielens beraubt zu werden." (Lyotard 1986: 184) Die Moderne ist demgemäß für Lyotard eine Epoche der Herrschaft der großen Erzähler, deren Emanzipations- und Konsensverständnis immer *ihre* Emanzipation und *ihr* Konsens waren und sind, keineswegs aber der der Betroffenen. Und Betroffener ist man aufgrund des vermeintlich zentrierten Weltbildes der Moderne je schon durch die notwendige Teilhabe am Kommunikationsgeschehen. Man kann nicht nicht kommunizieren (Watzlawick).

Lyotard beschränkt seine Analyse zunächst auf den Gegenstand der Legitimationskrise in den Wissenschaften. Er bemerkt, daß sogar Entwicklungen innerhalb des wissenschaftlichen Diskurses wie Quantentheorie und Mikrophysik (vgl. Lyotard 1986: 163) oder wie die "anarchistische Erkenntnistheorie" Paul Feyerabends (vgl. 1986) auf die innere Krise der *modernen* Wissenschaft verweisen. So dient ihm das Beispiel der Wissenschaft auch dazu, zu zeigen, daß in der Moderne Wissen letztlich auf Legitimatoren außerhalb seiner selbst verzichten muß, um nicht dem Verdikt des Terrorismusvorwurfs anheimzufallen.

Wie Lyotard der *postmodernen Wissenschaft* nahelegt, sich von der Zentrierung auf ein allgemeines Wissensprinzip hin zu entbinden und nur die *kleinen Erzählungen* als "Form par excellence der imaginativen Erfindung" (Lyotard 1986: 175) gelten zu lassen, zieht er ähnliche Konsequenzen für *postmoderne Gesellschaften*. Die *moderne* "Natur des sozialen Bandes" (vgl. Lyotard 1986: 42), so Lyotard, geht von der Idee aus, "daß die Gesellschaft ein organisches Ganzes bildet, weil sie sonst aufhört, Gesellschaft zu sein" (Lyotard 1986: 43). Weder die theoretische Reflexion über Gesellschaft noch die Alltagspragmatik darf sich dagegen unter *postmodernen* Bedingungen mehr darauf stützen, die Welt von einem Sinnzentrum her zu legitimieren. Damit fallen auch die Legitimationsgrundlagen für alltägliches Handeln aus, mögen sie auch noch so *formal*pragmatisch, *anti*-neoaristotelisch und antitheologisch ausformuliert sein.

Die hier nur sehr auszugsweise dargestellte Kritik am Versuch der Zurückführung von Gesellschaftstheorie und -praxis auf ein Grundprinzip, einen Grundbegriff oder eine bestimmte Vernunftkategorie versucht Lyotard in einer *Theorie der Paralogie* ins Positive zu wenden. Die Möglichkeit zur Legitimierung von Weltentwürfen, Lebensformen, Handlungstypen und Sinnorientierungen, d.h. das Gültigkeitskriterium von Sprachspielen muß selbst *paralogisch*, also widersprüchlich, inkonsistent und damit reine Narration bleiben, m.a.W. eine *kleine Erzählung*. Gesellschaftliche Wirklichkeit soll somit aufgehoben werden in ein nicht mehr prinzipiell einheitliches, keinem Wesen oder Prinzip, keiner Idee oder Verheißung gehorchendes Ganzes, sondern in die Einsicht in die radikale "Heteromorphie der Sprachspiele" als erstem Schritt zum "Verzicht auf den Terror" (vgl. Lyotard 1986: 191). Notwendig folgt aus einem solchen Plädoyer die Beschränkung jeder Geltung, jeder Legitimation und jedes Konsenses auf die *lokalen* Zusammenhänge des jeweiligen Sprachspiels: auf kleine Geschichten, Narrationen, nachgebildet dem vormodernen Modell der begrenzten Kommunikations- und Lebensgemeinschaften mit partikularen Geltungsansprüchen. Der wesentliche Unterschied zur vormodernen Erzählkultur scheint lediglich der Gedanke der Reziprozität und Toleranz zu sein: Wenn auch die einzelnen Narrationen selbstgenügsam auf Selbstlegitimation und eingestandene Partikularität bauen, so haben sie reziprok anzuerkennen, daß *andere* Sprachspiele und -gemeinschaften mit *anderen* Sinnentwürfen den *gleichen* partikularen Universalismus pflegen wie sie selbst. Das zumindest war vormodernen Assoziationsverhältnissen und Narrationen fremd.

Die Behandlung von Geltungsansprüchen bezüglich des *Todesproblems* liegt hier auf der Hand. Man könnte formulieren: Kommt man schon auf dem Boden der Habermasschen Konsensustheorie nicht einmal auf eine theoretisch denkbare Universalisierbarkeit von Geltungsansprüchen in der Versprachlichung des memento mori, so wird mit Lyotards Plädoyer für einen radikalen Kontextualismus und Partikularismus der Bedeutung und Geltung von Sprechakten folgendes erst recht deutlich: Nicht nur existentiell bedeutsame Topoi wie die individuelle Antizipation des Lebensendes, sondern schlechthin alles

ist gebunden an lokal begrenzte, in einer konkreten Kommunikationsgemeinschaft fundierte Assoziation von Bedeutungen. Lediglich die Reziprozität des
Unverständnisses zwischen verschiedenen Sprachspielen erlaubt eine Trans-
zendierung des eigenen Erzählraumes - dies nur als höchst vorläufiger Rekurs
auf den "Testfall" Tod, ich komme darauf zurück.

Auf den Gedanken der Reziprozität stützt Lyotard seine Idee der *Gerechtigkeit*. In seinem philosophischen Hauptwerk "Le différend" (dt. Der Widerstreit) schließt er an seine vorherigen Arbeiten an, stellt nun aber stärker
auf den sprachanalytischen Aspekt des *Widerstreits* zwischen Sprechereignissen ab. Ein solcher Widerstreit ist keineswegs ein kontingentes Ereignis,
das durch *vernünftigen, richtigen* oder besonders *geübten* Gebrauch der
Sprache zu vermeiden wäre. In Abwandlung von und diametralem Kontrapunkt
zu Habermas könnte man mit Lyotard formulieren: *Mit dem ersten Satz ist
der Fall eines notwendigen und erzwungenen Widerstreits unmißverständlich
geschehen.* Sätze als letzte analytische Kategorien von Lyotard folgen Regeln.
"Ein Satz, selbst der gewöhnlichste, wird nach einer Gruppe von Regeln
gebildet (seinem Regelsystem <*régime*>). Es gibt mehrere Regelsysteme von
Sätzen. Argumentieren, Erkennen, Beschreiben, Erzählen, Fragen, Zeigen,
Befehlen usw. Zwei Sätze ungleichartiger, heterogener Regelsysteme lassen
sich nicht ineinander übersetzen." (Lyotard 1987: 10) Zwar ist eine Verkettung
verschiedener Satz-Regelsysteme möglich, doch bleiben die Sätze unterschied-
licher Provenienz inkommensurabel. Es entsteht notwendig ein *Widerstreit*, der
allerdings nicht einfach durch Vermittlung etwa im Sinne einer juridischen
Operation aufzulösen wäre. "Im Unterschied zu einem Rechtsstreit <*litige*>
wäre ein Widerstreit <*différend*> ein Konfliktfall zwischen (wenigstens) zwei
Parteien, der nicht angemessen entschieden werden kann, da eine auf beide
Argumentationen anwendbare Urteilsregel fehlt. Die Legitimität der einen
Argumentation schlösse nicht auch ein, daß die andere nicht legitim ist.
Wendet man dennoch dieselbe Urteilsregel auf beide zugleich an, um ihren
Widerstreit gleichsam als Rechtsstreit zu schlichten, so fügt man einer von
ihnen Unrecht zu (einer von ihnen zumindest, und allen beiden, wenn keine
diese Regel gelten läßt)." (Lyotard 1987: 9) Zunächst fällt auf, daß Lyotard im
Unterschied zu "La condition postmoderne" keines der möglichen Satz-Regel-
systeme mehr kategorial favorisiert. Zwar spricht er der *Narration* als my-

thisch-einheitsstiftender Diskursart eine Struktur zu, "in der sich die Heterogenität der Regelsysteme und selbst der Diskursarten am wirkungsvollsten vergessen machen kann" (Lyotard 1987: 251). Doch vergessen machen bedeutet nicht überwinden. Die Gefahr des Terrors bzw. des Widerstreits verlegt Lyotard nun auch in die Diskursart der Narration hinein. Dennoch behält sie für ihn eine Art privilegierten Zugang zur Wahrheit insofern, als die "mimetische" Struktur mythischer Sprache das Unsagbare eben nicht sagen will und damit quasi zu einer Sublimierung und Neutralisierung von Bedeutungen und ihrem *Widerstreit* kommt (vgl. Lyotard 1987: 253).

Lyotards Fokus richtet sich primär nicht auf die Protegierung einer Diskursart zugunsten anderer - was in "La condition postmoderne" zu einer gewissen Widersprüchlichkeit der Argumentation geführt hat, die nur mit Hilfe einer latenten ursprungsphilosophischen Begründung der Erzählung zu umgehen war -, sein Interesse liegt nun vielmehr in der Wachsamkeit des Philosophen gegenüber den Hegemonialmächten der Sprachspiele und Satzregelsysteme: *"Den Widerstreit bezeugen."* (Lyotard 1987: 12) Diese Zeugenschaft setzt sich zum Ziel, "zwischen den Inseln zu navigieren, um paradoxerweise erklären zu können, daß ihre Regelsysteme oder Diskursarten inkommensurabel sind" (Lyotard 1987: 225). Angesichts des grundlegenden *Widerstreits* ist es der eigentliche Beruf der Philosophen, das notwendige Unrecht und die Ungerechtigkeit des Sprechens zu benennen. Damit ergibt sich bei Lyotard quasi eine *latente* Theorie der Gerechtigkeit, die er positiv nur via negationis benennt: Der Spieleinsatz - hier am Beispiel des politischen Diskurses vorgeführt - könne wegen des unvermeidbaren Widerstreites nicht im Guten bestehen, aber doch im Streben nach dem *kleinsten Übel* (vgl. Lyotard 1987: 234). Damit, so Wolfgang Welsch mit Recht, hält Lyotard - zunächst überraschend - an der grundlegenden Idee der Gerechtigkeit fest, die per definitionem Gerechtigkeit für alle sein muß (vgl. Welsch 1987: 239f.).

Worin bestehen nun eigentlich die Inseln, zwischen denen zu navigieren ist? Keineswegs ragen hier Menschen, Subjekte oder Bewußtseinssysteme aus dem Meer der Kommunikationen heraus. Schon in "La condition postmoderne" betont Lyotard, daß der explizite oder implizite "Vertrag" zwischen den Mitspielern an einem Sprachspiel (vgl. Lyotard 1986: 40) nicht Ergebnis eines subjektiven Dezisionismus ist. Er formuliert keinen "kategorischen Imperativ"

zur Teilnahme an Sprachspielen, denn eine solche Theorie würde auf die
"großen Erzählungen" der Subjektphilosophie sich stützen müssen, um plausibel zu sein. Das Subjekt ist für Lyotard als Initiator zurechenbarer Entscheidungen teilweise preisgegeben: "Das *Selbst* ist wenig, aber es ist nicht isoliert, es ist in einem Gefüge von Relationen gefangen, das noch nie so komplex und beweglich war. Jung oder alt, Mann oder Frau, reich oder arm, ist es immer auf 'Knoten' des Kommunikationskreislaufs gesetzt." (Lyotard 1986: 55) Es ist "auf Posten gesetzt, die von Nachrichten verschiedener Natur passiert werden." (Lyotard 1986: 55) Schon hier kündigt sich ein Sprachobjektivismus an, den Lyotard in seinem philosophischen Hauptwerk konsequent entfaltet. Es sind nicht *Sprecher*, die sich am *transzendentalen Ort "Lebenswelt"* begegnen und die Geltung ihrer Sprechakte verfolgen, sondern es ist die *Sprache* selbst, die für Anschlüsse im Kommunikationskreislauf sorgt. "Das Universum, das ein Satz darstellt, wird nicht gegenüber etwas oder jemandem als einem 'Subjekt' dargestellt. Das Universum ist da, insofern der Satz der Fall ist." (Lyotard 1987: 128) Diese Formulierung erinnert stark an Martin Heideggers tautologische Sprachkonzeption, in der es bekanntlich heißt: "Die Sprache ist: Sprache. Die Sprache spricht." (Heidegger 1959: 13) Während Heidegger daraus aber die Konsequenz zieht, daß, wenn "wir bei der Sprache anfragen, nämlich nach ihrem Wesen, dann muß uns doch die Sprache selber schon zugesprochen sein" (Heidegger 1959: 175), leugnet Lyotard die Existenz *der* Sprache, durch deren Zuspruch der Sprechende zum Sprecher wird. Beide verbindet der Gedanke, daß das *Subjekt* - sowohl als "Sender" als auch als "Empfänger" von Sprechereignissen - im Grunde nur im sprachlichen Universum "situiert" ist, keineswegs aber der Mensch die Sprache spricht (vgl. Lyotard 1987: 30). Der Unterschied besteht darin, daß Lyotards Sprachobjektivismus ein eigentümlicher *Objektivismus ohne Objekt* ist. Denn "es gibt nicht *eine* Sprache" (Lyotard 1987: 230), wie es auch nicht *eine* Vernunft und *einen* Kosmos von Bedeutungen gibt. Es gibt nicht einmal *die* Sprache, sondern nur mehrere Fälle von "es geschieht", die sich aneinander anschließen. Diese Fälle sind Sätze als nicht weiter auflösbare Einheiten des Kommunikationsflusses.

Von hier aus läßt sich die Ausgangsfragestellung wiederaufnehmen. Als Gemeinsamkeit zwischen Habermas und Lyotard behauptet Frank, daß das

Problem der Verständigung über Topoi in der Welt unter *postmetaphysischen Bedingungen* deshalb von besonderer theoretischer und alltagspraktischer Relevanz wird, da sich Sprecher in der (Post-)Moderne nicht mehr ohne weiteres auf dem Boden einer sie mit unhintergehbaren Interpretationen versorgenden prästabilierten Harmonie begegnen. Die Sprache selbst hat nun die Rolle zu spielen, die (vor-)moderne Konvergenz der Standpunkte und Perspektiven wenn nicht zu restituieren, so doch zumindest aufzufangen. Bevor eine vergleichende Kontrastierung zwischen Habermas und Lyotard zur Sprache kommt, ist zunächst die kurz umrissene Position von Lyotard vor dem Hintergrund dieser Fragestellung zu diskutieren sowie ein erneuter Rekurs auf den konstruierten "Testfall", das Todesproblem, vonnöten.

Die Idee einer ungezwungenen Verständigung ist bei Lyotard preisgegeben, denn der Dissens ist notwendige Folge jedes gesprochenen Satzes. Die Ungerechtigkeit und der Schaden, der notwendig entsteht, wenn Sprache *geschieht*, läßt sich schon auf die elementare Negation zurückführen, die in jeder Selektion und Aktualisierung liegt, nämlich im notwendigen Ausschluß der gleichzeitig inaktualisierten Möglichkeiten selektiver Wahl. "... fügt nicht die Verkettung, gleich welcher Art, den Regelsystemen oder Diskursarten, deren mögliche Sätze nicht aktualisiert werden, notwendigerweise ein Unrecht zu?" (Lyotard 1987: 11) Diese Unmöglichkeit der Vermeidung von Konflikten und das Fehlen einer universalen Diskursart schließt konsensuelle Verständigung keineswegs aus. Diese Diskursart kann nur nach Lyotard keinen privilegierten Status reklamieren und produziert folglich bei Anwendung selbst wieder einen Dissens: durch Ausschluß anderer Möglichkeiten.

Erstaunlicherweise läßt Lyotard jedoch zumindest den Grundgedanken der übergeordneten Regel gelten. Zwar schließt er eine solche für *die Sprache* bzw. die Gesellschaft aus. Innerhalb einer Diskursart aber - definiert als Verkettungsregel von Satzregelsystemen, z.B. ökonomischer oder wissenschaftlicher Diskurs - gilt sehr wohl eine übergeordnete Regel, in der Konflikte im Sinne des Rechtsstreits lösbar sind, da von allen Betroffenen die gleiche Regel akzeptiert wird. Wolfgang Welsch bringt diesen Sachverhalt auf die eingängige Formel: *"Intragenerische Konflikte sind lösbar. Der intergenerische Widerstreit ist es nicht."* (Welsch 1987: 233) In der Konsequenz bleibt damit die - gewiß jetzt stringenter begründete - Diagnose aus "La condition

postmoderne" bestätigt: Nur innerhalb der engen Grenzen lokaler Sprachspiele
können Sprechereignisse in einem gemeinsamen Kosmos von Bedeutungen
koinzidieren. Alle weitergehenden Geltungsansprüche vergewaltigen die Pluralität möglicher Diskursarten/Sprachgemeinschaften/Geltungsräume. Doch diese
Koinzidenz von Sprechereignissen ist kein Konsens, denn auch der regelgelei-
tete Gebrauch der Sprache innerhalb einer Diskursart ist terroristisch: Er
schließt das Ungesagte aus. Gleichwohl hat der philosophische Diskurs darüber zu wachen - und das mit der Emphase der universalen Geltung -, daß
die Heterogenität der möglichen Diskursarten, Anschlüsse und - letztlich -
Lebensformen erhalten bleibt.

Wo bleibt der Tod? Auch hier könnte man anschließen: Wie bezüglich
"La condition postmoderne" bleibt die Rede über den Tod in die Schranken
des partikularen Geltungsbereichs einzelner Sprachspiele gebunden. Und selbst
der intragenerische Gebrauch von Sprache innerhalb einer Diskursart "*Todes-
diskurs*" verständigt nicht, sondern folgt nur einer Regel. Sprache, Geltung,
Bedeutung und Sinn werden beliebig. Konnte man sich in "La condition postmoderne" noch eine mit sich mehr oder weniger versöhnte lokale Sprachgemeinschaft mit lokalem Mythos, selbstgesetzter Lebensform und freiem Zugang zu und Abgang aus dem Sprachspiel vorstellen, wird der - man ist fast
versucht zu assoziieren - *universale Verblendungszusammenhang* mit "Le différend" total. Die entscheidende Frage lautet: Wer ist es, der hier und jetzt
über wessen Tod sich äußert, über dessen Sinn ein Einverständnis zu erzielen
ist, wenn es nicht die endlichen Subjekte selbst sind, die sprechen, wenn
Sprache geschieht? Konnte der Heideggersche Sprachobjektivismus mit seinem singularen Sprachkonzept wenigstens noch eine konkrete Lebensform als
"entborgenes Sein" an die sich sprechende und dem einzelnen sich zuspre-
chende Sprache binden, so kann *Lyotards* Dezentrierung der Sprache in ein
plurales Konzept der Heterogenität nicht einmal mehr eine auf Sprache aufru-
hende Lebensform annehmen. Damit bleibt die Heideggersche Postmoderne,
die eigentlich - in dieser Beziehung - eine *Vormoderne* ist, "gerade dem klas-
sisch-metaphysischen, dem einheitspflichtigen und ganzheitsgerichteten Denk-
typus verhaftet" (Welsch 1985: 121). Eine solche formuliert bzw. postuliert als
vormoderne Form entweder ein geschlossenes Weltbild mit totalitären Zügen,
oder sie wird - so würde Lyotard sagen - als *moderne* Form sublimiert in eine

"große Erzählung", die eine Einheit der Satzregelsysteme und Diskursarten durch narrative, i.e. philosophische Legitimation wenn schon nicht des Seienden im ganzen, so doch zumindest der Sprache als universalem Diskursprinzip leistet. Die *postmoderne* Form dagegen löst den Zusammenhang zwischen dem "Sinn" einer Aussage und dem bezeichneten "Referenten" vollständig auf (vgl. Lyotard 1987: 97) und mündet in eine unbedingte Perspektivität, die jede Form der Reziprozität virtuell aufhebt und die kommunikative Bindung von Sender und Empfänger zugunsten des selbständigen "Flottierens der Zeichen" - so ein Ausdruck von Jean Baudrillard (vgl. 1982: 140f.) - preisgibt. Dekomponiert wird die kommunikative Welt in subjektlose Satz-Universen. Daß gerade für die Grenzsituation *Tod*, die ohnehin nur in Metaphern zugänglich ist, denen auch der entschlossenste Korrespondenztheoretiker keinen eindeutigen außersprachlichen Referenten zuordnen kann, der *Widerstreit* radikal wird, läßt sich aus folgenden Andeutungen Lyotards ersehen:

> "Im Widerstreit 'verlangt' etwas nach 'Setzung' und leidet unter dem Unrecht, nicht sofort 'gesetzt' werden zu können. Die Individuen nun, die glaubten, sich der Sprache als eines Werkzeugs zur Kommunikation bedienen zu können, lernen durch diesen Schmerz, der das Schweigen begleitet (und durch die Lust, die die Erfindung eines neuen Idioms begleitet), daß sie von der Sprache in die Pflicht genommen werden und zwar nicht zwecks eigennütziger Steigerung der in den bestehenden Idiomen kommunizierbaren Informationsmenge, sondern um anzuerkennen, daß, was zur 'Setzung' ansteht, ihr gegenwärtiges Äußerungsvermögen übersteigt und daß sie die Einrichtung noch nicht existierender Idiome zulassen müssen." (Lyotard 1987: 33f.)

Den endlichen Individuen bleibt nichts, nicht einmal die Hoffnung auf eine wie immer geartete Verständigung über das Unsagbare, dessen Unsagbarkeit durch das Fehlen eines außersprachlichen Referenten gegeben ist. Explizit spricht Lyotard den Individuen eine Teilhabe am Kommunikationsprozeß ab. Sie haben es lediglich *zuzulassen*, daß neue Idiome sich einstellen. Haben sie eine andere Wahl?

Hoffnung bleibt nur da, wo die Sprache selbst, die es gar nicht als solche gibt, oder wo einzelne Sprechereignisse *zufällig* eine Bedeutung des Todes ermöglichen. Konnte in Unkenntnis der Konsequenzen einer solchen postmodernen Linguistik erwartet werden, gerade die partikulare Geltung von Bedeutungen und der dadurch gegebene *universalistische Anspruch für partiku-*

lare Geltungsbereiche mache so etwas wie die Antizipation einer partikularen Ganzheit, einer ganzheitlichen Vergemeinschaftung traditionsenthobener Subjekte oder einer Remythisierung der modernen Entzweiungen möglich, die auch Grenzsituationen, Sinnprobleme und Heilswissen einbindet, stellt man nun fest, daß die Vereinzelung des Sprechers gerade dort am schwersten wiegt, wo er konzeptionell und kategorisch ausfällt. Die Paradoxie lautet: *Nicht das Individuum im Geltungsbereich von kulturellen und gesellschaftlichen Mustern spricht, sondern die Sprache, die es nicht gibt.* Was Heidegger noch mit der - historisch obsoleten, politisch fatalen, philosophisch undenkbaren und militärisch nicht durchsetzbaren - Hoffnung auf die Ankunft eines sich entbergenden Seins von der Sprache erhoffte, ist bei Lyotard umgeschlagen in die Hoffnungslosigkeit, Substitute für diejenigen Bindungen philosophisch auszuweisen, die Individuen vor den modernen Entzweiungen auf Gedeih *und* Verderb mit ihrer Umwelt verbinden. Um so mehr gilt also für Lyotard der von Heidegger oft zitierte Satz von Stefan George: "So lernt ich traurig den verzicht:/ Kein ding sei wo das wort gebricht." Also keine Offenbarungsphilosophie des Wortes, sondern die Apokalypse der sprachlichen Geltung. Sterben? Tod? Nicht die Sprache stirbt, nicht sie kann tot sein.

IV.

Die Differenzen zwischen der Habermasschen Konsenstheorie und der Lyotardschen Widerstreitstheorie erscheinen zunächst relativ eindeutig. Wir haben es auf der einen Seite mit einer universalistischen Theorie zu tun, die formal-rationale Regeln der Konsensbildung und die Ausformulierung der Bedingungen ihrer Möglichkeit anbietet. Auf der anderen Seite wird auf die radikale Differenz nicht nur zwischen jedem Bedeutungs- und Geltungsanspruch hingewiesen, sondern die Sprache selbst als ein notwendig Dissense generierendes, heterogenes und sogar kategoriell ausfallendes Regelsystem verstanden. So weit, so gut. Aber die Differenzen und Berührungspunkte liegen tiefer. Zunächst fällt auf, daß beide auf eigentümliche Weise das jeweilige Gegenprinzip in ihre eigene Argumentation einzubauen versuchen. So bemerkt Habermas offenbar unmittelbar an Lyotards Adresse, ohne diesen aber auch nur beim Namen zu nennen:[9]

"Je mehr Diskurs, um so mehr Widerspruch und Differenz. Je abstrakter das Einverständnis, um so vielfältiger die Dissense, mit denen wir *gewaltlos* leben können. Und doch verbindet sich im öffentlichen Bewußtsein mit der Idee der Einheit die Konsequenz einer zwanghaften Integration des Vielen. Noch immer gilt die Zuschreibung identischer Bedeutungen als Verletzung metaphorischer Vieldeutigkeit, nicht als deren Bedingung. Noch immer gilt die Einheit der Vernunft als Repression, nicht als Quelle der Vielfalt ihrer Stimmen. Die falschen Suggestionen eines vor hundertfünfzig Jahren verabschiedeten Einheitsdenkens bilden noch immer die Folie - so als müßten wir uns heute, wie die erste Generation der Hegelschüler, der Übermacht der großen metaphysischen Meister immer noch erwehren." (Habermas 1988: 180)

Vielheit ist erst möglich, weil das einheitsstiftende Band der Sprache mit den ihr innewohnenden Rationalitätspotentialen es vermag, die lokalen Differenzen aufzuheben und kommunikativ handhabbar zu machen. Insofern bleibt für Habermas ein "Kontextualismus, der alle Wahrheitsansprüche auf die Reichweite lokaler Sprachspiele einschränkt, der alle Rationalitätsstandards an Gepflogenheiten, an vor Ort gültige Konventionen angleicht" (Habermas 1988: 58), einer modernitätsfeindlichen Partikularität und vernunftfeindlichen Vorurteilen verhaftet. Als zentrales Motiv für die seinem Verständnis nach antimodernistische Ablehnung eines universalistischen Vernunftbegriffs führt Habermas jene Selbstbeschränkung der universalistischen Begründung von Vernunft auf Wahrheitsfragen an (vgl. Habermas 1981a,I: 225ff. und 453ff.; 1985: passim). "Gerechtigkeitsfragen und Fragen des Geschmacks, auch Fragen der wahrhaftigen Selbstdarstellung werden aus der Sphäre des Vernünftigen ausgeschlossen." (Habermas 1988: 59) Notwendigerweise müsse dann alles, was über die Bestimmung propositionaler Wahrheit hinausgeht, als irrational erscheinen. Der Kontextualismus als Reaktion auf diese Selbstbeschränkung des wissenschaftlichen Wissens und auf die Selbstdementierung der Vernunft - etwa durch die frühe Kritische Theorie oder durch Max Webers Theorie der Moderne - entpuppt sich als "Kehrseite eines Logozentrismus" (Habermas 1988: 59). Erst im Begriff der kommunikativen Vernunft könne ein moderner, universalistischer Begriff der Rationalität mit den notwendigerweise partikularen Lebenszusam-

---

9 Worüber sich Lyotard übrigens bitter beklagt (vgl. Lyotard 1982: 133).

menhängen von Sprechern in je konkreten Lebenswelten und je konkreten Geltungsansprüchen angesichts je konkreter Problemlagen und historisch-kontextueller Antezedenzbedingungen versöhnt werden. Vielheit kann sich nur in der Einheit ereignen.

Umgekehrt Lyotard. Sein Eintreten für die Kontextualität jedes Sprechereignisses, für die Situiertheit jedes Zeichens im Hier und Jetzt, seine Absage an ein verbindendes Diskursprinzip und an die Möglichkeit intergenerischer Verständigung und Überwindung von Konflikten ist absolut und alternativlos - so scheint es. Gleichwohl fordert auch er eine Einsicht in die Einheit in der Vielheit. Zwar ist der Widerstreit nicht kontingent, doch impliziert schon das Bezeugen des Widerstreits - als Kardinalforderung an den Philosophen - so etwas wie eine Wahrnehmbarkeit und sprachliche Umsetzbarkeit des Widerstreits. Zugleich muß das Bezeugen des Widerstreits, das nach Gerechtigkeit trachtet, in der Lage sein, das einzelne Sprechereignis zu transzendieren, denn ansonsten wäre es schlechthin unsinnig, nach Gerechtigkeit überhaupt zu fragen, wenn nicht Gerechtigkeit für alle Beteiligten gemeint ist - und wer ist schon unbeteiligt? In der Konsequenz heißt das: Der Widerstreit *kann* nicht total sein. Selbst bei Lyotard scheint es also ein Residuum zu geben, in dem die Überwindung des Widerstreits zumindest denkbar, bezeugbar und womöglich sogar Gegenstand einer postmodernen aufklärerischen Politik sein kann. In einem Interview mit Willem van Reijen und Dick Veerman führt Lyotard am Beispiel der Rolle der Intellektuellen in der Moderne seine Kritik an den "großen Erzählungen" und die Unvermeidbarkeit der Ungerechtigkeit jedes Satzes vor, um zu zeigen, daß es nur noch "ein Minimum an Sicherheiten" im Denken gibt. Aber immerhin - dieses Minimum gibt es, und zwar in der Form einer "Politik des Widerstands":

"Was ist Widerstand? Und was sind die Ansatzpunkte für Widerstand? Einerseits sind das die Punkte, die ich vorhin erwähnte, als ich vom Respekt vor den Menschenrechten sprach, d.h. vom Schutz der elementaren Freiheiten (da haben wir die Pflicht einzugreifen, wenn sie gefährdet sind). Andererseits gibt es einen Widerstand, der vielleicht versteckter und spezifischer ist, sowie übrigens auch angemessener angesichts des heutigen Zustands der Politik, die auch das Kulturelle mit einschließt. Ich rede vom Widerstand im Schreiben und durch das Schreiben, wie wir vorhin davon gesprochen haben: als ein Einschreiben, das sich sorgt um das Nichteinschreibbare." (Lyotard 1988: 139f.)

Es geht Lyotard also darum, "den Widerstreit auszudrücken, indem man ihm entsprechende Idiome verschafft" (Lyotard 1987: 33). Es ist fast ein *credo, quia absurdum*, das hier vorgeschlagen wird, ein Verfahren, das darum weiß, daß es nur als kontrafaktische Unterstellung möglich ist und dessen Notwendigkeit gerade daraus resultiert, daß schon der Versuch widersinnig ist. Im Klartext: *Der Widerstreit erfordert und verunmöglicht zugleich, ihn auszusprechen und damit aushalten zu können.*

Mit Habermas könnte man nun versucht sein, mit Lyotard ähnlich zu verfahren wie mit Horkheimer und Adorno, die bekanntlich an ähnliche Aporien der dialektischen Bewegung gestoßen sind. Diesen wirft Habermas einen "performativen Widerspruch einer sich selbst überbietenden Ideologiekritik" (Habermas 1985: 154) vor. Der "total" gewordene Verblendungszusammenhang macht es danach schon aus sprachlogischen Gründen unmöglich, diesen überhaupt zu konzeptualisieren, es sei denn, man gibt das Totalitätsparadigma auf. Damit meint Habermas den "vernünftigen Kern" der mimetischen Leistungen freilegen zu können, wenn nur das Paradigma eines "die Objekte *vorstellenden* und an ihnen sich *abarbeitenden* Subjekts" in Richtung "des Paradigmas der Sprachphilosophie, der intersubjektiven Verständigung oder Kommunikation" verlassen wird und man "den kognitiv-instrumentellen Teilaspekt einer umfassenden *kommunikativen Rationalität* einordnet" (Habermas 1981a,I: 523).[10] Genauso könnte Habermas, der Lyotard selbst meines Wissens nur einmal explizit erwähnt - und da auch nur mit falschen Vornameninitialien (vgl. Habermas 1985: 7) -, gegen diesen einwenden, daß die Annahme eines universalen Widerstreits mit notwendiger Genese von Ungerechtigkeit und das Ausschließen einer rationalen Verhandlung über jegliche Form von intergenerischen Geltungsansprüchen schon die verstehbare Formulierung des Buches "Le différend" ausschließt. Daß Lyotard dies aber tut, und - mehr noch - daß er für die Bezeugung des und für den Widerstand gegen die gesellschaftlichen Folgen des sprachlichen Widerstreits eintritt und dazu aufruft, könnte Ansatzpunkt für eine konsenstheoretische Wendung des Philosophen der Postmoderne sein.

Es wurde schon angedeutet: Habermas macht diesen Schritt nicht, doch

---

10   Zum weiteren Begründungszusammenhang vgl. Richard Gebauer in diesem Band.

wird dieser Weg - quasi in seinem Namen - von anderen beschritten. Am fundiertesten argumentiert auf den ersten Blick Frank. Wie schon zu Anfang erwähnt, geht Frank von einer elementaren Konvergenz der Ausgangspunkte der beiden Autoren aus: von der Reaktion auf den Verlust einer philosophisch denkbaren und gesellschaftlich situierbaren prästabilierten Harmonie und von einer Transformation der metaphysischen Seinsphilosophie in eine Reflexion der Sprache. Zunächst erhebt Frank - hier ganz dem formalpragmatischen Diskurs verpflichtet[11] - den Vorwurf des *performativen Widerspruch*, in den sich Lyotard notwendigerweise verwickele. "Alle Aussagen, die sein Buch in Behauptungs- und Argumentationsform zugunsten seiner Grundthese vorbringt, nehmen - in Gestalt eines kontra-faktischen Vorgriffs - deren Geltung in Anspruch." (Frank 1988: 60) *Geltung* aber könne es - nach dem Geltungsanspruch von "Le différend" - nicht geben. Dies gelte natürlich insbesondere für die Kategorie des *Unrechts*, für die, um sie als solche überhaupt wahrnehmen zu können, ein Begriff des Unrechts und damit ein wirklicher Sachverhalt existieren muß, der intersubjektiv zugänglich ist. Intersubjektive Zugänglichkeit der Welt aber ist exakt jene *moderne* Unterstellung, die Lyotard mit Pathos bekämpft: als Verschleierung des notwendigen Widerstreits. Damit ist für Frank ausgemacht, daß Lyotards Widerstreitsthese schon im Ansatz verfehlt ist und an sprachlogischen und epistemologischen Propädeutika scheitert: "Ein 'différend' könnte nie vollständig sein. Gäbe es nicht Verständigung und Einigkeit in einigen kommunikativen Akten, so wäre er - mangels Kontrast - gar nicht feststellbar: Es existierte alsdann nicht nur kein metadiskursives Kriterium zu seiner Beilegung, sondern absurderweise nicht einmal eines zu seiner Konstatierung." (Frank 1988: 77)[12]

---

11   Dies ist - nebenbei bemerkt - nicht das Proprium von Franks eigener Position, die man eine "hermeneutische Konzeption von Individualität" (Frank 1986: 116ff.) nennen kann. Individualität wird hier nicht verstanden als Besonderes, das eine Entäußerung oder Deduktion des Allgemeinen ist, sondern sie steht für die Unverwechselbarkeit und Unhintergehbarkeit der je historischen, an den konkreten Einzelmenschen gebundenen welterschließenden Perspektive.

12   Auch nur nebenbei bemerkt: Erstaunlicherweise benutzt auch Lyotard selbst die Begründungsfigur des performativen Widerspruchs, um sich gegen Kritik an den Grundfesten seiner Position, an den *Präsuppositionen widerstreitender Sätze* im Vorfeld zu immunisieren: "Das einzige, was unzweifelhaft ist: der Satz, weil er unmittelbar vorausgesetzt wird (daran zweifeln, daß man Sätze 'setzt', ist in jedem Falle

Allein, Frank beläßt es nicht bei seiner an der Apel/Habermasschen Formalpragmatik geschulten Kritik von Lyotards Ansatz, sondern versucht - exakt
in jenem Sinne, in dem Habermas die ebenfalls performativ widersprüchliche
Vernunftkritik der frühen Kritischen Theorie auf ihren impliziten vernünftigen
Kern zurückzuführen trachtet - Lyotards Widerstreitsthese konsenstheoretisch
nutzbar zu machen. Er tut dies mit dem angestrebten Nachweis, daß Lyotards
These von der Unausweichlichkeit des Widerstreits und der Unmöglichkeit von
universaler Konsentierung außer Acht läßt, daß ein Dissens nur im Horizont
eines implizit vorausgesetzten Konsenses virulent werden kann. "Streit *kann*
sich überhaupt nur bilden, wo Konsens angestrebt wurde (...); und Dissens
kann sich ferner nicht einstellen, wenn die strittige Sache von beiden Parteien
nicht als dieselbe *gemeint* wird." (Frank 1988: 94) Die Idealisierung des Konsenses, so Frank an anderer Stelle, widerstreitet keineswegs dem *différend*,
sondern setzt ihn notwendig voraus (vgl. Frank 1988: 73). Damit meint Frank
gezeigt zu haben, daß sich Lyotards Projekt einer Bezeugung des sprachlichen Widerstreits "überhaupt erst auf der Ebene der Konsensustheorie (...),
gegen die sie angetreten war" (Frank 1988: 96f.), entfalten lasse. Die Konsenstheorie - so Franks Fazit -, ausformuliert als *Theorie des kommunikativen
Handelns*, geht von den gleichen Voraussetzungen aus wie die Theorie des
Widerstreits, nämlich von einer dissentierten Wirklichkeit in der Moderne, deren Konsentierung als notwendige Form der Handlungskoordinierung zunehmend in die Perspektive von Sprechern und Sprache verlegt wird, weil ein
universaler, vorgängiger, alternativloser und zeitloser Konsens über das Sein
des Seienden nicht besteht. Selbst eine Theorie, die sich so weit in *prinzipielle* Gefilde vorwagt wie die Formalpragmatik Apelscher und Habermasscher
Prägung[13] ist letztlich eine Theorie des *Widerstreits*, wenn sie diesen auch

---

'setzen', ebenso das Schweigen)." (Lyotard 1987: 9f.)

13 Um Mißverständnissen vorzubeugen: Ich beabsichtige nicht, Differenzen zwischen Apel
und Habermas einzuebnen. Insbesondere Habermas' Selbstverständnis, nicht wie Apel
transzendentalpragmatisch auf eine Letztbegründung der Präsuppositionen argumentativer Rede angewiesen zu sein, sondern diese Präsuppositionen in der Rekonstruktion
der kommunikativen Alltagspraxis selbst aufdecken zu können, unterscheidet ihn von
Apel. Allerdings weist Apel nach, daß Habermas letztlich selbst "de facto eine andere
- und stärkere - Begründungsstrategie befolgt, als er selbst zugeben möchte" (Apel
1989: 48f.), indem er weniger auf empirische Argumente rekurriert als auf transzendentale Begründungsfiguren. Verschiedene Formulierungen in seinem neuesten Werk

nicht zum "universalen Verblendungszusammenhang" hypostasiert. Allerdings bietet sie keine *Widerstreitsvermeidungsregel* an, sondern eine Prozedur zur Überwindung von widerstreitenden Ideen, Interessen, Geltungsansprüchen und Lebensformvorstellungen, die je schon notwendiges Konstitutivum moderner Gesellschaften sind.

Kann man hier schließen? Man könnte es, wenn man sich mit Franks Argumentation auf den Boden der Konsenstheorie stellen würde und die Substanz der Theorie Lyotards der teleologischen Sprachtheorie der Formalpragmatik unterordnete. Die Ausgangsfrage, ob sich ein Vergleich von Habermas und Lyotard am roten Faden eines gemeinsamen Erkenntnisinteresses und ähnlicher Ausgangsfragestellungen produktiv vornehmen läßt, wäre zugunsten Franks - und letztlich zugunsten Habermas' - entschieden.

Allerdings scheinen mir dann berechtigte Interessen Lyotards verlorenzugehen. Zwar vermeidet Frank jegliche Form der Polemik gegen Lyotard. Dennoch ist sein Verfahren vergleichsweise gewaltsam und wird Lyotard keineswegs gerecht. Es wirkt fast wie eine Bestätigung der Widerstreitstheorie, wenn Frank seine Abhandlung unter Rekurs auf die dargestellten Widersprüchlichkeiten bei Lyotard mit dem Hinweis schließt: "Lyotards Buch über den Streit - 'mon livre de philosophie' - hat nicht das Zeug, einen Streit auszulösen." (Frank 1988: 102f.) Aber doch nur deshalb, weil sich beide offenbar in völlig unterschiedlichen Begründungszusammenhängen bewegen, wenn sie auch die gleichen Kulturerscheinungen deuten. Wie kann also eine solche Umarmungsstrategie motiviert sein? Frank möchte offenbar, wenn schon nicht die prästabilierte Harmonie des Seins durch funktionale Äquivalente substituiert werden kann, wenigstens Harmonie zwischen den Antipoden der sich an den Entzweiungen der Moderne Abarbeitenden stiften. Damit aber werden die radikalen Differenzen zwischen Habermas und Lyotard unzulässig eingeebnet.

Einen ähnlichen, in Nuancen jedoch anderen Weg des kontrastierenden Vergleichs zwischen Habermas und Lyotard wählt Albrecht Wellmer. Er geht

(Habermas 1988) weisen jedenfalls ebenso in diese Richtung.
Zuzugestehen - sowohl Apel als auch Habermas gegenüber - ist in jedem Falle, daß ein solcher "schwacher" transzendentaler Ansatz keineswegs in alte metaphysische Begründungsfiguren zurückfällt, weil er die gesellschaftliche Kontingenzerfahrung, die Verständigung allererst erfordert, in die Nicht-Kontingenz der Letztbegründung einbaut.

mit letzterem von einer "irreduziblen Pluralität ineinander verschachtelter Sprachspiele in jeder modernen - oder postmodernen - Gesellschaft" (Wellmer 1985: 105) aus, stellt jedoch *gegen* ihn in Rechnung, daß sich das Projekt einer "postmodernen Vernunft" in der Paradoxie einer "Gerechtigkeit ohne Konsens" (vgl. ebd.) verfängt. Damit betont er *mit* Habermas die Unvermeidlichkeit der Präsuppositionen der Argumentation und damit den Grundzug einer konsenstheoretischen Grundierung der Sprache. Zugleich führt er aber *gegen* die Apelsche und Habermassche Variante ins Feld, daß deren theoretische Konstruktion im Grunde bei der Wahrnehmung der modernen Pluralität einen blinden Fleck aufweist:

"Die universalpragmatische und konsenstheoretische Rekonstruktion der Vernunfteinheit setzt gleichzeitig zu tief und zu hoch an; deshalb verfängt sie sich *einerseits* noch in fundamentalistischen und versöhnungsphilosophischen Denkfiguren, und deshalb bleibt sie *andererseits* szientistischen Unterscheidungen in eigentümlicher Weise verhaftet. Aus der Perspektive solcher Unterscheidungen wird letztlich unverständlich, was doch eigentlich verständlich gemacht werden soll: daß die Partialmomente der Vernunft, auch nachdem sie sich voneinander getrennt haben, doch miteinander kommunizieren." (Wellmer 1986: 170f.)

Wenn Wellmer hier explizit auf die Differenz der drei Geltungssphären rekurriert, so meint er implizit die generelle Entfernung von Vernunftmomenten, von Sprachspielen, Lebensformen, Satz-Regelsystemen und letztlich sogar Kulturen voneinander, für deren Vereinigung, Verständigung und gegenseitige Anerkennung "es weder letzte Fundamente noch letzte Maßstäbe, noch letzte Versöhnungen geben kann"; gleichwohl hält er an einem utopischen "Chiliasmus der Vernunft" (Wellmer 1986: 172) fest, jedoch philosophisch erheblich tiefer gehängt und "schwächer" begründet als Formal-/Universalpragmatik.

Auch Wellmers Vermittlungsversuch kann letztlich nicht zufriedenstellen. Zwar fährt er nicht jene Umarmungsstrategie wie Frank, doch ebnet auch er - sicher *gegen* die eigene Intention[14] - die radikalen Differenzen zwischen dem Protagonisten des "Projekts der Moderne" und dem Philosophen der Postmoderne ein, wenn man strenge Maßstäbe an die Differenz der Begründugszusammenhänge stellt. Denn das Insistieren darauf, daß auch Lyotard nicht ohne

---

14   Ähnlich argumentieren Rorty 1985: 173 und Welsch 1987: 310f.

den Gedanken semantischer und sinnhafter *Gemeinsamkeiten* zwischen Sprechern, also einer schwachen Begründung von *Intersubjektivität*, auskommt (vgl.
Wellmer 1985: 107), kann diesen gar nicht treffen, da sein dezentrierter
Sprachobjektivismus das *Inter* verschiedener *Subjektivitäten* schlechthin aus-
klammert und die Sprache in Ereignisse dekomponiert, die durch Sprecher
lediglich "hindurchgehen". Dabei ist das Problem weniger das *Inter*, das ja
durch den multiplen Sprachobjektivismus gesetzt ist, sondern das kategoriale
Fehlen von *Subjektivität*, von Zurechenbarkeit, Intentionalität und Mutualität.
Der *Widerstreit* bezeichnet vielmehr die Differenz zwischen den partikularen
Geltungssphären, d.h. hier zwischen den Sprachinseln und nicht zwischen
Aggregaten von Sprechern oder kollektiven Interessengemeinschaften.[15]

Als Ergebnis meiner Analyse lautet die hier vertretene These: Ein Vermittlungsversuch zwischen den beiden Ansätzen muß im Grunde scheitern.
Franks starke Konvergenzthese wird damit hinfällig. Habermas kann nicht mit
einem Schuß Betonung der Vielfalt und des Dissenses und mit einer Portion
Anerkennung lokaler Sprachspiele (selbstverständlich mit einer Sprache von
universaler Struktur, was ihre "grammatische Rolle" angeht) für die postmoderne Theorie des Widerstreits vereinnahmt werden, *weil* er auf der Unhintergehbarkeit der konsensbildenden Funktion der Sprache besteht und letztlich
die vormalige prästabilierte Harmonie des Seins in radikal sublimierter Form
im Paradigma kommunikativer Vernunft aufscheinen läßt. Genausowenig darf
Lyotard, mit einer Prise Intersubjektivität versehen, als ein den Widerstreit
betonender Konsenstheoretiker gelesen werden, der gleichsam nur graduell
an der angemessenen Verallgemeinerbarkeit von Sprachspielen bzw. ihrer for-
malrationalen und prozeduralen Begründung vorbeischrammt. Lyotard unterscheidet sich von Habermas gerade *nicht* durch ein bloßes *zu wenig* an Intersubjektivität und mutueller Anerkennung von Sprechern, wenn er auch noch
so selbstwidersprüchlich eine frei diskutierende "Öffentlichkeit (mit) freie(m)
Zugang zu den Speichern und Datenbänken" (Lyotard 1986: 192) fordert. Viel-

---

15 Ob das Postulat, "Durchlässigkeit" verschiedener Diskurse füreinander zu gewährlei-
     sten - so Wellmer (1985: 109) - oder durch ein Konzept "transversaler Vernunft"
     "Übergänge" zu sichern - so Welsch (1987: 315ff.) -, weiterführt, darf bezweifelt
     werden. Letztlich sind dies Verlegenheitslösungen, die an der Theoriearchitektur nichts
     ändern, sondern Jediglich "stärker" oder "schwächer" bauen.

mehr ist es ihm darum zu tun, den Gedanken der *Intersubjektivität* kategorial
auszublenden, von der Zurechenbarkeit von Sprechhandlungen an *Sprecher*
ganz zu schweigen. Und wenn Habermas auch noch so emphatisch darauf
insistiert, daß Geltungsansprüche in unmittelbar kontextabhängigen Zusammenhängen in pluralen Lebensformen erhoben werden und nicht an einem
intelligiblen Ort, an dem sich die Universalität der kommunikativen Vernunft
ereignet (vgl. Habermas 1988: 179); wenn er auch noch so selbstkritisch die
intersubjektive Verständigung als "porös" bezeichnet und die Differenzen von
Sprecherperspektiven für unaufhebbar erklärt (vgl. Habermas 1988: 56); wenn
er auch noch so beschwörend die kommunikative Vernunft als eine "schwan-
kende Schale (...) im Meer der Kontingenzen", erzitternd auf hoher See (vgl.
Habermas 1988: 185), beschreibt, so steht und fällt seine Philosophie mit der
vorgängigen Unterstellung einer intersubjektiv geteilten Sphäre, in der die
unterschiedlichsten Geltungsansprüche und Bedeutungsvarianten von Sprechakten in der Möglichkeit der gemeinsamen Anerkennung und des gemeinsamen Einverständnisses von Sprechern konvergieren. Aus diesem Grunde - und
das kann wieder, obwohl Habermas hier eher Kierkegaard, Heidegger, Foucault und Adorno im Blick hat, gegen Lyotard gelesen werden - kann Habermas jeglicher *negativen Metaphysik* und jeglichen Vernunftskeptikern eine
radikale Absage erteilen: "Ihr Verstummen findet Worte nur noch in der leeren
Negation alles dessen, was die Metaphysik einmal mit dem Begriff des All-
Einen affirmiert hat. Demgegenüber kann sich die kommunikative Vernunft der
bestimmten Negation der Sprache - diskursiv wie sie nun einmal ist - nicht
entziehen; sie muß deshalb auf die paradoxen Aussagen der negativen Metaphysik verzichten: daß das Ganze das Unwahre ist, daß alles kontingent ist,
daß es schlechthin keinen Trost gibt." (Habermas 1988: 185) Doch Habermas
bietet - das macht gewiß seine Stärke aus - all dies auch nicht an: keine Philosophie des Ganzen, keine Überwindung der Kontingenz, Trost schon gar
nicht - aber trotzdem: die Intuition und Begründung einer Sphäre *vernünftiger* Verständigung.

   Gerade letzteres läßt sich an dem konstruierten "Testfall" verdeutlichen.
Das *Todesproblem* stellt - so der Ausgangspunkt - eine besondere Anforderung an Kommunikation, zum einen wegen des fehlenden Referenten, zum
anderen gerade in solchen gesellschaftlichen Zusammenhängen, in denen das

Unsagbare nicht durch zentrale Sinninstanzen abgesichert wird und werden kann. Ferner macht es die eigentümlichen Bindungen - Inklusionen und Exklusionen - zwischen (sterblichen) Sprechern und (nicht sterblicher) Sprache transparent.

Die erste der Anforderungen tritt besonders bei Lyotard in Erscheinung: Da dieser die Sprache ohnehin von eindeutigen Referenten abkoppelt und der sprachlichen Struktur ein objektivistisches Fundament verleiht, wird Sprechern schlichtweg die Möglichkeit bestritten, überhaupt referentiell zu kommunizieren. Das gilt beim Todesproblem strukturell in besonderem Maße, weil sterbliche Sprecher und deanthropologisierte Sprachstruktur kaum mehr koinzidieren. Diese radikale Verabschiedung des Subjekts wird auf der Folie des Todesproblems zwar besonders deutlich, gilt aber strukturell für jeden Referenten. Die Sagbarkeit der Welt, vielleicht sogar ihre "Lesbarkeit" (Blumenberg), löst sich auf in partikulare Sprachinseln, in lokale Sprechereignisse und unzusammenhängende Satzketten, ohne Übergang, verurteilt zur radikalen Limitierung und Partikularität.

Habermas verweist demgegenüber mehr auf die zweite Anforderung. Der Referent ist bei ihm so lange sichergestellt, als Sprecher gemeinsam wissen, wovon sie sprechen, wenn sie vom Tod sprechen. Oder besser: Sie können gemeinsam wissen, daß sie nicht wissen, worüber sie sprechen, wenn sie über den Tod sprechen, so die Formulierung von Macho. Verfängt sich Lyotard eher in den Aporien des Partikularismus, findet Habermas seine Grenzen im Anspruch *universaler Geltungsansprüche*. Wie gezeigt, ist auf der Basis der Konsenstheorie lediglich der Anspruch auf Geltung in der subjektiv-expressiven Sphäre als universalisierbar zu denken. Jeder andere Anspruch, etwa die Universalisierbarkeit einer *Sinngebung* des Todes, würde an den Intentionen der Habermasschen Konsenstheorie vorbeisehen, würde von ihr verlangen, was sie explizit - vor allem in neueren Schriften - gar nicht zu leisten vorgibt.

Ich habe nicht ohne Grund auf die Kommunikabilität des Todes rekurriert. Das Problem weist auf die jeweiligen Stärken und Schwächen der beiden Ansätze hin - auf der einen Seite auf das Eingeständnis, daß der Referent fehlt, und auf der anderen Seite auf die universalistische, intersubjektive Sprecherposition bei gleichzeitiger Unmöglichkeit der Universalisierbakeit von bestimmten Geltungsansprüchen und Sinnbedürfnissen. Gleichwohl ist das Ergebnis bisher nicht befriedigend, weil sich nicht die gewünschten Kontrastschärfen oder Konvergenzpunkte eingestellt haben. Letztlich ist die Argumentation zirkulär: Gegen den einen wird die Partikularität seiner Sprechereignisse vorgebracht, gegen den anderen die Hypostasierung und Universalisierung einer argumentativ begründeten Argumentationspraxis, die zwar auf Vielheit rekurriert, letztlich aber theoretisch einen universalistischen Letztanspruch vertritt. Für Habermas spricht ohne Zweifel - das hat die Anwendung der Kommunikabilität des Todes auf die Konsenstheorie erbracht -, daß er die Grenzen seines universalistisch angelegten Ansatzes ausweist und Universalismus in Kantscher Manier auf die *formalen* Bedingungen der Möglichkeit, nicht aber auf lebensformstiftende Semantiken und Sinnentwürfe ausweitet. Zugleich eröffnet sich damit aber auch ein eigentümlich partikularisierter Universalismus, der letztlich auf die kommunikative Alltagspraxis kaum durchzuschlagen vermag. Zumindest in diesem Sinne kann Franks Diktum, von dem ich ausgegangen bin, Habermas sei bezüglich der postmetaphysischen Ausgangssituation seines Denkens nicht minder *postmodern* als Lyotard, bestätigt werden. Doch aus der Endlosschleife zwischen einem partikularistisch und einem universalistisch angelegten Ansatz führt diese Erkenntnis kaum hinaus. Denn weder sind die beiden Denkmatritzen aufeinander reduzibel, noch lassen sie sich semantisch und teleologisch harmonisieren. Der *binäre Schematismus* bleibt: Er kann nur sehen, was er sehen kann, aber er kann nicht sehen, was er nicht sehen kann.

Hier könnte erneut geschlossen werden, mit einem Ergebnis das man ohnehin erwarten konnte: Habermas und Lyotard bieten zwei sich letztlich ausschließende Theoriemodelle an. Ein Versuch, sie zu harmonisieren, würde entweder eine radikal selektive Behandlung ihrer Ansätze erfordern oder aber eine unangemessene Reduktion des einen auf den anderen nahelegen. Vielleicht hilft am Ende dieser Überlegungen ein kurzer Exkurs in Fragen des *logischen* Status der hier zur Verhandlung stehenden Diskussion weiter, auf dessen Folie sich womöglich Andeutungen für eine Perspektivenverschiebung gewinnen lassen, die den Streit zwischen Moderne und Postmoderne vielleicht ergiebiger werden läßt.

Bekanntlich operiert die klassische aristotelische Logik mit dem *Satz des ausgeschlossenen Dritten*: Von zwei kontradiktorischen Behauptungen, also von einer bezeichnenden Differenz kann nur *eine* richtig sein und keine dritte.

Beschreibt man also die Differenz zwischen Habermas und Lyotard mit den Begriffen bzw. binären Schemata "Universalismus" und "Partikularismus", "Intersubjektivität" und "Sprachobjektivismus", "Konsens" und "Dissens" oder einfacher "Moderne" und "Postmoderne", so wird die Diskussion nach dem Satz des ausgeschlossenen Dritten auf die Frage der Entscheidung innerhalb der Amplitude der Differenz festgelegt. Und nicht zufällig scheinen alle hier zugänglichen bisherigen Vergleiche - und nicht zuletzt mein eigener - zwischen den beiden Autoren genau auf die Grenzen dieses Vergleichsschemas zu stoßen. Dies habe ich mit Frank (1988; vgl. auch 1990) durchgespielt und mit Wellmer (1985; 1986) angedeutet. Weitere Beispiele lassen sich nennen (vgl. Honneth 1984; Rorty 1985; Benhabib 1986; Kamper 1987; van Reijen 1987; Welsch 1987; Kellner 1988; Strasser 1989).

Neuere Logiken versuchen zu zeigen, daß der Status von Aussagen über Realität, mithin also auch theoretische Aussagen über den hier zu verhandelnden Gegenstand, den Beobachterstandpunkt nicht ausklammern dürfen und so zu *Beobachtungen von Beobachtungen* gelangen können. So zeigt etwa Gotthard Günthers Konzeption einer nicht-aristotelischen Logik, daß die Selbstbegrenzung des klassischen Theorieverständnisses durch das Axiom des Drittensatzes verursacht wird, nämlich "durch das Prinzip der Zweiwertigkeit" (Günther 1978: 127). Alle so operierenden Theorien klammern die Konstitutionsbedingungen ihrer selbst aus und behandeln ihren Gegenstand als unabhängige Variable. "Das Tertium non datur ist ein logischer Grundsatz einer naiven Weltanschauung, die Realität mit natürlichem Sein identifiziert, d.h. mit Sein, das absolut objektiv ist und in dessen Beschreibung das reflektierende Bewußtsein nicht hineindefiniert zu werden braucht." (Günther 1978: 129) Das "ausgeschlossene Dritte" ist hier das reflektierende Bewußtsein, das in einer "dreiwertigen Logik" wiedereinzuführen ist. Es ist quasi das, was die Unterscheidung nicht mehr unterscheiden, d.h. nicht sehen kann (vgl. dazu auch Serres 1981: 88f.). Für meine Fragestellung würde das bedeuten, daß danach zu fragen ist, was das ausgeschlossene Dritte des Vergleichs von Habermas und Lyotard ist - es müssen also Beobachtungen beobachtet werden.[16] Diese

---

16   Um Mißverständnissen vorzubeugen: Es wird *nicht* beabsichtigt, reduktionistisch eine gesellschaftstheoretische Diskussion auf formalisierbare Sätze zu bringen, sie also

Frage ist keineswegs eine logische Spielerei, sondern drängt sich geradezu auf, wenn man anerkennt, wie unbefriedigend und ergebnislos die bisherigen Kontrastierungen verlaufen sind.

Ein Ausweg aus der logisch aporetischen Opposition von Universalismus vs. Partikularismus könnte sich womöglich aus Niklas Luhmanns Versuch einer Interpretation von Lyotard ergeben. Luhmann stützt seine gesellschaftstheoretischen Bemühungen bekanntlich auf eine andere Differenz als die hier vorgestellten Ansätze. Nicht "Universalismus" und "Partikularismus", "Vernunft" und "Irrationalität", "Konsens" und "Dissens" oder "Intersubjektivität" und "Sprachobjektivismus" stehen sich hier als Leitdifferenzen gegenüber, sondern die Unterscheidung von "System" und "Umwelt". Der wesentliche Unterschied dieser Differenz zu anderen ist laut Luhmanns Selbstverständnis ihr Verzicht auf eine *ontologische* Aussage über das Sein des in dieser Differenz Bezeichneten: "Die Differenz (von System und Umwelt, A.N.) ist keine ontologische, und darin liegt die Schwierigkeit des Verständnisses. Sie zerschneidet nicht die Gesamtrealität in zwei Teile: hier System und dort Umwelt. Ihr Entweder/ Oder ist kein absolutes, es gilt vielmehr nur systemrelativ, aber gleichwohl objektiv." (Luhmann 1984: 244) Genau diesen Gedanken vermißt Luhmann bei Lyotard. Er liest Lyotards "Widerstreit", dessen Annahme, daß jeder Satz Opfer erzeugt, als Einsicht in die unausweichliche Differenz, die jeder Operation zugrundeliegt.[17] Allerdings versäume es Lyotard, seinen Ansatz radikal genug zu Ende zu führen. Er ist - um eine Formulierung von Welsch aufzugreifen - "vom Gift des Gegners gebeizt" (Welsch 1987: 250).

"Aber trotz dieser Einsicht in die operative Unausweichlichkeit der Differenz bleibt für Lyotard die

---

"logikfähig" zu machen. Es geht vielmehr darum, von der Kritik an der klassischen Logik in der Weise zu lernen, daß auch ein gesellschaftstheoretischer Diskurs sich über die Konstruktion seiner Begriffe und womöglich dadurch bedingte Begrenzungen Rechenschaft ablegen muß. Wie immer die "Lieblingsdichotomie" eines theoretischen Ansatzes lautet, sie schließt immer ein Tertium aus, das den dichotomischen Rahmen sprengt. Dies ist - wohlgemerkt - kein Mangel, sondern Strukturmerkmal von dichotomischen Lösungen und muß deshalb reflektiert werden. Dieser Themenkomplex kann hier selbstverständlich nur angedeutet werden. Es wird lediglich die Fragerichtung bezeichnet. Antworten sind noch nicht zu erwarten.

17   Allerdings lehnt Lyotard selbst die Lesart von "Le différend" als System/Umwelt-Differenz ab, wie er Luhmann mündlich mitteilte (vgl. Luhmann 1988c: 3, Anm. 11).

Versuchung stark, auch die Einheit der Differenz noch zu denken - nicht mehr im Sinne von 'Geist', wohl aber in der Problematisierung von Normativität, in der Frage nach Gerechtigkeit (...), weiter in einem nicht sehr hoffnungsvollen Appell an Politik oder schließlich in der historischen Selbstcharakterisierung als 'postmodern'. So liegt eine trotzige Trauer über dem Verzicht auf Einheit - jene rhetorische Einheit von orgé/lype (ira/tristitia), die wenigstens stimmungsmäßig noch festhält, was man verloren weiß." (Luhmann/Fuchs 1989: 10)

Exakt diese "Versuchung" ist es, die die bisherige Diskussion um Lyotard, insbesondere in Kontrastierung zu Habermas, bestimmt hat. Lyotard selbst scheint es also zu sein, der von vornherein im binären Schematismus von "Moderne" und "Postmoderne" gefangen bleibt und so einen "blinden Fleck" erzeugt - das ausgeschlossene Dritte. Luhmann schlägt dagegen vor, das, was der Beobachter nicht sehen kann, über Beobachtung wiedereinzuführen: durch "Beobachtung des Beobachters" (Luhmann/Fuchs 1989: 10).[18]

Die dezentrierte Epistemologie des systemtheoretischen Ansatzes Luhmanns setzt *Beobachtung* nicht als Bewußtseinsleistung ein, sondern als systemtheoretischen Grundbegriff. Danach ist "jedes unterscheidende Bezeichnen" (Luhmann 1988a: 896) Beobachtung. Die Unterscheidung von System und Umwelt ist die grundlegende Operation eines jeden Systems, wobei niemals die Umwelt als solche gegeben ist, sondern Welt *multizentrisch* konstituiert wird: "Jede Differenz wird so zum Weltzentrum." (Luhmann 1984: 284) Jede Systemperspektive produziert also eine *eigene* Umwelt, eine *eigene* Beobachtung und Beschreibung von Realität, genau genommen eine *eigene* Realität.

Am Beispiel eines Bewußtseinssystems zeigt Luhmann, "daß das Bewußtsein nicht weiß, was es nicht weiß, nicht sieht, was es nicht sieht, nicht meint, was es nicht meint - und daß es für genau diese Negativität keine Entsprechung in der Umwelt gibt" (Luhmann 1984: 357f.). Nun gilt dies nicht nur für

---

18   In einer provokativen Arbeit über den logischen Status der feministischen Wissenschaft zeigt Luhmann am Beispiel der Leitdifferenz "Mann/Frau" die strukturellen Grenzen solcher Binarisierungen auf. "Der Vorschlag ist, den Leitfaden der Beobachtung nicht in den Zielen, sondern in den Unterscheidungen zu finden, mit denen die Bewegung ihre Informationsverarbeitung strukturiert. Dann erscheint die Nische als Ausschnitt einer weiteren Umwelt, und der Beobachter kann sehen, daß die Frauenbewegung sieht, was sie sieht, und daß sie nicht sieht, was sie nicht sieht." (Luhmann 1988b: 67)

Bewußtseinssysteme, sondern für sinnverarbeitende Systeme schlechthin, nämlich für *Bewußtsein* (psychische Systeme) und *Kommunikation* (soziale Systeme). Diese beiden emergenten Ebenen sind *nicht* aufeinander reduzibel, sondern bilden füreinander je Umwelt, und sind je Bedingung der Möglichkeit füreinander (vgl. Luhmann 1984: 92).

"Sie bilden zugleich aber ein Verhältnis struktureller *Komplementarität*. Sie können ihre eigenen Strukturen jeweils nur selbst aktualisieren und spezifizieren, daher auch jeweils nur selbst ändern. Sie benutzen einander aber zugleich zu einer gegenseitigen Auslösung solcher Strukturänderungen. Kommunikationssysteme können sich überhaupt nur durch Bewußtseinssysteme reizen lassen; und Bewußtseinssysteme achten in hohem Maße präferentiell auf das, was in der extrem auffälligen Weise von Sprache kommuniziert wird." (Luhmann 1988a: 894)

Mit dieser Verhältnisbestimmung von Bewußtsein und Kommunikation führt Luhmann Sprache als Medium ein. Damit scheint der Kontext des Vergleichs von Habermas und Lyotard, in dem es um die Frage der Kommunikabilität von Topoi, um das Verhältnis von Personen und sprachlichem Medium und um die Frage der "intersubjektiven" Verstehbarkeit und Einlösbarkeit von Bedeutungen und Geltungsansprüchen geht, wieder auf. Allerdings entfernt sich damit der Franksche Ausgangspunkt, *Sprache* bilde quasi denjenigen Konvergenzpunkt, an dem Fragen der Reziprozität angesichts des Verlustes "prästabilierter Harmonie" koinzidieren. Noch wichtiger ist aber, daß das Problem "Partikularismus" versus "Universalismus" hier keine Rolle mehr spielt. Etwas vereinfacht könnte man vielleicht formulieren: Das ausgeschlossene Dritte der *Einheit der Differenz* von "Vielheit" und "Einheit" - nach welcher Präferenz auch immer ausformuliert, nach der *modernen* oder der *postmodernen* - wird hier in Form der *Differenz der Differenzen* wiedereingeführt. Möglicherweise könnte man so einen neuen Ansatzpunkt für die Diskussion um "moderne" oder "postmoderne" Gesellschafts- und Erkenntnistheorien finden.

Anders als Lyotard trennt Luhmann nämlich nicht verschiedene Geltungssphären, Satz-Regelsysteme oder - bei Foucault - Diskurse voneinander ab, um deren unausweichliche Differenz zu betonen, die jede Einheit verunmöglicht. Vielmehr versucht er zu zeigen, daß die unvermeidliche Differenz jedes Beobachterstandpunktes - verstanden als System/Umwelt-Differenz - selbst wieder als Umwelt einer anderen System/Umwelt-Differenz vorkommt und daß dies durch einen Beobachter wiederum zu beobachten ist.

"Anders als der Begriff des Diskurses ist der Begriff des Systems, zumindest in seinen neueren Versionen, von vornherein auf Differenz angelegt. So bietet die Systemtheorie dem Beobachter ein bestimmtes Schema an, mit dessen Hilfe er andere und sich selbst beobachten kann, nämlich die Unterscheidung von System und Umwelt." (Luhmann/Fuchs 1989: 13)

Es geht hier - wohlgemerkt - um Kommunikation, also um soziale Systeme, die für ihre Operationen spezifische Unterscheidungen benützen. Das Problem lautet, in welcher Weise Kommunikationen strukturiert sind, warum nicht alles kontingent gesetzt wird, warum es so etwas wie "Verstehen" gibt, warum es überhaupt "Referenzen" gibt, wenn Realität durch multizentrische Beobachtung erzeugt wird. Die Fragen werden noch komplexer, wenn man das Problem der Rolle des Bewußtseins für das Emergieren von Kommunikation einschließt.

Dazu nur einige wenige Hinweise: Der "Kontakt" zwischen Bewußtsein und Kommunikation wird über die *Sinnförmigkeit der Welt* ermöglicht. Zwar "überlappen" sich die beiden Ebenen niemals, doch verbindet sie die Fähigkeit, Komplexität in Form von Sinn, und *nur* in Form von *Sinn* zu behandeln (vgl. Luhmann 1984: 92-147).[19] Weder "Bewußtseine" noch Menschen kommunizieren, wenn man Kommunikation als selbstreferentiell-geschlossenes System begreift, in dem über die Synthese der dreifachen Selektion "Information, Mitteilung und Verstehen" neue Anschlüsse für Kommunikationen gefunden werden (vgl. Luhmann 1984: 191ff.). Bewußtsein ist dann lediglich als "strukturdeterminiertes System und als Medium" (Luhmann 1988a: 892) an Kommunikation beteiligt. Als *strukturdeterminiertes System* unterscheidet es sich radikal von der Struktur von Kommunikationssystemen, und als *Medium* hat es die "privilegierte Position, Kommunikation stören, reizen, irritieren zu können" (Luhmann 1988a: 893). Nicht das Bewußtsein konzipiert und konstruiert Kommunikationen, sondern es ist - übrigens im Plural - notwendige Umwelt für die Emergenz einer selbständigen, selbstreferentiellen Ebene "autopoietischer Reproduktion".

Sprache hat in diesem Zusammenhang die Aufgabe, durch Speicherung

---

19   Zur phylogenetischen und ontogenetischen Co-Evolution von Bewußtsein und Kommunikation, vermittelt über den Sinnbegriff, vgl. Gilgenmann 1986: 91ff.

von Information und Verstehensmöglichkeiten, mithin also durch Repräsentation der Sinnförmigkeit von Welt, eine strukturelle Koppelung zwischen Kommunikation und Bewußtsein zu gewährleisten. So wird Kommunikation für Bewußtsein transparent, und die Co-Evolution der beiden selbstreferentiellen Ebenen wiederholt sich in jedem parallelisierten Bewußtseins- und Kommunikationsereignis.

Wodurch unterscheidet sich eine solche Perspektive von den beiden hier zur Diskussion stehenden Ansätzen? Lyotards Grundgedanke des *Différend* wird aufgenommen, aber in eine andere Richtung abgelenkt: Der *Différend* ist auch hier nicht aufhebbar, wird aber nicht gegen das ausgeschlossene Postulat allgemeiner Gerechtigkeit aufgerechnet, sondern die Differenz wird selbst über System/Umwelt-Differenzen wieder in das jeweilige Kommunikations- bzw. Bewußtseinssystem eingeführt. Dadurch kann eine rekursive Reziprozität erzeugt werden, in der Differenzen als System/Umwelt-Differenzen zu beobachten sind und somit die *Differenz der Differenzen* - das ausgeschlossene Dritte der hypostasierten Einheit der Differenz - selbst in den Kommunikations-/Bewußtseinsprozeß einzubauen ist. Ähnlich wie bei Lyotard tritt auch hier das Problem der Zurechenbarkeit von Sprechhandlungen zutage. Indem der Gedanke eines Subjekts als Initiator von Kommunikationen mit ontologischem Primat aufgehoben wird - das Bewußtsein ist nur noch ein *subiectum* seiner selbst (vgl. Luhmann 1988d: 129) -, tritt auch an seine Stelle die "Zentrierung auf Differenz hin" (Luhmann 1984: 284).[20] Indem Luhmann aber nicht sprachobjektivistisch ein gleichsam von "Subjekten" unabhängiges Geflecht von flottierenden Zeichen annimmt, sondern gerade das Verhältnis von solchen "subjektiven", d.h. hier radikal unterschiedlichen Perspektiven für die Emergenz von Kommunikation zu bestimmen sucht, eröffnet sich womöglich ein analytischer Horizont, an dem das Verhältnis von Sprache und Sprecher, Kommunikation und Bewußtsein und die gegenseitige Determinationsmacht neu bestimmt

---

20   In einem sehr instruktiven Beitrag weist Ilja Srubar nach, daß Luhmanns Abkehr von einer subjektzentrierten Erkenntnis-und Sozialtheorie wesentlich durch Edmund Husserls Phänomenologie bestimmt ist. Seine These lautet, daß Luhmann insbesondere den Gedanken der Rekursivität des Bewußtseins und vor allem die Selbstreferentialität des bewußtseinsmäßigen Sinngeschehens auf die Struktur autopoietischer, mithin also auch sozialer Systeme überträgt (vgl. Srubar 1989: 317ff.).

werden kann. Das Problem der "Intersubjektivität", an dem sich auch Lyotard vergeblich abarbeitet und das ihm den Vorwurf des "performativen Widerspruchs" eingetragen hat, versucht Luhmann anders zu lösen: Während Lyotard "Intersubjektivität" kategorial ausschließt und doch via negationis voraussetzt - wie sollte sonst der Widerstreit überhaupt wahrnehmbar werden? -, löst er das Problem selbst von der "Subjektivität von Subjekten" ab und vertraut auf - oder besser: mißtraut der - Sprache, die es gar nicht als *die* Sprache gibt. Luhmann dagegen entwertet die Sprache zu einem bloßen Medium der Synchronisation von psychischer und sozialer Autopoiesis und zu einem relativ zeitunabhängigen "Speicher" von sozialer und psychischer Komplexität und setzt an die Stelle einer vorausgesetzten Intersubjektivität "das Konzept des selbstreferentiell-geschlossenen Systems gesellschaftlicher Kommunikation" (1988a: 899). Damit korreliert eine konstruktivistische Erkenntnistheorie, die keine vollständige Reziprozität im Sinne einer apriorischen Intersubjektivität mehr kennt, sondern die emergente Ordnung des Sozialen auf *doppelte Kontingenz* zurückführt. Die Beantwortung der klassischen Frage der soziologischen Theoriebildung, wie soziale Ordnung möglich sei, ergibt sich aus der Instabilität jedes sozialen Kontaktes. Mit *doppelter Kontingenz* bezeichnet Luhmann die radikale Differenz von Perspektiven, die es unwahrscheinlich macht, daß Kommunikation überhaupt zustandekommt. Sie macht es v.a. nicht nur für einen außenstehenden Beobachter unwahrscheinlich, sondern auch für die Beteiligten selbst - deshalb auch (mindestens) *doppelte* Kontingenz.[21] Damit ist *Intersubjektivität* natürlich preisgegeben, doch es entsteht ein neues *Inter*, dessen *Subjektivität* es allerdings *selbst* ist, nämlich ein soziales System, eine "Einheit, die auf keines der beteiligten Systeme zurückgeführt werden kann" (Luhmann 1984: 166). Diese neue emergente Ebene erleichtert dann zwar Anschlüsse, bietet bereits einen selektiven Selektionshorizont, doch ein Konvergieren der Perspektiven bleibt notwendig ausgeschlossen. Insofern ist es nur konsequent, wenn Luhmann eine Analogie-Theorie zur Begründung von Intersubjektivität - so die Kantsche Lösung - explizit ablehnt und an ihre Stelle die differenztheoretische Konzeption einer selbstemergenten Ebene setzt, nämlich Kommunikation, die doppelte Kontingenz nicht aufhebt, sondern

---

21   Warum eigentlich nicht dreifache, vierfache, n-fache Kontingenz?

voraussetzt (vgl. Luhmann 1988a: 898). Insofern irritiert eine Formulierung von Luhmann an zentraler Stelle seiner Begründung der doppelten Kontingenz sehr:

"Ego erfährt Alter als alter Ego. Er erfährt mit der *Nichtidentität der Perspektiven* aber zugleich *die Identität dieser Erfahrung auf beiden Seiten.* Für beide ist die Situation dadurch unbestimmbar, instabil, unerträglich. In *dieser* Erfahrung *konvergieren* die Perspektiven, und das ermöglicht es, ein Interesse an Negation dieser Negativität, ein Interesse an Bestimmung zu unterstellen." (Luhmann 1984: 172)

Hier wird explizit analogietheoretisch verfahren - die Formulierung könnte fast von Mead stammen. Ein Hinweis darauf, daß ein solcher Mechanismus der Perspektivenübernahme schon eine erhebliche Folgesemantik und entsprechende stabile Strukturen im Kommunikationssystem voraussetzt, hätte sicher vor Mißverständnissen bewahrt. Allerdings ist diese Formulierung sicher kein Zufall, scheint mir doch gerade an dieser Stelle von Luhmanns Theoriearchitektur das größte ungelöste Problem zu liegen, nämlich das Verhältnis, den "Verkehr" - nicht: Kommunikation - zwischen den verschiedenen emergenten Ebenen zu beschreiben, wie Luhmann übrigens selbst einräumt (vgl. Luhmann 1988e: 299). Es ist dies exakt jenes Problem, das hier zur Verhandlung ansteht: die Bedingung der Möglichkeit zu benennen, die wechselseitige Kommunikation, im weitesten Sinne *Verständigung* ermöglicht.

Kurzum: Die Negation der Negativität divergenter Perspektiven könnte reformuliert werden als das, was oben als "ausgeschlossenes Drittes" beschrieben wurde: als die *Einheit der Differenz der Differenzen,* oder besser: als das Entstehen sozialer Ordnung durch das wechselseitige Verstehen als Bedingung der Anschlußfähigkeit weiterer Kommunikationen. Somit fallen übrigens "Sprecher" keineswegs aus, doch kann Kommunikation nicht allein Bewußtsein zugeschrieben werden. Dafür sorgt die erwähnte Synthese der dreifachen Selektion, die erst Kommunikation emergieren läßt.

Insistiert man so auf die *Differenz der Differenzen,* stellt sich die Frage nach der möglichen *Einheit der Differenzen,* hier: die Frage nach Partikularität vs. Universalität von Kommunikationen, anders. Sie wird selbst deontologisiert und damit kontingent gesetzt und so auf den Bereich der semantischen

Selbstbeschreibung des Kommunikationssystems verwiesen.[22] Hier hat sie ihren Ort als Frage nach ihrer Funktion im Rahmen der Gesellschaftsstruktur
und der innergesellschaftlichen, strukturbildenden Differenzen. Als Grundkon-
stitutivum der Struktur von Kommunikation schlechthin taugt diese Differenz
nicht, weil sie die Konstitutionsbedingung ihrer selbst, nämlich aus der doppelten Kontingenz zu Konsens bzw. Dissens zu gelangen, ausschließt. Dies gilt
sowohl für die Variante, die die postmoderne Differenz betont als auch für
die moderne Variante, die Einheit postuliert.

Damit ist auch das Neue gegenüber Habermas bereits angedeutet. Wenn
Intersubjektivität als quasi transzendentale Bedingung der Möglichkeit für eine
vorkonsentierte Wirklichkeit, auf deren Boden erst ein diskursives Einlösen von
Geltungsansprüchen möglich ist, ausfällt, dann läßt sich auch nicht mehr mit
guten Gründen behaupten, daß kommunikative Praxis "vor dem Hintergrund
einer Lebenswelt auf die Erzielung, Erhaltung und Erneuerung von Konsens
angelegt ist" (Habermas 1981a,I: 37). Ausgeklammert bleiben dann die Konstitutionsbedingungen des Konsenses als Sonderfall der doppelten Kontingenz.
"Mein Konsens ist Konsens nur in Bezug auf Deinen Konsens, aber mein Konsens ist nicht Dein Konsens, und es gibt auch keinerlei Sachargumente oder
Vernunftgründe, die dieses Zusammenfallen (...) letztlich sicherstellen können."
(Luhmann 1984: 113; auch 1982) Nicht umsonst ist Habermas auch auf eine
quasi-transzendentale Begründung seiner guten Gründe für die Konsensstheo-
rie angewiesen, die selbst die Konstitutionsbedingungen ihrer selbst produziert
und sie zugleich ausklammern muß, weil sie sonst auf ihre *petitio principii*
aufmerksam würde: Nichts zwingt notwendig dazu, "die Lösung des Problems
der doppelten Kontingenz ausschließlich in schon vorhandenem Konsens"
(Luhmann 1984: 150) oder zumindest in der Unterstellung eines zukünftig
möglichen Konsenses zu suchen; außer: das Postulat, daß diese Kraft der
Sprache apriorisch innewohne.

---

22   Wenn man die Theorie selbstreferentieller Systeme zur Deontologisierung von Wirklichkeit bzw. wissenschaftlichen Begründungszusammenhängen heranzieht, stellt sich natürlich auch die Frage nach dem ontologischen Status dieser Theorie, also die Frage nach
ihrem "ausgeschlossenen Dritten". Daß Luhmanns Postulat, *System* sei kein analytischer
Begriff, sondern es gebe *wirklich* Systeme (vgl. Luhmann 1984: 30), dazu nicht aus-
reicht, versteht sich von selbst. Erläuternde Hinweise zu dieser Frage und zu möglichen
systemtheoretischen Alternativen finden sich bei Schmidt 1989: 28-64.

Es sind dies nur explikationsbedürftige Andeutungen über die Möglichkeit, das "ausgeschlossene Dritte" des binären Schematismus "Universalismus" vs. "Partikularismus", wie er in der Kontrastierung von Habermas und Lyotard erscheint, über eine konstruktivistische Erkenntnis- und Gesellschaftstheorie in die Diskussion zu integrieren. Auch dieser Versuch muß noch unbefriedigend bleiben, weil er viele Fragen offen läßt. Zumindest befreit er aber die Diskussion um partikularistische vs. universalistische Theorieanlagen ihres ontologischen Anspruchs und eröffnet dadurch eine Analyse der gesellschaftsstrukturellen Möglichkeitsbedingungen vermeintlich universalistischer Diskurse. Eine konstruktivistisch-systemtheoretische Gesellschaftstheorie der Semantik der Moderne/Postmoderne und eine Diskussion um Universalismus vs. Partikularismus von Semantiken bzw. von Kommunikationen aus dieser Perspektive steht noch aus.

Literatur

Apel, Karl-Otto, 1976: Transformation der Philosophie, Bd 2: Das Apriori der Kommunikationsgemeinschaft, Frankfurt/M.

Apel, Karl-Otto, 1989: Normative Begründung der "kritischen Theorie" durch Rekurs auf lebensweltliche Sittlichkeit? Ein transzendentalpragmatisch orientierter Versuch, mit Habermas gegen Habermas zu denken, in: Axel Honneth et al. (Hg.): Zwischenbetrachtungen. Im Prozeß der Aufklärung. Jürgen Habermas zum 60. Geburtstag, Frankfurt/M.

Baudrillard, Jean, 1982: Der symbolische Tausch und der Tode, München.

Benhabib, Seyla, 1986: Kritik des 'postmodernen Wissens' - eine Auseinandersetzung mit Jean-Francois Lyotard, in: Andreas Huyssen/Klaus R. Scherpe (Hg.): Postmoderne. Zeichen eines kulturellen Wandels, Reinbek bei Hamburg.

Ebeling, Hans, 1979: Selbsterhaltung und Selbstbewußtsein. Zur Analytik von Freiheit und Tod, Freiburg/München.

Feyerabend, Paul, 1986: Wider den Methodenzwang, Frankfurt/M.

Frank, Manfred, 1983: Was ist Neostrukturalismus?, Frankfurt/M.

Frank, Manfred, 1986: Die Unhintergehbarkeit von Individualität. Reflexionen über Subjekt, Person und Individuum aus Anlaß ihrer 'postmodernen' Toterklärung, Frankfurt/M.

Frank, Manfred, 1988: Die Grenzen der Verständigung. Ein Geistergespräch zwischen Lyotard und Habermas, Frankfurt/M.

Frank, Manfred, 1990: Jean François Lyotard und Jürgen Habermas über Dissens und Konsensus, in: ders.: Das Sagbare und das Unsagbare. Studien zur deutsch-französischen Hermeneutik und Texttheorie. Erweiterte Neuausgabe, Frankfurt/M.

Gamm, Gerhard, 1987: Eindimensionale Kommunikation. Vernunft und Rhetorik in Jürgen Habermas' Deutung der Moderne, Würzburg.

Gilgenmann, Klaus, 1986: Sozialisation als Evolution psychischer Systeme. Ein Beitrag zur systemtheoretischen Rekonstruktion von Sozialisationstheorie, in: Hans-Jürgen Unverferth (Hg.): System und Selbstreproduktion. Zur Erschließung eines neuen Paradigmas in den Sozialwissenschaften, Frankfurt/M.

Günther, Gotthard, 1978: Idee und Grundriß einer nicht-Aristotelischen Logik. Die Idee und ihre philosophischen Voraussetzungen, 2. Aufl., Hamburg.

Habermas, Jürgen, 1968: Technik und Wissenschaft als 'Ideologie', Frankfurt/M.

Habermas, Jürgen, 1971: Vorbereitende Bemerkungen zu einer Theorie der kommunikativen Kompetenz, in: ders./Niklas Luhmann: Theorie der Gesellschaft oder Sozialtechnologie - Was leistet die Systemforschung?, Frankfurt/M.

Habermas, Jürgen, 1976: Zur Rekonstruktion des Historischen Materialismus, Frankfurt/M.

Habermas, Jürgen, 1981a: Theorie des kommunikativen Handelns, 2 Bde., Frankfurt/M.

Habermas, Jürgen, 1981b: Die Moderne - ein unvollendetes Projekt, in: ders.: Kleine politische Shriften I-IV, Frankfurt/M.

Habermas, Jürgen, 1984: Über Moralität und Sittlichkeit. Was macht eine Lebensform 'rational'?, in: Herbert Schnädelbach (Hg.): Rationalität, Frankfurt/M.

Habermas, Jürgen, 1985: Der philosophische Diskurs der Moderne. Zwölf Vorlesungen, Frankfurt/M.

Habermas, Jürgen, 1988: Nachmetaphysisches Denken. Philosophische Aufsätze, Frankfurt/M.

Heidegger, Martin, 1959: Unterwegs zur Sprache, Pfullingen.

Heidegger, Martin, 1979: Sein und Zeit, 15. Aufl., Tübingen.

Honneth, Axel, 1984: Der Affekt gegen das Allgemeine. Zu Lyotards Konzept der Postmoderne, in: Merkur 38.

Kamper, Dietmar, 1987: Aufklärung - was sonst? Eine dreifache Polemik gegen ihre Verteidiger, in: ders./Willem van Reijen (Hg.): Die unvollendete Vernunft: Moderne versus Postmoderne, Frankfurt/M.

Kellner, Douglas, 1988: Postmodernism as Social Theory: Some Challenges and Problems, in: Theory, Culture and Society 5.

Luckmann, Thomas, 1985: Über die Funktion der Religion, in: Peter Koslowski (Hg.): Die religiöse Dimension der Gesellschaft, Tübingen.

Luhmann, Niklas, 1982: Autopoiesis, Handlung und kommunikative Verständigung, in: Zeitschrift für Soziologie 11.

Luhmann, Niklas, 1984: Soziale Systeme. Grundriß einer allgemeinen Theorie, Frankfurt/M.

Luhmann, Niklas, 1988a: Wie ist Bewußtsein an Kommunikation beteiligt?, in: Hans Ulrich Gumbrecht/K. Ludwig Pfeiffer (Hg.): Materialität der Kommunikation, Frankfurt/M.

Luhmann, Niklas, 1988b: Frauen, Männer und George Spencer Brown, in: Zeitschrift für Soziologie 17.

Luhmann, Niklas, 1988c: Erkenntnis als Konstruktion, unveröffentlichtes Ms., Bielefeld.

Luhmann, Niklas, 1988d: Warum AGIL? in: Kölner Zeitschrift für Soziologie und Sozialpsychologie 40.

Luhmann, Niklas, 1988e: Neue Entwicklungen in der Systemtheorie, in: Merkur 42.

Luhmann, Niklas/Fuchs, Peter, 1989: Reden und Schweigen, Frankfurt/M.

Lyotard, Jean-François, 1982: Beantwortung der Frage: Was ist postmodern?, in: Tumult 4.

Lyotard, Jean-François, 1986: Das postmoderne Wissen. Ein Bericht, Graz/Wien.

Lyotard, Jean-François, 1987: Der Widerstreit, München.

Lyotard, Jean-François, 1988: Interview, in: Walter Reese-Schäfer: Lyotard zur Einführung, Hamburg.

Macho, Thomas H., 1987: Todesmetaphern. Zur Logik der Grenzerfahrung, Frankfurt/M.

Nassehi, Armin/Weber, Georg, 1989: Tod, Modernität und Gesellschaft. Entwurf einer Theorie der Todesverdrängung, Opladen.

Reijen, Willem van, 1987: Miss Marx, Terminals und Grands Récits oder: Kratzt Habermas, wo es nicht juckt?, in: Dietmar Kamper/ders. (Hg.): Die unvollendete Vernunft: Moderne vs. Postmoderne, Frankfurt/M.

Rorty, Richard, 1985: Habermas and Lyotard on Postmodernity, in: Richard J. Bernstein (Hg.): Habermas and Modernity, Cambridge.

Scherer, Georg, 1979: Das Problem des Todes in der Philosophie, Darmstadt.

Scherer, Georg, 1985: Sinnerfahrung und Unsterblichkeit, Darmstadt.

Schmidt, Siegfried J., 1989: Die Selbstorganisation des Sozialsystems Literatur im 18. Jahrhundert, Frankfurt/M.

Serres, Michel, 1981: Der Parasit, Frankfurt/M.

Srubar, Ilja, 1989: Vom Milieu zur Autopoiesis. Zum Beitrag der Phänomenologie zur soziologischen Begriffsbildung, in: Christoph Jamme/Otto Pöggeler (Hg.): Phänomenologie im Widerstreit. Zum 50. Todestag Edmund Husserls, Frankfurt/M.

Strasser, Peter, 1989: Epochen-Schwindel, in: Peter Burtscher et al. (Hg.): Postmoderne - Philosophem und Arabeske. Eine Begriffsreise durch Sozialphilosophie und Ästhetik, Frankfurt/M./Bern/New York/Paris.

Waldenfels, Bernhard, 1985: In den Netzen der Lebenswelt, Frankfurt/M.

Wellmer, Albrecht, 1985: Zur Dialektik von Moderne und Postmoderne. Vernunftkritik nach Adorno, Frankfurt/M.

Wellmer, Albrecht, 1986: Ethik und Dialog. Elemente des moralischen Urteils bei Kant und in der Diskursethik, Frankfurt/M.

Welsch, Wolfgang, 1985: Postmoderne und Postmetaphysik. Eine Konfrontation von Lyotard und Heidegger, in: Philosophisches Jahrbuch 92.

Welsch, Wolfgang, 1987: Unsere postmoderne Moderne, Weinheim.

Über die Autoren

Rolf Eickelpasch, geb. 1940, ist seit 1980 Professor für Soziologie an der Universität Münster. Arbeitsschwerpunkte sind soziologische Anthropologie, Familiensoziologie, Gesellschaftstheorie.

Richard Gebauer, geb. 1957, Dipl.-Päd., Studium der evangelischen Theologie, Pädagogik, Philosophie und Soziologie an den Hochschulen Neuendettelsau, Hamburg und Münster, wissenschaftlicher Mitarbeiter am Institut für Soziologie und Sozialpädagogik an der WWU Münster, arbeitet zur Zeit an einer Dissertation über das Thema: "Handlungstheorie und Ethik. Probleme einer formalpragmatischen Begründung der Diskursethik im Werk von Jürgen Habermas". Arbeitsgebiete: Gesellschaftstheorie, Praktische Philosophie, Theorien des Kriminalromans.

Georg Kneer, geb. 1960, M.A., Studium der Soziologie, Geschichte und Politikwissenschaften. Z.Zt. Stipendiat der Westfälischen Wilhelms-Universität Münster, arbeitet an einer Dissertation zur Habermas-Luhmann-Kontroverse. Arbeitsgebiete: Kritische Theorie, Systemtheorie und Postmoderne.

Harald Krusekamp, geb. 1959, Lehrbeauftragter für Politische Soziologie an der Fachhochschule für öffentliche Verwaltung NW, arbeitet an einer Dissertation über das Verhältnis von Mythos und Rationalität in der Kritischen Theorie. Arbeitsgebiete: kritische Gesellschaftstheorie; Wissenschaftstheorie; Methodologie der Sozialwissenschaften.

Armin Nassehi, geb. 1960, Dipl.-Päd., Studium der Erziehungswissenschaften, Soziologie und Philosophie; wissenschaftlicher Mitarbeiter an der Universität Münster, arbeitet an einer Dissertation über die Konstitution von Lebenszeit und sozialer Zeit. Arbeitsgebiete: Gesellschaftstheorie; Systemtheorie; Biographieforschung; Soziologie der Zeit; soziologische und philosophische Thanatologie; Minderheitenforschung.

Jessé des Souza, geb. 1960 in Natal (Brasilien), 1986 M.A. in Brasilia, pro- moviert z.Zt. an der Universität Heidelberg mit einer soziologischen Ar- beit über einen Vergleich der Zeitdiagnosen von Weber und Habermas.

MIX
Papier aus verantwortungsvollen Quellen
Paper from responsible sources
FSC® C105338

If you have any concerns about our products,
you can contact us on
ProductSafety@springernature.com

In case Publisher is established outside the EU,
the EU authorized representative is:
Springer Nature Customer Service Center GmbH
Europaplatz 3, 69115 Heidelberg, Germany

Printed by Libri Plureos GmbH
in Hamburg, Germany